程社明
博士

- 理学学士（药剂学专业）、工商管理硕士
  法学硕士研究生、管理学博士、心理学博士研究生
- 职业生涯发展指导师、职业生涯开发与管理培训导师
- 职业生涯开发与管理企业应用咨询师
- CMC 国际注册管理咨询师
- 美国 ACHE 催眠治疗师、国家二级心理咨询师
- 英国 CBH 认知行为催眠治疗师
- 南开大学 MBA 中心教授、研究生导师
- 清华大学职业经理训练中心特聘教授
- 北京大学高级总裁班特聘教授
- 天津大学环境产业领军班特聘教授
- 天津管理学学会常务理事、天津市科技咨询业协会副理事长
- 天津明理企业管理咨询有限公司创始人
- 北京家和业咨询有限公司创始人

在天津主导创建中法合资企业，任董事、总经理，制定并成功实施企业文化战略、市场开发战略、组织结构发展战略、人才培养战略，建立职业生涯开发与管理应用体系，8 年内不仅使销售额增加 150 倍，并且使外资占 90% 的合资企业除生产经理外全部实现管理干部本土化，受到法国前总统希拉克的接见和鼓励。

1997 年完成博士论文《职业生涯开发与管理》，填补我国该研究领域空白。

1999 年应邀到中国台湾中山大学、中原大学、中央大学、元智大学进行职业生涯专题讲座。

1999 年被聘为南开大学 MBA 中心教授，2000 年在全国首创开设《职业生涯开发与管理》课程，连续五年被学员评为 MBA 教学优秀课程。

1999 年写作出版国内第一本职业生涯开发与管理专著《你的职业——职业生涯开发与管理》。

2003 年出版《人生发展与职业生涯规划》，为清华大学职业经理训练中心指定教材。

2003 年起在《名家论坛》《名家讲坛》《前沿讲座》《赢家大讲堂》等电视节目录制《职业生涯开发与管理》《职业生涯》《员工价值》《职业化炼就好员工》等，在全国播出。

2011 年录制《职场成功者的亲子关系》光盘。

2014 年录制《提升职业素质　与企业共同发展》光盘。

2001 年至今，在清华大学、北京大学、浙江大学、中国社会科学院、武当山道教学院、天津大学等上百所学校，以及在上千家企业讲授职业生涯开发与管理课程，得到广泛好评。

2008 年应邀到新加坡、马来西亚讲授职业生涯管理。

2014 年应邀到美国哈佛大学、加州大学演讲职业生涯管理。

2015 年应邀到英国牛津大学、剑桥大学演讲职业生涯管理。

2016 年荣获“全国中小企业管理咨询服务专家信息库专家”称号。

2018 年荣获中国企业教育百强组委会颁发的“改革开放 40 周年中国企业教育功勋人物”。

2020 年荣获中国企业教育百强组委会颁发的“第十六届中国企业教育巨擘奖”。

2021 年荣获“中国咨询业翘楚奖”。

2021 年荣获“首届教育培训行业博鳌峰会功勋人物”。

2022 年再次当选天津市科技咨询业协会副理事长。

1997 年 5 月受到法国前总统希拉克亲切接见。

1997 年创建中法合资企业期间受到天津市市长接见。

1998 年为法国政府代表团介绍创建中法合资企业经验。

1998 年首创《职业生涯开发与管理》企业内训课。

你的船 你的海

2003 年 8 月在大庆石化培训现场。

2003 年在北京大学高级职业经理研修班讲课。

2004 年 3 月在清华大学讲授中国职业经理人联训课程。

2004 年在山东鲁能瑞华集团做职业生涯开发与管理培训。

你的船 你的海

2005 年 1 月在《名家论坛》摄制现场。

2022 年 3 月在嘉兴市索贝进出口有限公司进行咨询项目。

在第五十八届生涯规划培训·职业生涯培训师训练课程与学员合影。

2023 年 1 月在广州一博环保科技有限公司进行培训。

2011 年 9 月 19 日在浙江省乔司监狱参与《服刑人员职业生涯规划概论》统稿会。

程社明感谢学员的支持，2012 年春节与华穗集团领导合影。

在中国航空港建设第十工程总队讲课。

1998 年获得博士学位后看望病中的导师陈炳富教授。

与著名演讲家彭清一结师生之缘。

与著名演讲家李燕杰结师生之缘。

2014 年 6 月 14 日
在美国哈佛大学演讲 1。

2014 年 6 月 14 日
在美国哈佛大学演讲 2。

2015 年 5 月 13 日
在英国牛津大学演讲。

2015 年 5 月 14 日
在英国剑桥大学演讲。

你的船
你的海

《你的船　你的海》
（第一版）

《你的船　你的海》
（第二版）

《你的船　你的海》
（第三版）

《你的船　你的海》
（经典修订版）

经典修订版

你的船 你的海

职业生涯规划

程社明◎著

企业管理出版社
ENTERPRISE MANAGEMENT PUBLISHING HOUSE

图书在版编目（CIP）数据

你的船　你的海：职业生涯规划 / 程社明著．--
修订本．-- 北京：企业管理出版社，2023.5
ISBN 978-7-5164-2823-8

Ⅰ．①你… Ⅱ．①程… Ⅲ．①职业选择 Ⅳ．
① C913.2

中国国家版本馆 CIP 数据核字（2023）第 066137 号

书　　名：你的船　你的海——职业生涯规划（经典修订版）
书　　号：ISBN 978-7-5164-2823-8
作　　者：程社明
策　　划：朱新月
责任编辑：解智龙　刘　畅
出版发行：企业管理出版社
经　　销：新华书店
地　　址：北京市海淀区紫竹院南路 17 号　**邮　　编：**100048
网　　址：http://www.emph.cn　**电子信箱：**zbz159@vip.sina.com
电　　话：编辑部（010）68487630　发行部（010）68701816
印　　刷：天津市海天舜日印刷有限公司
版　　次：2023 年 5 月第 1 版
印　　次：2023 年 5 月第 1 次印刷
开　　本：710mm × 1000mm　1/16
印　　张：22.75 印张
字　　数：291 千字
定　　价：78.00 元

PREFACE 01

序言一

在我36年的职业生涯中，在我27年的演讲经历中，在我4000多场关于生命与人生的演讲中，我培养了无数的学生，为无数的青年学子指导过人生发展的方向，我也看过一些有关职业生涯规划的书，听过一些讲师讲职业生涯规划的问题，但我觉得社明对职业生涯的设计是标新立异、独树一帜的，应该说他在这个方向上的研究是非常好的。

社明做得很成功，他是“职业生涯开发与管理”理论和方法的探索者、实践者、受益者、传播者和推广者。从18岁开始比较模糊地考虑自己的职业发展道路，到38岁成功完成所订立的人生目标，20年时间他从一个钳工变成了博士、创建中外合资企业的总经理。他用“职业生涯规划”实现了从普通工人到百万身价的成功职业人的飞跃，也让更多人懂得了“计划人生”。

社明是我的入室弟子，我非常欣赏他。他能取得这样的成就与其本身有很大关系。他是个很谦虚的人，不管任何人提意见，他都会很认真地采纳，不断地改进自己的方法，所以他今天才会有如此精彩的论述。

社明的成功也值得我们思考。这是一个忙碌的时代，很多人忙碌得连思考的时间都没有，每天没有方向、没有计划，机械式地早出晚归、忙里忙外。常常听见有人叹息说：“真是人在江湖，身不由己。”众多有着傲人光环的天之骄子在就业的大潮中被淋湿、被淹没。在这一大潮中，不仅饭碗成了泥捏的，甚至连找一个合适的饭碗都变得相当困难。所以很多人大喊：职业危机的时代来了！

真是这样吗？我们来看看这种现象的本质。有的人在工作之初就不知道自己应该在怎样的领域开始职业生涯，几年过去了，懵懵懂懂地换了几家公司，回过头来才发现，只是积累了不同行业、不同职能方向不成功的经验。而常常是越聪明的人越容易产生这样的问题，因为似乎什么工作都难不倒聪明人，他们有机会就尝试不同的工作，结果却都是蜻蜓点水、浅尝辄止。一段时间以后突然发现，多种多样的工作经验并没有给自己带来沉甸甸的收获，反而形成了自己缺乏专长、缺乏核心竞争力的局面。最终自己发现好像饭碗总是不牢靠，永远都难以结束低薪的长跑，甚至没有了饭碗，白白浪费了上天赋予他们的才智。

当然，也有与之对应的例子。有的人起点并不高，既没有灵思泉涌的智慧，又没有博大精深的知识，更没有声名显赫的背景。但是因为他们有正确的职业发展之路，几年之后他们在职场上的价值超过了很多当初起点比他们高的人，社明就是这样的例子。

社明是个很努力、很刻苦的人，二十多年来，他在自己的职业生涯中不断地总结，不断地开拓。他承传统遗脉，采西学精理，在职业生涯规划发展领域实现了新的突破。所以书中为读者提供的是职业生涯发展中的新知、思想、理论、观点和方法，为读者展现的是怎样迎接当今最激烈的职业竞争，并为所有渴望职业成功的人提供了正确的方向。

书中用行云流水般的语言，娓娓地叙述，为我们打造了奋斗者职业生涯的精细路径。社明把职业生涯规划与发展的众多理论道理寓于自己和朋友发展的故事之中，细细道来，引人入胜。你会在愉悦之中不知不觉地看完全书，并顿悟作者为你精心谋划的航船与大海！

我相信：这部书出版后，一定会让广大读者，尤其是希望在职场中取得更大成就，渴望练就一番职业生存真本领的朋友们从中学到更多、更丰富的知识和方法，为社会、为国家、为实现自己的人生价值，插上一双美丽的翅膀。

“大风泱泱兮大潮滂滂！”其实只要把握好自己手中的舵，又何惧风雨?

所以，我推荐程社明博士职业生涯的丰富经验和超卓方法。打开这本书吧，拿起书中职业生涯发展的“武器”，去开拓自己的成功；打开这本书吧，以书中的思想为明灯，去找到你的船，航进你的海。

著名演讲家 彭清一

PREFACE 02
序言二

这是一本人人都要看的书

——为《你的船　你的海——职业生涯规划》作序

我为什么把程社明教授这本书说成“人人都要看的书”？道理很简单，读者如认可以下两条，就一定会去看。

一是人人都有事业与生活，人人都有人生。到底这一辈子怎么过？肯定是大家都关心的。是平安幸福地度过一生？还是坎坷无为、庸庸碌碌地度过一生？答案肯定是前者。可是如何实现这一理想？正是本书要说的。

二是人人都要及早对人生有所思考，有所认识。可是大部分中青年多是忙于完成工作任务或恋爱婚姻等具体要操办的事，对人生少有考虑，或根本就不去想。

现实当中，真正关注人生的多是像我这样的七老八十的人，有资格谈人生。我手头就有国学大师季羡林在 95 岁时出版的《季羡林谈人生》一书。他一口气写了 90 多篇，用 24 万字从不同角度谈人生，其中论人生的文章就有“一谈”“再谈”“三谈”“四谈”——人生意义、“五谈”——遗憾才是人生等。但这群人最遗憾的是：虽然懂得了很多“人生”，但对已经风烛残年的自己来说却已意义不大了。因此，正像经济学家茅于轼先生说的：人要在三四十岁时就早早地“谈人生”。

不只是他二老，原文化部部长、大作家王蒙就人生一题，也写了《半生多事》等好几本说人生的书；文化名人余秋雨也写了《人生誓言》；研究 50 多年哲学与人生的张中行先生在他 70 多岁时写了《顺生论》《负暄三话》等 9 本人生的书。

另外，鲁迅的《梦醒人生》、徐志摩的《潇洒人生》、胡适的《人生大策略》、俞平伯的《人生不过如此》、林语堂的《人生盛宴》、丰子恺的《静观人生》等，数不胜数。可见老人、先人们都在谈“人生”。甚至很多电视节目，如《艺术人生》也都很受欢迎。可见领悟人生的重要性。

我说这两点的目的，是想告知中青年读者们：要重视人生，要早点儿策划人生。

以上所列书目都是感慨人生、点悟人生的论著，却还都没谈到如何有效地实现有意义的人生，如何实现平安幸福的人生。而程社明教授花费半生心血从事“职业生涯”的研究。早在十多年前，他在南开大学的博士论文就探讨如何取得事业成功的“职业生涯”。

程社明是一位学风严谨的专家，这本书是他讲课多年提炼的结晶。它不只对有志于此学科的学者有用，对每个有志于在事业上获得成就的人都有用。我看过很多伟大人物的自传，大多都有论述自己职业生涯的内容。

韦尔奇是世界闻名的企业家，虽不能说是“前无古人”，但也还是有些“无与伦比”的味道。他经营的是产业庞杂，同时又是历史悠久的企业，而且连续 18 年使这个“巨无霸”企业生龙活虎，业绩步步攀升，靠的是什么？是他在就业之初就有的雄心勃勃却实际可行的“职业生涯计划”。他大学毕业后就定出了参加工作之后不同历史阶段的奋斗目标：一开始只是薪酬（业绩标准），多少年之后要当总经理，最后是世界著名 CEO……最终他通过这个目标管理，逐级实现了他的职业生涯计划。

彼得·德鲁克，是世界管理学界的顶尖大师，从管理学入门到公认的“大师中的大师”，只用了 10 年。他靠什么获得成功？靠的就是“职业生涯计划”。他通过拜访美国的管理学老师，请他们每人推荐 10 位名师、

10部世界管理名著。他就通过这些名师和名著入门，从“学徒”成为管理学家。

总之，任何一个有成就的人，无不是在不同历史阶段实现自己目标的过程中，即实现自己职业生涯计划中成为名家的。德鲁克一生写了37本书，但仅包括三个部分：一是社会管理、行政管理；二是企业管理、社团管理；三是个人管理。而个人管理是一切管理的基础。我最近也想学程教授，在我的余年专门从事“个人管理”的研究，我心足矣！

最后，我祝愿读者们在实现自己的职业生涯过程中顺利、成功、幸福！

《中外管理》杂志总编 杨沛霆

PREFACE 03

序言三

我跟程社明老师的关系是：我坚持是他的朋友，他坚持是我的学生。他的确曾经参加过我的课程，可在他上我的课程之前，早就是一位事业有成、学问有成的杰出管理者、学问研究者和培训导师了。程老师在职业生涯方面的研究，不但在国内凤毛麟角，以我在海外工作三十多年、多个跨国集团管人管事的经验，以及在西方企管书籍中长大的背景，也难找到可以跟程老师比较的对象。在职业生涯的领域里，提出各种理论概念的学者很多，但那往往是一些象牙塔里讨论的材料。对大多数的上班一族，尤其是刚踏入社会和工作几年感到辛苦而找不着头绪的青年来说，他们更需要的是易懂易掌握的职业生涯指引。这本《你的船　你的海——职业生涯规划》是一本不可多得的宝书。

人生是海，职业是船。离开学校开始工作，我们就开始驾驶自己人生的船，一个成功的船长会让船到达一个比一个更远、更好的地方，拿到自己能拿、该拿的成功快乐，无论大海是风平浪静还是波涛汹涌，都会有能力渡过。到了退下船长座椅的那一天，回头看时，感到不枉此生，自豪于自己的丰盛人生。谁不想做一个这样的船长？问题是：如何能做到？是否必须经历数百次的失败挫折、离散孤寂才能学会？也许学会的那天，才发觉已经时过境迁，不可逆转。

做一个成功船长的学问，学校里没有教授，在工作中也没有传播。现有的渠道就是从体验中学习、借鉴他人走过的路。程社明老师在自己走过的人生路程中，不断地总结和提炼，并将那可贵的经验元素注入他对职业生涯学问的研究上，这些人生精华是可行有效的、经得起考验的。书中大量的经验分享至为宝贵，证明他说的都是言之有物的真言。

程老师很认同我的学问，上了我所有的课程，我感到非常荣幸。我很清楚地记得程老师在上我课程的样子。他个子高大，不能坐在第一排，有一次他因看不清楚我在白板上写的字，索性横躺在讲台前边的地上听课；一些课程他觉得特别好，甚至在后来同样的课程中担任我的助教。其实以他的学问及他在很多知识面上的广博度，实在无须这样。从这点可以看出他为人好学、谦虚，治学严谨、认真。既然决定了解我的学问，他便全力、全心、全面地了解、吸收。我除了非常认同他的学问，也从他那里学到很多，一些我过去习惯使用的词语，因他的建议而改了文字，我觉得更达意、更清晰。

严谨的同时，程老师心里面有一份童真。书中多个谈及他自我成长过程的例子，你都会感觉到他那份童真。我最喜欢听他的笑话，特别是关于小孩子的笑话，总是充满爱，他是一个很有爱心的人。你若有机会听他的课，切记请他说个笑话，保证满意。书中也有大量其他人的真实例子，这使读者很容易明白他所说的概念和做法。

书的内容适合学生、大学毕业生、刚开始工作的人、中基层管理者，及至企业领导者。特别是那些刚开始工作，想尽快被工作团队接受、被企业领导赏识、在工作中凭表现脱颖而出的朋友们，书里的“10 条重要职场观念”和“20 条有效工作的方法”就是非常难得的、化繁杂为精简的成功秘诀。

我推荐这本书给每一位不甘愿花十年才找出如何在职场里成功的朋友。

国际 NLP 大师 李中莹

CONTENTS

目　录

有鸟不飞，一飞冲天；有鸟不鸣，一鸣惊人。这“冲天”“惊人”的背后是日积月累的沉淀，是处心积虑的准备。凡事预则立、不预则废，职业生涯的三份基础文件，你准备好了吗？

三份基础文件包括：职业生涯简历、职业生涯现状分析和职业生涯规划，简称职业生涯三部曲。三部曲就像人生的昨天、今天和明天。有的人留恋昨天、抱怨今天、等待明天；我们要做的是总结昨天、珍惜今天、创造明天。

为自己制订一个科学的职业生涯规划，就是打造自己人生的优质舟船并描绘与之匹配的航海图。每个人都有美好的愿望，职业生涯规划就是将人生美好愿望描绘成具象落地的操作图。

我们把目标定在要抵达海岛上的一棵巨树旁，虽然途中海风狂啸，暗礁林立，但我们坚信：只要不放弃，只要坚持远航，一定能够胜利抵达并摘取到成功的果实。

职业生涯远航之路，险象环生，充满艰难和困苦；
职业生涯辟新之道，绚丽多彩，藏着机遇与惊喜。

永远不会没有工作，寻找工作也是工作，而且可以学习当老板。
永远不会没有收入，经验教训都是收入，而且自己决定发多少。

每天忙忙碌碌，干了什么？为了什么？

是干活？还是工作？

是从事职业？还是投入事业？

是受煎熬？还是享受创造？这取决于你的职业锚！

职业生涯航行之路，成功与挫折并存，消极的态度、落后的观念、错误的方向如海上暗礁，使航行变得坎坷曲折。

良好的职业化水平，会使职业生涯航道越驶越宽，越行越顺，乃至人生之舟直挂云帆济沧海，乘风破浪迎壮阔！

第一章

你的船　你的海

人生与职业生涯

CHAPTER 1

人生是一段丰富多彩、美妙无比的生命远航。

5 岁的你，也许正闪着好奇的双眸，不断在问着“为什么”；

10 岁的你，也许正幻想着驾着生命舟船，四海遨游；

20 岁的你，也许在为多变时代，校园内外的纷繁复杂而深陷迷茫；

30 岁的你，也许正奔波于家庭与职场之间忙忙忙；

40 岁的你，也许正苦苦思索我到底为何而拼？为谁而活？

人生每个不同的阶段，我们有不同的需求、不同的愿望、不同的远航线路。

在满足人生需求、达成发展愿望、实现人生价值的过程中，职业生涯是最为重要的组成部分。

这需要你不断地探索，从探索外部的社会环境到探索自己的内心世界。

一、你为什么工作

人在一生中有很多需求，这些需求的满足情况直接影响一个人的痛苦与快乐。你是否了解自己的需求？是否分析过自己的需求？为什么你的需求似乎永无止境？为什么你和别人的需求有很多不同？怎样才能让你的需求得到满足？

人生需求的八个层次

人的需求有不同层次。

美国社会心理学家亚伯拉罕·马斯洛曾经将人的需求划分为五个层次，依次是生理的需求、安全的需求、情感的需求、尊重的需求和自我实现的需求。马斯洛的需求层次理论有两个基本点：第一，人的需求是有层次的，某一层次的需求得到满足后，更高层次的需求接着出现；第二，某一层次的需求一旦得到满足，便不能再起激励的作用。这个理论在管理学界广为传播并占据着重要地位。

马斯洛晚年对这个理论进行了扩展研究，研究成果在他去世后由其学生发表出来，即人生需求八层次理论。该理论把人的需求从低到高分为：生理的需求、安全的需求、友爱和归属的需求、受尊敬的需求、求知的需求、求美的需求、自我实现的需求及天人合一的最高需求。我的导师陈炳富教授在美国做访问学者时，获知了这个研究成果，回国后讲授给我们。我在此基础上，研究出人生需求与做人、做事，以及职业、事业的关系。马斯洛需求理论及其拓展如图 1–1 所示。

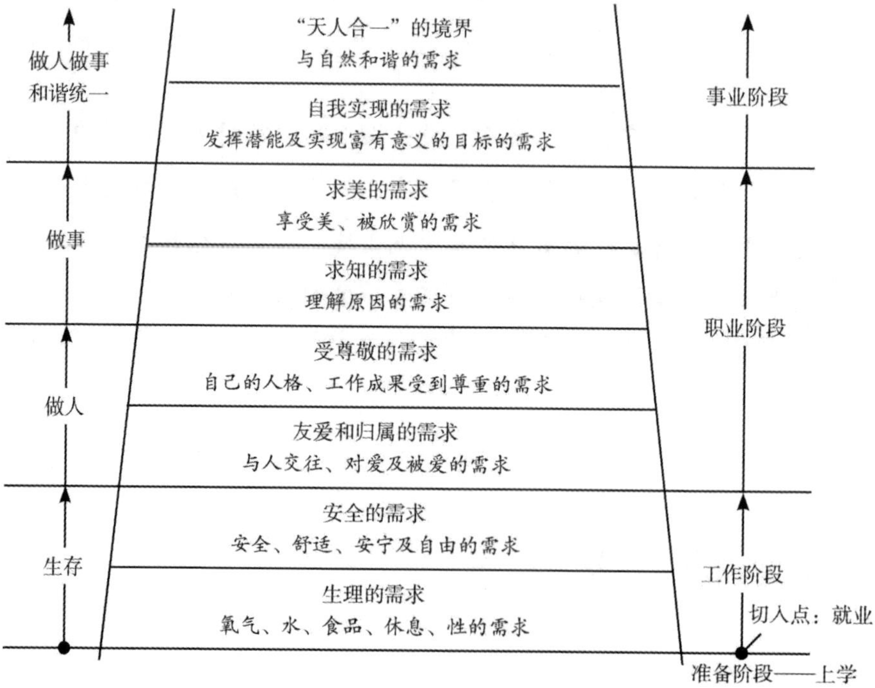

图 1–1　马斯洛需求理论及其拓展

1. 生理的需求和安全的需求

人刚出生时需要氧气、水、食物，也需要被抚摸、有适合的环境得以休息等，长大以后还有对于性的需求等，这些都是人正常的生存需求和生理需求。

再进一步是安全的需求，即心理安全和生理安全的需求。

我们刚参加工作的时候是否认真地思考过这个问题：我为什么要参加工作?

也许最初的动机是认为长大成人后，不能再让父母养活，不能一辈子靠父母关照。所以一般人刚参加工作的时候，主要是为了满足自己的生存需求和安全需求。

1990年，我赴法国留学，在实习结束以后只身来到巴黎。刚开始找不到工作，我的生活遇到了很大的困难：有一段时间，我在巴黎那个高消费的城市一个月只花200法郎（**当时合人民币160元钱**）吃饭，当时买一个三明治就要16法郎。

我很爱吃肉，但又吃不起，后来意外发现法国肉店卖的骨头很便宜。在法国肉店里的骨头一般是卖给谁吃呢？有人说是狗吃，有人说是穷人吃，都不对。准确的答案是穷人家的狗吃。人家去买肉的时候，顺便向肉店老板要几块免费的骨头。我一看价钱，买不起肉，就问："光要骨头多少钱一斤？"老板说："排骨四法郎一公斤。"我一算比在国内还便宜，挺高兴，就说："太好了，来两公斤。"老板问："你家有多大一条狗？"我心想：你管得着多大一条狗。买了排骨回来，我就把骨头、胡萝卜、米饭加点盐，做成一锅，吃一半——一天只吃一顿饭，留一半，第二天再吃。

后来再买排骨时肉店老板总问我，于是我就想干脆一次多买点儿，放在房东家的冰箱里。我说："来四公斤。"老板问："这回四公斤了？你家狗到底多大？"我说："就像我这么大！"

后来有人介绍我到一家小型信息技术公司工作。上班第一天，老板娘说："我接受你来实习，每天管中午饭，但没有工资，你同意吗？""同意，同意！"我连忙回答。

第一天的工作是清扫仓库。一年没有打扫过的仓库堆积了厚厚的灰尘，充满发霉的气味。和我一同实习的还有一个法国的女大学生，老板娘给她的工作是复印资料，可是她仍不满意，说："我是来实习的，不是来干杂活的。"老板娘客气地说："请您回头看，大门为您开好了。"

看到女学生被老板娘请出去，我立刻去打扫仓库，心中企盼着那顿午餐。

那个时候我的工作就是为了满足自己的生存需求，为了能吃饱饭。

2. 友爱和归属的需求

人怕孤独，需要有归属感。如果某人在团队中不被认同，每天除了挨批评就是遭排斥，领导每天反复说："你太让我失望了！"这个人会恨不得马上离开这个团队，找一个能够认同自己的集体。

3. 受尊敬的需求

包括他人对自己人格的尊重，对自己工作成果的尊重，对自己家庭地位及社会地位的尊重等。

4. 求知、求美的需求

求知的过程是对原因、历程、方法和答案的探索过程。"求知"是指我们不但要做事情，还要明白为什么做、为什么要这样做、怎样才能做得更好。这时候，我们会产生非常强烈的学习愿望。

"求美"是指我们不仅想做事，还想把事情做得漂亮，做得让自己满意、自豪，让别人欣赏、赞美。每个人做完工作，都希望他人说："这个工作是谁完成的？做得真漂亮、真好！"从事任何一个职业的人在完成一项工作后，都希望他人对自己的工作结果表示赞赏，从而产生一种愉悦的心理体验，这是人在满足基本需求以后，自然而然会产生出来的高级需求。

5. 自我实现的需求

即美梦成真的需求，每个人都愿意将自己的美梦变成美好的现实。自我实现的需求是所有基本需求都满足以后所产生的更进一步的需求。自我实现的需求能够激励我们将自身的潜能不断发挥出来，从而实现我们更多的梦想。

6. “天人合一”的需求

人生需求的最高境界是天人合一。天人合一的“天”是指客观规律。天人合一就是指人们要认识、遵循、利用客观规律，按照客观规律办事。

职业生涯的发展也有其客观规律，我们在职业生涯的实践中逐步探索并找到客观规律。按照客观规律办事可使我们的职业生涯少走弯路，人生之舟航行畅达。

满足需求有规律

1. 基本需求指向自己

需求可分为基本需求和高层次需求两类。基本需求是指用以维持一个人生存的需求。当一个人喝了、吃了，就解渴了、果腹了，有了最基本的生理安全、心理安全保障，就可以满足基本需求。

2. 高级需求指向他人、指向环境

高层次需求并不直接指向人自身。高层次需求实现的前提条件是先满足其他人的需求，再由其他人对自己进行反馈，从而获得自身高层次需求的满足。

比如教师受人尊敬是由于教师的传道、授业、解惑，给他人带来知识、观念和方法，他人接受以后，感觉有帮助，从而对教师产生感激、尊敬之情。也就是说老师受到他人的尊敬是由自己满足别人之后获得的他人的反馈，并非能直接索要到他人的尊敬。

个人付出越多，对别人越有帮助，所受的尊敬也就越多。因此，高层次的需求一定是一个人先满足周围其他人的需求之后，他人再对其进行折射才能得到满足。

3. 不同的人有不同的需求

处在管理位置的人在带领团队的时候，一定要清楚这一点，了解每个员工现在是处在哪个需求层次上。是温饱需求阶段？还是爱和归属的需求阶段？或是已经到了受尊敬的需求阶段？如果管理者不了解这些，给予员工的激励内容与他的需求层次不相符，就会造成费心费力却没有效果的尴尬局面。

4. 同一个人在不同时期有不同需求

一个人在不同的发展阶段，其需求也会有相应的变化。

同时，当一个人的物质需求得到基本满足之后，便会开始追求更高层次的精神需求。

我在担任中法合资企业总经理期间，公司里有一位跟我一起创业的员工，后来升到公司的副总。我看他没有车很不方便，就想给他配辆车，我找到他说："公司给你配车，你好好学开车去。"

他说："现在工作特别忙，能不能过一阵再学？"

我说："不行，现在就去学。"

"那能不能买日本车？日本车省油。"

"不，我们是中法合资企业，要买法国车。"

"能不能买黑色的？"

"不，公司已经有两辆黑色的车了，你用的车要买白色的。"

"那能不能过一段时间再买？"

"不，马上就买，你赶紧去学开车。"

几个月以后他开着车来上班，一脸愁容，没有一点儿开心的样子。

我觉得很奇怪，以前给他涨工资、发奖金，他都很高兴，每次都说非常感谢的话。怎么今天开车来上班反而愁眉苦脸呢？

后来我问他："以前发奖金、涨工资，你都很高兴，怎么这次配了车，你一点都不开心呢？"

他说："程先生，您想想，我什么时候学开车由您决定；买多少钱的车由您决定；买哪个牌子由您决定；买哪个颜色由您决定……就连我开不开车来上班都由您决定，我算个什么呀？"

我这才恍然大悟，我认为他有了车，风吹不着、雨淋不着应该很高兴，可是对他来说，在这个过程中他没有受到丝毫尊重，当然也就高兴不起来了。

所以，管理者一定要知道员工现在最大的需求是什么，自己能给他提供的条件是什么。否则，根本达不到管理者想要的效果。

二、对三件事情负责

成长的过程中，你是否意识到自己正在跨越不同的人生阶段？人生的不同阶段会给你的职业生涯带来怎样的影响呢？职业生涯在你的一生中占有什么样的地位呢？

人的两种生命周期

人都有自己的生命周期，生命周期可分为生物生命周期和社会生命周期。

生物生命周期是从生理变化的角度看人的发展，具有单向性（出生→成长→成熟→衰老→死亡）和不可逆转性（生理上的“返老还童”是极个别情况）的特征，这使得我们在职业生涯的发展中经常感受到时间的紧迫性，从而更体现出积极主动开发和管理职业生涯的意义。

社会生命周期是从参与社会活动的角度研究人生，其特征是多向性（多种选择）和可重复性（重新回到某一阶段）。例如，一个人在确定职业时有多种选择的可能，工作几年之后，为了继续深造或学习另一门专业知识，又回到学校重新做学生。社会生命周期的这种特征为职业生涯开发与管理留下了可规划的空间。

职业生涯发展是在生物生命周期的限定制约和社会生命周期的相对开放的双重条件下进行的。人生生命周期发展特征如图 1-2 所示。

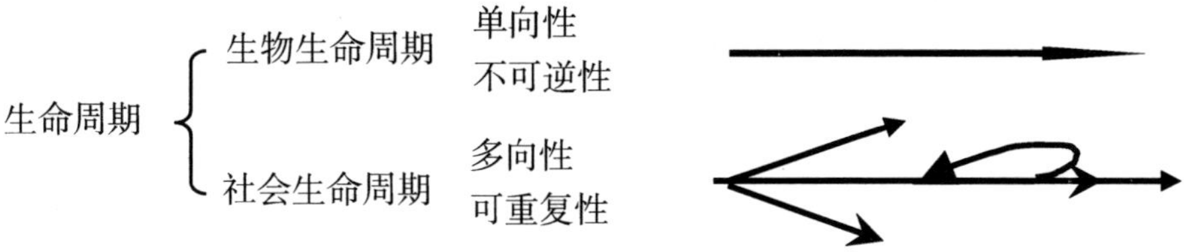

图 1-2　人生生命周期发展特征

人生十阶段

人出生后，随着年龄增长要经历不同的年龄阶段，每个年龄阶段都有着不同特点。以每七年为一个阶段，可将人生分为十阶段。人生十阶段分析如表 1-1 所示。

表 1-1　人生十阶段分析

年龄	时期	主要特征
0-7 岁	幻想期	形象思维，敢想敢说，但说话内容常与事实不符
8-14 岁	想象期	说话内容与事实相关，但常有使成年人惊奇的想法
15-21 岁	青春期	经历初恋，人生观逐渐形成
22-28 岁	社会人成长期	积累社会知识、能力、经验
29-35 岁	核心能力期	逐渐形成职场核心竞争力
36-42 岁	第二青春期	按内心召唤重新调整人生方向

续表

年龄	时期	主要特征
43-49 岁	得失期	成功者收获、喜悦，失败者可能狂躁或抑郁
50-56 岁	抗衰老期	开始与衰老做斗争，防止思想僵化
57-63 岁	思想成熟期	形成完整的人生观、价值观
64-70 岁及其之后	第二童年期	返璞归真，人生的更高起点

人生丰富多彩，各阶段的特点也因人而异、各有不同，上表只是列出各阶段的部分特点。

人生六种年龄

除了自然年龄，每个人的年龄还可以分为六个方面——生命年龄、生日年龄、生理年龄、智力年龄、心理年龄和容貌年龄。人生六种年龄分析如表 1-2 所示。

表 1-2 人生六种年龄分析

年龄类型	主要特征
生命年龄	父亲的精子与母亲的卵子结合的一刹那，生命诞生了
生日年龄	写在身份证和户口本上的年龄
生理年龄	以人身体各种器官的发育及老化程度为标志
智力年龄	指在智力测验表上与某一智力标准水平相当的年龄
心理年龄	也称社会年龄，以承担各种不同社会角色的意识和能力为标志
容貌年龄	通过外貌显现出的年龄

在职业生涯的发展过程中，人的六种年龄中最为重要的是心理年龄。心理不成熟的人，经不起成功后的赞美和失败后的磨炼，骄傲自大或抱怨环境、抱怨别人，甚至抱怨自己；心理成熟的人会主动承担家庭责任和社会责任，遇到困难挫折总是积极乐观地去寻找解决问题的方法。这种人往往在职业生涯上能够取得很好的发展成果。而心理年龄发育迟缓的人上大学时还需要父母陪读、洗衣、打饭，毕业后继续依赖父母，不能独立生活，不肯主动进入社会找工作，在工作上还是想找到“铁饭碗”，在生活上成为“啃老族”，也就难以在职业生涯中快速进步发展。

所以，职业生涯的发展是以心理年龄的成长为突破点的。

你断奶了吗

我在职业生涯开发与管理的培训中，经常这样问学员：“你断奶了吗？”有人听完大笑着说：“我一岁就断奶了。”确实，人一岁时就可以完成生理断奶了，但在一生之中还要经历几次心理断奶过程。心理断奶后，一个成年人才可以在自我成长中不再依赖他人。人成年后，最重要的是要对三件事负责，即在心理上要经历三次断奶的过程。

1. 对情感生涯负责

对自己情感生涯负责是人一生中重要的一次心理断奶过程。

结识恋人、组建家庭、养育后代、孝敬老人，这些都是人情感生涯中最重要的组成部分。

从生理角度说，人类在十几岁的时候就具备了生儿育女的功能。但是从心理角度说，人类的心理成熟却常常落后于生理成熟。在孩童时期，人们在情感上总是期待着他人的关心、安慰、理解和同情，却时常感到孤独、委屈和无奈。

在情感生涯上的心理断奶表现为：在情感上不再依赖于他人，能够关心、安慰和激励自己，进而去关心、理解、安慰他人。

如果一个人在 30 岁的时候能够做到对自己的情感生涯负责，这是个很不错的结果——说明这个人在情感生涯中心理成熟了。

2. 对职业生涯负责

对自己职业生涯负责也是一次重要的心理断奶过程，即从自然人、家庭人转变为职业人、社会人。

有些人开始找工作时希望父母能帮上忙，等找到了一份工作，就把自己的前程托付给了企业，托付给了领导。在参加职业生涯开发与管理培训的时候，有的人会说："我工作上的事情都听领导的吧，领导怎么安排我就怎么做。"这是一种非常严重的托付心态。

问一问自己：是否意识到要对自己的职业生涯负责？是否有能力对自己的职业生涯负责？

一个人应该在 35 岁的时候做到主动而有能力对自己的职业生涯负责，并开始寻找自己的职业锚，争取在 40 岁左右的时候找到自己的职业锚。

3. 对身体健康负责

有意识和有能力对自己的身体健康负责，同样也是人一生中一次重要的心理断奶。

一个人对自己的健康负有多大的责任呢？至少 70%，甚至 100%！有人小时候把自己的健康依赖于父母，再长大一些可能会将自己的健康交给医生，老了再交给子女。其实最应该对自己健康负责的恰恰是我们自己。一个人如果能在 40 岁的时候想明白这个道理，对自己的健康负起责任，就完成了这次重要的心理断奶。

总的来说，意识到对自己的人生全面负责，越早领悟，就越早成为心理上的成年人。

再一次问这个问题：你真的断奶了吗？现在可能你已经觉得并不好笑了，而是真的需要认真思考：我在心理上已经成为一个成年人了吗？

当你在职业生涯上遇到挫折的时候，请在下面所列的因素中打分（分数由“不存在”到“的确是”为 1 ～ 5 分）。

遭遇挫折因素分析表如表 1-3 所示。

表 1-3　遭遇挫折因素分析表

A	1 ～ 5 分	B	1 ～ 5 分
单位管理体制存在限制		需要补充相关的知识	
领导没有水平		需要提高执行操作能力	
同级没有积极配合		需要积累相关工作经验	
下级素质太差		需要调整树立正确的职业观念	
地域环境封闭落后		需要加强心理素质的训练	
家里缺乏过硬的社会关系		需要敏锐察觉并表达出内心感受	
他人抢走自己的工作成果		需要改善自身适应性	
别人不能理解自己		需要从自己做起改善人际关系	
竞争对手太强大		需要端正积极的工作心态	
自己年龄大了		需要保持饱满的工作激情	
合计		合计	

如果你给 B 类因素打的分高于 A 类因素，表明你有突破的可能——B 类比 A 类的分值高得越多，突破的速度越快；如果给 A 类因素打的分高于 B 类因素，表明你可能习惯怨天尤人，经常满腹牢骚，心理上还没有断奶。

三、职业生涯的发展决定人生需求

命是与生俱来的，如何面对和接受？运是后天造就的，怎样改变和创造？

心怀感激面对接受命

1. 什么是命

一个人是否能真正掌握自己的命运，首先取决于对命运的观念认知。我们应该“心怀感激面对接受命，积极主动改变创造运”。

“命”是在一个人出生时就已经发生、正在发生和必然发生且对自己人生有影响的事情。

比如一个人出生的家庭——可能是贫穷的家庭，也可能是富有的家庭；

比如一个人的出生地点——可能出生在大城市，也可能在偏僻的农村；

比如一个人的出生国家——可能是西半球的美国，也可能是东半球的中国；

比如一个人的出生年代——可能出生在20世纪，也可能出生在21世纪；

比如一个人出生时的大环境——可能出生时发生了严重自然灾害，也可能出生不久爆发了一场战争。

凡此种种，都是不能由个人决定的事，对于一个人来说，这就是命。

我在1973年到1976年上中学，虽然就读于天津最有名的中学，但由于特殊原因，老师不敢教书，学生不懂得学习；学工、学农、学军的各种活动就占了一半时间。有责任心的老师坚持认真教书，但也没有引起学生们的重视。

我至今仍记得1975年的一天，当时已是满头白发的曹老师给我们上一节英语课，她拿着一块小黑板，上面写了五个单词，几乎用乞求的口吻对大家说："同学们，我们今天只学五个单词，就只学五个单词。不难，你们好好学，以后会用得上的。"是哪五个单词我早已忘记了，但曹老师那满含忧虑的关爱表情、几近乞求的目光却是刻骨铭心，那是老一辈教师看到年轻学生不学无术、荒废时光时的心痛与无奈啊！

这段经历，也可以说明经历那个时代是我们的命。

2. 为什么要心怀感激面对接受命

不面对、不接受，是和事实找别扭。人不管出生在一个什么样的环境里，都应用积极的心态看待身处的环境，因为每一种环境都能给予人特殊磨炼的机遇。

积极主动改变创造运

什么是“运”？凡是通过自己的努力可以影响、改变、创造的事情都叫作“运”。

培养积极的心态，学习多方面的知识，提高解决问题的能力，从而取得更好的结果——这就是积极主动改变创造运。

1978 年，我来到天津化工学校的校办工厂制药车间当制药工人。我们用氧化磷做原料生产灭鼠药，生产设备非常陈旧，操作环境简陋，缺乏环保措施。当时我戴的是三层口罩，但灭鼠药的粉尘仍会被吸入鼻子和口中。有一天，直径 2 米、高度近 3 米的灭鼠药罐由于原料中的白磷过多而摩擦起火引起爆炸，车间的房顶都被掀掉，所幸没有造成人员伤亡。望着车间的残垣断壁，我第一次开始模模糊糊地思考自己的职业发展。

我想：难道自己要一辈子生产灭鼠药吗？这对于一个属鼠的人来说是多么痛苦的事情！我必须要用自己的努力改变命运！

1978 年已经恢复了高考，千千万万的青年人在努力迈向大学的校门，我也下决心用知识改变自己的命运。

艰难的自学开始了。我从家里去上班，首先需要骑 40 分钟自行车到班车点，再坐一个小时班车到校办工厂。现在提起班车，人们可能会想到豪华大巴：座椅有高高的靠背，车里有彩电、有空调，坐着很舒适。而我们那时候“坐”班车，实际上是“站”班车。因为我们的班车就是一辆大卡车，没有座位，卡车上有个棚子，棚布裹得严严实实。所有乘车的人都站在班车上，一只手拉着栏杆。一路上我们都颠来颠去，感觉头昏脑涨。我每次都选择站到最后一排，因为在车棚和后面的车帘之间有一条缝隙。

冬天坐班车的时候，天还没有亮。当卡车从路灯下开过，会有一缕微弱的灯光射进车厢，借助这缕灯光我会看一个英文单词或背一个化学公式。当车经过路灯后，车内伸手不见五指，我就记忆刚才背的内容；等到下一缕灯光射进车厢时，我再看另一个单词或公式。此外，我晚上坐班车回来以后还要赶去业余学校听一些补习课程。

1980年我第一次参加高考。那年天津的录取分数线是360分，而我只考了342分，差18分。听到这个消息，我心里非常平静，丝毫没有沮丧，甚至还有一些欣喜。因为那时的大学录取率只有2.4%；而我连初中文化水平都不到，只自学了一年多的时间，结果只差18分，这说明自己的潜力是很大的。我决定放弃一切娱乐活动，全力以赴再考。当时规定考大学的年龄限制到25岁。我想从20岁开始考，到25岁的时候，我能够考6次，无论如何都要考上大学！在职业生涯发展的道路上，重要的不是现在所处的位置，而是下一步迈出的方向！

我的一位好朋友知道我没考上大学，看到我每天不说不笑，很关心我。他问我："社明，我知道你没考上大学，心里一定很难受吧？你看你现在又不跟我们玩，也没有笑容，一天到晚双眉紧锁，溜着墙根儿走。你是怎么想的呢？我能给你帮什么忙吗？"

朋友的关心让我感到很温暖，我脱口说出了心里话："早晚有一天，我要念博士！"朋友听了这句话，两眼露出了无比同情的目光，他跟别人说："小程考大学没考上，估计是大脑受了刺激。现在问他要干什么，他说要念博士。这不都快神经了吗？他连初中都没念好，怎么能念博士呢？"于是又有几个朋友劝我："没有考上大学也没有什么大不了的，我们打打球、跳跳舞，也很快乐啊。干吗非要折磨自己呢？"

这些朋友都是好意，都是出于好心，但属于"螃蟹朋友"。一位在海边卖螃蟹的人，一般只在盆里放两三只螃蟹，这是有原因的。如果把螃蟹装满一盆，它们会爬出去。如果只放两三只，即使有一只很努力地爬到了盆边，当它要出去的时候，其他的螃蟹也会千方百计把它拽回来。

有的时候，好心好意的朋友也在无意中起到了“螃蟹”的作用，大家互相拉扯着，谁也别想跑出这个盆。

1981年我第二次参加高考，这次我以410分的成绩考入了沈阳药学院。当时，我多么想上清华大学、北京大学这样的国内著名大学，可是我的分数远远不够。那时，我暗下决心：就算我成不了清华大学、北京大学的学生，早晚有一天我要当清华大学、北京大学的教授！这个愿望在20年以后实现了。

一个人只要有理想、有目标、有方法，完全可以让自己在奋斗一段时间以后过上与从前截然不同的生活，他可以追求到自己的幸福，追求到自己的小康生活，同时，也可以成为对家庭、对企业、对国家、对社会有很大贡献的人。

职业生涯是实现人生价值的重要途径

在社会中，一个人的人生需求怎样得到满足？

一个人职业生涯的发展程度决定了他的人生需求，特别是高级需求的满足程度。怎样才能由满足基本需求过渡到满足高级需求？通过职业生涯成功！即通过成功地从事一个或多个职业来满足。

每个人都要认真地想一想：自己一生最高层次的追求是什么？怎样才能最大化实现自己的人生价值？你需要通过什么途径来实现？有人说：“我家里有钱，不愁吃穿，一生无忧。”没错，基本的温饱问题确实有了保障。如果一个人不从事一个或几个职业，只在家里待着，最多满足的是吃饭、喝水和安全这些基本的需求，但是他能够满足受尊敬的需求吗？他能够感受到团队中的归属感吗？他能够发挥自己的潜能，实现人生梦想吗？他能够让别人认可他的一生是一个求知、求美的创造过程吗？很难做到，甚至说不可能做到。

一个人的人生价值是在为社会做出贡献和对自我价值的不断认知过程当中来实现的，而这个过程就是我们的职业生涯！

职业生涯明言①

职业生涯满足人生需求

我们是通过从事一个或几个职业来满足人生需求、实现人生价值的。

一个人职业生涯的发展程度决定着人生需求、特别是高级需求的满足程度。

本章小节

1. 理解人生需求的内容
2. 理解两种生命周期
3. 了解人生各个阶段对职业生涯都有哪些影响
4. 掌握人生六种年龄
5. 理解心理断奶的含义
6. 理解人生命运与职业生涯的关系
7. 理解如何实现人生价值

① 注："职业生涯明言"并非名家名言，是关于职业生涯的一些简单明了的语言。社明之言，仅供参考。

学习心得：

第二章

为出航准备

打造职业生涯三份基础文件

CHAPTER 2

有鸟不飞，一飞冲天；有鸟不鸣，一鸣惊人。这“冲天”“惊人”的背后是日积月累的沉淀，是处心积虑的准备。凡事预则立，不预则废，职业生涯的三份基础文件，你准备好了吗？

三份基础文件包括：职业生涯简历、职业生涯现状分析和职业生涯规划，是回顾过去、把握现在、创造未来的三部曲。

三部曲就像人生的昨天、今天和明天。有的人留恋昨天、抱怨今天、等待明天；我们要做的是总结昨天、珍惜今天、创造明天！

一、暂停匆匆脚步，写一份职业生涯简历

写简历的唯一动机就是跳槽吗？你知道简历有几种不同的类型吗？你知道职业生涯发展也需要写简历吗？怎样撰写职业生涯简历呢？

个人简历的五种类型

有的老板说：“我一看见我的员工写简历就来气！”原因在于这位老板认为员工通常在准备跳槽的时候才写简历。实际上，这是对简历的一个片面的认识。

总体而言，简历可以分为五类，即求职简历、档案简历、广告简历、评价简历、职业生涯简历。

这五种简历的不同之处在于目的不同、使用者不同、“看的人”不同，即这些简历的接受对象不同，内容特点也不同。五种简历类型分析如表 2-1 所示。

职业生涯简历不同于其他四种简历，它强调的是真实性——在时态

上，相当于英语中的现在完成时。写职业生涯简历，就是暂时停下自己在职场上匆匆的脚步，回顾职业生涯走过的道路，通过内职业生涯和外职业生涯的对比，发现、总结自己成功的经验和失败的教训。

表 2-1 五种简历类型分析

简历类型	目的	使用者	接受对象	特点
求职简历	寻找工作	简历主人	用人单位	重点突出自己的优势，争取应聘机会
档案简历	存档、检索	用人单位	用人单位	突出用人单位的关注点
广告简历	为简历主人进行业务宣传	简历主人	潜在客户	突出简历主人的职业特长，追求商业利益
评价简历	对简历主人进行阶段性或结论性评价	组织	组织成员和社会公众	全面或有侧重点地介绍一个人的职业经历
职业生涯简历	回顾职业生涯，总结经验教训	简历主人和组织	简历主人和组织	全面、客观、真实

怎样写职业生涯简历

职业生涯简历包括五部分的内容，详见附录三。

1. 个人信息

包括个人基础信息及一张 2 寸彩照。

2. 职业生涯开发

包括教育背景、培训情况及自学知识三部分。

3. 外职业生涯

包括工作和实习经历（采用倒叙方式），特别强调写清各个阶段的工作职责。

4. 内职业生涯

包括工作经验和技能、主要工作业绩、工作理念及业余爱好等。

5. 内外职业生涯相互关系

分析内职业生涯发展如何带动外职业生涯发展，外职业生涯发展如何促进内职业生涯的发展。

最后签上姓名及填写时间。

二、认识自己，做好职业生涯现状分析

千里之行，始于足下。你是否了解真实的自己呢？如何科学地分析自己的职业生涯现状呢？

为什么做职业生涯现状分析

职业生涯发展是从做好本职工作开始的，正如“合抱之木，生于毫末；九层之台，起于累土；千里之行，始于足下”。如果外职业生涯发展受到挫折，一定和缺乏内职业生涯的某些因素相关。进行职业生涯现状分析就是要努力地提升内职业生涯及更好地利用外职业生涯因素。

职业生涯现状分析强调的是现实性，在时态上类似于英语中的现在进行时，是让我们低下头来，看一看现在正在做的本职工作，思考如何做得更好。因为一个人外职业生涯的发展不完全由自己决定，而通常由别人决定、认可。当你希望得到一个更高的职务，得到一个更好的工作机会的时候，是否想过：在这个机会来临之前，自己的本职工作做好了吗？能不能做得更好呢？

职业生涯现状分析不仅是做好本职工作中不可缺少的一环，还是职业生涯规划实施的基础。

职业生涯现状分析可以帮助你以本职工作为起点，以岗位职责为标准，逐步地、明确地、有针对性地提高自己的内职业生涯。实际上，每一个职业生涯规划的实施都是通过一连串的职业生涯现状分析来实现的。

通常在同一个职位上，一个人的职业能力发展可能会经历初学、进步、掌握和熟练四个阶段。

同一职位发展四阶段如图 2-1 所示。

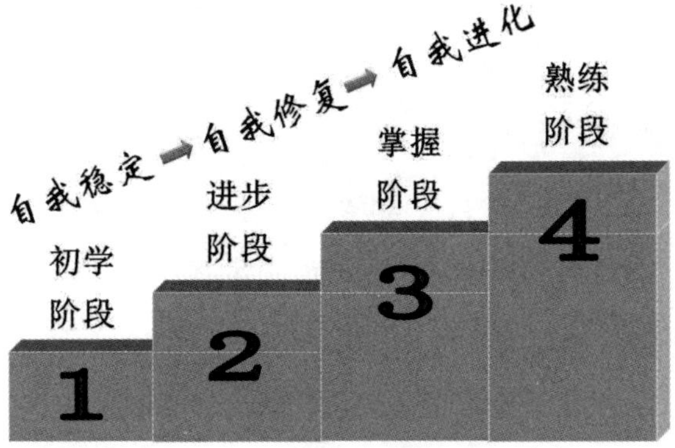

图 2-1　同一职位发展四阶段

在初学阶段，或是面对新的职位，需要有一个适应的过程，开始时情况不熟、能力不足，这个阶段往往是被动工作。

在进步阶段需要知错改错，积极进取，这个阶段往往是适应工作。

在掌握阶段，熟悉情况并处理得当。这时考虑的是：应该用什么样的方法来工作？使用什么样的工具？如何能尽快熟悉情况并处理得当？这个阶段往往是因为熟悉情况而主动工作。

在熟练阶段，要对你的工作方法、工作工具运用自如，并且在此基础之上有所创新。这个阶段尤其要注意在熟练和运用自如的基础上进行创新，所谓“熟能生巧”。

职业生涯现状分析让我们了解到工作不仅仅是挣钱谋生的手段，我们也能在工作中学习、成长，让工作真正成为锻炼人、塑造人、教育人、培养人的途径。

职业生涯的最终目标正是通过不断胜任一个个本职工作而实现的。

那么，什么是职业生涯现状分析？

职业生涯现状分析就是对照你现在岗位职责所要求的观念、知识、技能及心理素质审视自己，确定哪些观念、知识、技能和心理素质已经具备，哪些还欠缺，进而制订改进方案。

1986年8月，我来到中日第一家合资企业——中国大冢制药有限公司担任一名推销员。经过日本专家一个多月的培训，我们开始走向市场、走进医院。

工作之初时我想：我在大学学过药学专业，学过企业管理，又受过日本专家的培训，因此我穿上西装、打上领带、手提高级密码箱，带着最先进的药品拜访时，一定会受到医生、药剂科主任的高接远迎，热情接待。我讲话时他们一定会洗耳恭听，会好奇地向我请教这些最新药品的知识。

带着美好的幻想，我来到上海，负责徐汇区十几家医院的药品推广。可没有想到，没有哪家医院对我表示出热烈欢迎的态度，甚至有一家医院的药剂科副主任，一个头发稀疏的老者，非常警惕地问我：“你到底想来干什么？”我说：“我来跟你们介绍最好的药。”他说：“如果是好药，我们可以自己去买，不用你来介绍。”我说：“我今天一定要跟你介绍。”他就大吼一声，对我说：“出去！”我说：“我的药还没卖出去，怎么能出去？我不出去！”于是，他就把药剂科几个小伙子叫出来说："你们把他轰出去！"我只好悻悻地出去了。

我在医院的门口徘徊，愤愤地想：听说这家医院的药剂科要进行人事调整，我看这个老头肯定干不了几天了，等他退休了我再来，反正我比他年轻，我可以等。几个月以后，我又来到这家医院。在药剂科的窗户外一看，那个老头不在，我心中非常高兴，就直接去敲科长的门，里头有人说："请进。"我推门进去一看，顿时两腿发抖，因为那个老头坐在那里！我说："你们不是调整了吗？"他大声说："刚调整完，我不当副科长了，当科长了！"我觉得像被一盆凉水从头浇到脚底。

这时，我开始思考人家为什么不欢迎我。

为什么要轰我出去？用什么方法才能够让人家接受我？

经过几个月的思考和实践，我研究出人员促销的"三步法"：第一步——礼节交谈；第二步——感情交谈；第三步——业务交谈。

而业务交谈又分为三步：介绍产品质量，介绍服务，介绍价格。

实践证明：只有暂时没有找到解决方法的困难，没有解决不了的困难。

终于，我用一年多的时间，从一个被人赶得到处跑的推销员，成为全公司销量第一名的医药代表；和客户的关系从陌生到熟悉，从熟悉到友好，从友好到亲近，甚至有好几家医院的药剂科长、护士长要给我介绍对象。

职业生涯现状分析包含七项内容

1. 主要内容

职业生涯现状分析包括七项内容，分别是：姓名、部门和职务、职务职责、职务能力要求（**分专业能力和管理能力**）、已具备能力、现欠缺能力、改进方法和实现时间。

职业生涯简历是写已经发生的事情，而职业生涯现状分析是写你目前正在做的工作、正在发生的事情，一般来说包含半年（即六个月左右）的时间，最长不超过一年。

2. 职业生涯现状分析的方法

（1）姓名。

郑重且认真地写下你的完整姓名，同时去体会你写自己的名字时内心的感觉。

也许你觉得骄傲，那恭喜你了，你确实该为自己正在进行的事情感到骄傲。

也许你心中充满希望，那也对了，你不仅正在希望，而且正在行动以实现希望。

也许你觉得些许沮丧，不错，说明你需要更加认真、更加警觉，你正在做的事对你来说意义非凡。

也许你有些迟疑和犹豫，这很正常，面对需要勇气，勇气不是毫不畏惧，而是不因畏惧而放弃。

也许你感慨万分，也许你信心百倍，也许你焦躁不安，也许……

无论怎样的感觉，去体会它、面对它，感悟其中的启示，以及这份启示带来的力量。

（2）部门和职务。

就是你现在的职位名称。可能是 ×× 经理或 ×× 长这样的名称，也可能是搬运工。很长一段时间我们认为搬运工不是一个职务，最多只能算是一个岗位。实际上搬运工、清洁工也是一种有职责、有任务的职务，也需要专门的知识和能力。

第一，要写出全部的、完整的且确切的职务。

不要写简称，不要只写部分名称，也不要写容易让人产生歧义的名称。你写出的职务名称应该做到：一个不熟悉你单位和行业的人也可以看得明白。

第二，写的时候，注意一下这个职务与你实际的工作内容是否相符。

你单位的同事或外部客户听到你的职务的时候，他们对你的工作职责和内容的认识不要与实际相差太远。

第三，不要混淆工作内容与职务。

例如，某学员在一份职业生涯现状分析中职务写的是“行政管理”。经过我们向这位学员进一步了解，原来他的职务是“××公司办公室行政管理助理”。

第四，你可能同时有数个职务，要全部写出来。

如：××学校团委书记、××班班主任、××班任课老师。

对职务正确而准确的称谓，有助于准确而全面地了解自己的职责范畴，以及在组织结构中的位置。在职业生涯现状分析中，需要这样从大局的角度去审视自己的工作职务——一方面有助于把握工作结果对组织的实际意义；另一方面可以看到自己在组织中发展的机会和可能的路径。

（3）职务职责。

职务职责有两个方面：一个是对事的职责，另一个是对人的职责。其中对人的职责主要是指管理人员对人力资源的管理。对人力资源的管理能力是各级管理人员的首要必备能力。

如果你是管理人员，一定有对人进行管理的职责；如果你不是管理人员，则主要是对事的职责。

有人问：“钱的事，是算人还是算事？”

“事”是广义的。把财务工作做好是面对钱，也就是面对事；但如果你是财务科的管理人员，那你一定不仅要面对事，还要面对人。

有人说："我虽然不是管理人员，但我面对顾客，这也算面对人吗？"顾客不是你的下级而是你的客户，尽管是对人，你的职责中主要还是与事有关。

所以职务职责要写清楚，如果是面对事，那么是对哪些事；如果是面对人，那么是对什么人。

职务职责包括你所有职务要求的岗位职责，如果你是管理人员，切记你的职责包括对事和对人两部分。

（4）职务能力要求。

列出你出色完成所有职务职责所需要的主要知识、核心观念和关键能力。

职务能力要求包含两方面：一方面是专业能力，另一方面是管理能力。

只要是管理人员，就涉及管理能力，无论你是CEO还是班组长。

很多能力无论是管理人员还是非管理人员都需要，比如分析能力、创新能力、检验能力、情绪控制能力、坚持能力、适应能力、沟通能力、执行能力等。

（5）已具备能力。

所谓已具备能力是指与你的职务职责与所要求的能力标准相比，你已经具备了的、对你胜任这个职务帮助很大的知识、观念和能力。

（6）现欠缺能力。

所谓现欠缺的能力是指与你现在的职务职责所要求的能力相比，你还欠缺的知识、观念和能力。

需要特别注意的是：对这些知识、观念和能力的分析一定要具体，要将这些知识、观念和能力进行细分，这样才能对改进、提高有操作上的指导意义。

比如某人写：沟通能力欠缺。

这样的写法就无助于帮助沟通能力的改善，因为太笼统，无从改进。所以要把沟通能力进行细化。

是与上级的沟通能力需要改进，还是与下级的沟通能力需要改进？

是跨部门间的沟通能力需要提高，还是在本部门内的沟通能力需要提高？

是与客户沟通的能力需要提高，还是与供应商的沟通能力需要提高？

是对情绪上的事不善沟通，还是在阐述自己的观点时不善表达？

是不善于公众场合的沟通，还是不善于单独的面对面沟通？

是书面沟通能力差，还是口头沟通能力差？

是仅仅在意见产生冲突时不能很好沟通吗？

我们越深入、准确地细化这些能力，就越容易找到提高的方法，因为细化的问题里就包含着答案，真理往往躲在问号后面。

（7）改进方法和实现时间。

改进方法和实现时间应该具备可操作性。

第一，有个性化的特征。不是放在每个人身上都有效，你要改进的事要符合你的实际情况。

第二，有时间限制。到什么时候为止？我要提高哪种能力？提高到什么程度？需要有一个时间期限。

第三，有具体行动内容。如“我要看书学习”，看什么书？什么时间看完？看到什么程度？又如“我要向人请教”，向谁请教？请教什么？在哪里请教？用什么方法请教？这些内容都要描述清楚，要“看得见，摸得着”。

总的来说，在职业生涯现状分析当中，工作分析是核心，我们需要进行详细推理。比如你的工作职责是什么？根据这个职责你应该具备的理念是什么？你所需要的知识、经验和能力是什么？与你的工作相关的制度是什么？工作标准、工作流程、工作方法、工作的工具及工作环境是什么？能不能改进得更好？为了做好这个工作你应该有什么样的工作计划？有什么样的工作日志内容？有什么样的工作统计、工作记录、工作检查？最后如何进行工作结果分析？如何总结工作的经验教训？

同一项工作，如果你用职业生涯现状分析的观点去看待，几乎每天都会有机会总结出新的工作经验，工作经验就是从一件件日常工作的小事积累起来的。

三、做自己人生之舟的船长

你是否对未来充满憧憬？不尽如人意的现在如何才能变成光彩夺目的未来？你是否已经对你的职业生涯做好了规划？秋天的硕果累累源自你在春天的播种。请做好职业生涯规划吧，做自己人生之舟的设计者、打造者和驾驶者。

做职业生涯规划的必要性

曾经有人问我：“程老师，社会变化这么快，有必要做职业生涯规划吗？”我的回答是：“如果社会不是变化这么快，你今天就知道十年以后、二十年以后你干什么事、担任什么职务、挣多少钱，才没有必要做职业生涯规划。”

正是因为我们生活在一个变化迅速的社会环境中，所以才有必要做职业生涯规划。因为各种资源有限，比如说时间就是一个宝贵资源，为了有效地利用时间，更该做好职业生涯规划。

职业生涯规划强调的是可操作性，在时态上属于英语中的将来完成时，是让我们抬起头来，展望一下今后职业生涯要走的道路，包括哪里是你的方向，什么是你的目标，如何走好今后的职业生涯道路。

我们应该做自己人生之舟的设计者、打造者和驾驶者，用心设计、打造和驾驶自己的人生舟船。

那么，什么是职业生涯规划？

职业生涯规划是指个人结合自身情况、眼前的机遇和制约因素，为自己确立职业方向、职业生涯目标，选择职业道路，确定教育计划、发展计划，为实现职业生涯目标而确立行动时间和行动方案。

职业生涯规划有以下十项内容。

①题目：姓名，年龄跨度，起止时间。

②职业方向及总体目标。

③社会环境分析结果（政治环境、经济环境、法律环境和职业环境分析）。

④企业分析结果（行业分析，对企业制度、企业文化、领导者、企业产品和服务、发展领域等的分析）。

⑤角色及其建议（找到自己生命中的贵人，记录对自己职业生涯重要的建议）。

⑥目标分解、选择、组合及实现时间（运用制订目标的三大技能）。

⑦成功的标准（厘清自己的价值观）。

⑧自身条件及潜力测评结果。

⑨差距分析（指你目前的状况和你职业生涯目标实现所需要的知识、观念、技能、心理素质之间的差距）。

⑩缩小差距的方法及实施方案（贵在可实施性）。

这十项内容具体到某个人身上肯定是有差异的。职业生涯规划要写全这十项内容，它们都非常重要，也是我们进行职业生涯培训的核心内容。本书第三章将重点讲解“职业生涯规划实务操作”。

有效制订规划的六个因素

有效制订职业生涯规划须具备六个因素。

1. 主动性

我们不能忽视家庭、企业、社会环境对个人职业生涯的影响作用，但归根结底，职业生涯规划的自主权在个人。同样困难的客观条件下，为什么有的人一生无所作为，而有的人却在职场上出类拔萃？不是环境问题，不是机会问题，而在于你是否自觉主动地寻求发展，是否为自己的命运承担起了全部责任！

如果不认清发展的动力源泉在于自身，被动的职业生涯规划不但没有效果，而且对这个人的一生可能是有害的。所以说到底，职业生涯规划是自己的事，不要指望别人替你做。无论你多么信赖和崇拜某人，别人替你做的职业生涯规划永远不可能是最适合你的。你可以征求这些人的意见，让这些人帮你做、教你做、协助你做，但决不可以让别人为你做、替你做、给你做。

职业生涯明言

动力源泉

职业生涯发展的动力源泉，在于个人自身！

2. 个性化

（1）为何强调个性化。

职业生涯规划并不是制订一个统一的模板、填统一的内容、设定同样的目标，因为职业生涯发展的动力源泉在于自身，而且每个人有自己不同的追求和发展方式。

我们为什么要强调这种个性化呢？

首先，每个员工的个性类型不同，性格不同。例如有的人表达特别直率，有的人表达特别含蓄；有的人做事雷厉风行，有的人做事需要深思熟虑。

其次，每个人价值观也不一样。且不说人们是生活在不同的家庭，工作在不同企业、不同部门，即使是家庭成员之间，价值观也会有很大差异。

一位成功的人士为了教育儿子，在周末时开车带着儿子到乡下，找到一户最穷的人家住了一晚。他想让儿子明白穷人是什么样子。

第二天回家的路上，他发现儿子低着头默默不语，心情好像挺沉重，便说："儿子，这回你知道穷人是什么样子了吧？"

儿子说："我知道了。"

"那你跟我说说穷人是什么样？你现在的感受是什么？"

儿子对爸爸说："爸爸，咱们家有一个小院子，可是他们家一开门是一个好大的山坡；咱们家院子里有几盆花，可是他们家有满山坡的鲜花；咱家院子里有一个小水池，可是他们的家门前有一条小河；咱们家院子里有几盏灯，可是他们家晚上可以看到满天的星星；咱家有一条狗，可是他们家有三条狗。爸爸，咱们家真是太穷了！"

这就是价值观的差异。

（2）企业员工个性化体现。

企业里每个员工的工作、生活背景及价值观都会不同，思维方式及行为方式的风格更是不一样，总结起来主要有以下五个方面。

第一，知识资本构成不同。

有的人是从小学一路念到大学、硕士直至博士，而有的人是自学成才，没有文凭。

第二，职业生涯目标不同。

有的人是进取型，一定要当总经理，不当上一把手誓不罢休；有的人是安全型，寻求的就是稳定。

第三，选择企业的标准不同。

选择企业，有的人就看这个企业是否离家近；有的人看这个企业的老板够不够好；有的人看重的是这个企业的产品是否有发展前景；有的人看工资待遇到底如何，上班的环境如何。

第四，对个人与社会的关系认识不同。

有的人小的时候父母就告诉他祸从口出，要谨慎提防所有人；有的人却能以开放的心态和周围的人坦诚交流，互相帮助。

第五，所处的职业生涯阶段和需求不同。

有的人处于职业生涯初期，最希望寻找锻炼自己的机会，增加自己的经验和能力；有的人处于职业生涯中期，上有老下有小，最大的希望是增加一些收入，让老人享享福，让孩子上一个比较好的学校，也能让自己的生活轻松一些；有的人处于职业生涯后期，温饱问题早就解决了，希望自己的才能能够得到最大的发挥，希望让自己的人生价值得到最充分的体现。

3. 开放性

职业生涯规划的开放性就是指制订规划要有效利用测评工具，须经过充分的有效协商和适时调整。

个人是职业生涯开发与管理的主体，但并不意味着个人可以凭着想象主观臆造自己满意的职业生涯规划，也不意味着职业生涯规划必须要一次完成后终生不变。职业生涯规划的开放性要求做规划的人要与外界环境尽可能多地交换信息，听取别人的建议并有效利用测评工具测评职业潜能，尽可能地让职业生涯规划建立在对自我的深入了解、对环境的客观认识、对未来的有效预测和对目标的科学设定上。

职业生涯规划是使人全面发展的一种有效工具，而不是固定的行为模式，更不应成为精神枷锁。职业生涯的成功在很大程度上取决于是否能制订出一个切合实际的职业生涯规划。规划制订出来，也不是一成不变的，须根据客观环境和自身条件的变化及时进行调整。

4. 可操作性

可操作性是指职业生涯规划可以付诸行动，对行动有指引和指导意义，并且知道如何衡量每个行为的结果，以及如何依据阶段性的结果进行调整。职业生涯规划的内容应该是具体的，有可评估的衡量标准，具有合理的时间线。

职业生涯规划不是一纸空文，确实具可操作性时才能真正实现它的价值。因此职业生涯规划是为职业生涯发展而定的操作指导书，而不是职业生涯发展的决心书。

5. 时限性

职业生涯规划的时限性主要是指两个方面：一方面是开始行动的时间，另一方面是目标达成的时间。

如果不开始行动，你制订的所有目标都是美好的幻想；如果没有确定目标达成的时间，你可能就会走上一条漫长的道路，并永远无休止地走下去，不知道自己的阶段性目标和终点目标在哪里。

因此写职业生涯规划一定要明确自己的两个时间坐标：一个是为了目标实现开始行动的时间，另一个是目标的达成时间。

6. 心理合同

职业生涯规划不像劳务合同那样属于法律文件，它属于心理合同，需要与组织共同制订、共同实施，是对一个美好前景的展望，是为了一个美好目标的实现要去做的事情。你在职业生涯目标中说："我的目标是三年当上部门经理。"结果没当上，你就起诉企业，或者企业可以来控告你吗？不会，因为这些都没有法律约束。

本章小节

1. 了解职业生涯简历的概念及内容
2. 了解职业生涯现状分析的概念、目的及内容
3. 了解职业生涯规划的概念、特征及内容
4. 了解这三个文件的关系

学习心得：

第三章

描绘航海图

做好你的职业生涯规划

CHAPTER 3

3

为自己制订一个科学的职业生涯规划，就是打造自己人生的优质舟船并描绘与之匹配的航海图。

每个人都有美好的愿望，职业生涯规划就是将人生美好愿望描绘成具象落地的操作图。

我们把目标定在要抵达海岛上的一棵巨树旁，虽然途中海风狂啸，暗礁林立，但我们坚信：只要不放弃，只要坚持远航，一定能够胜利抵达并摘取到成功的果实。

一、第一步——敢做美梦

梦想是成功的起点！如何才能将模糊的梦想变为明确的方向？如何将明确的方向变为具体的目标？

职业生涯规划的题目

1. 题目的内容

（1）写下你的名字。

首先要写下你的姓名，从题目可以看出是谁的职业生涯规划。可能你已经无数次写过你的姓名，但这次却拥有特别的意义：你开始规划你的人生！

（2）规划年限。

题目中最难写的是确定“多少年”，是阶段性规划还是终生规划。职业生涯规划中的年限是目前可以确定的最主要目标的实现时间，可以是两三年，也可以是十几年、几十年。

（3）起止日期。

何时开始，到何时实现目标。开始日期要详细到年、月、日，终止日期可以到年、月。

（4）年龄跨度。

年龄跨度是指从多少岁至多少岁。

例：程社明十年职业生涯规划

1998 年 9 月 1 日—2008 年 8 月 38 岁 ~48 岁

或

程社明终生职业生涯规划

1998 年 9 月 1 日—2028 年 8 月 38 岁 ~68 岁

这里终生的含义不是指生命的结束，而是指职业生涯的结束时间。

2. 具体说明

题目的这种写法，反映职业生涯个性化的特征和时间坐标原则。

建议第一次写职业生涯规划的年轻人，规划年限不要写很长，因为处于职业生涯初期，比如刚毕业的大学毕业生或参加工作刚刚几年的人，可以写两至三年的职业生涯规划。

职业方向和总体目标

职业生涯规划第二个内容是职业方向和总体目标。

1. 职业方向

职业方向是你对职业的选择，是在职业生涯规划时间范围内准备从事什么职业。在职业的道路上应该先找准自己的方向和定位，然后谋求什么样的职位。有很多人努力地去争取某些职位，却搞不清楚自己的职业是什么。

要明确自己的职业方向，职业方向反映一个人职业生涯的动机，或称主观愿望。

确定职业方向有几个注意事项。

（1）不能没有方向。

为什么确定职业生涯方向这件事非常重要？有个小故事可以跟大家分享，故事摘编自《读者》，2001 年第 18 期。

在撒哈拉沙漠里有一个小小的村庄，它的名字叫比塞尔。比塞尔多年以前是一个不为人知、几乎与世隔绝的落后的小村落，当地的人很少走出村庄，外面的人也很少来到这个村庄。

后来有一个叫肯莱文的欧洲青年来到了比塞尔，他问当地人："你们怎么不到外面去看看，外面的世界很精彩！"

比塞尔人说："我们很想到外面去看看，但是我们不知道为什么就是走不出沙漠。"

肯莱文说："不可能啊？！"他自己走出沙漠只用三天半的时间。

他对比塞尔人说："你看看，可以走得出去啊，你们怎么走不出去呢？"比塞尔人说："真是奇怪了，我们怎么总是走不出去呢？"

"这样，我跟你们的人走，让我怎么走我就怎么走，看看到底为什么走不出去。"

当地一个叫阿古特尔的青年，自告奋勇愿意和肯莱文一起走。阿古特尔预备了两峰骆驼和半个月的粮食和水。

第二天他们出发了，出发以后阿古特尔怎么走，肯莱文就跟着怎么走，三天、四天没有走出沙漠，七天、十天也没有走出沙漠。到了第十一天早晨，令肯莱文万分惊奇的是，他们又回到了比塞尔。阿古特尔说："你看，我说咱们走不出去吧，幸亏预备了这些水和粮食。"

肯莱文很是奇怪，怎么跟着他们的人就走不出去呢？他苦思冥想，晚上看着满天的星斗，他突然想明白了：比塞尔人不懂得使用任何导向工具，他们在茫茫几千平方公里的大沙漠中就是跟着自己的感觉走。

大家知道，人体的两侧肌肉并不是完全对称的，当失去方向感的时候，假如右腿的劲大一些，左腿的劲小一些，那你会不知不觉走出一个弧形，会朝左拐，而且拐的这个幅度会越来越小，最后就走成了一个像卷尺的螺旋状，最终又回到了起点。

比塞尔人就是凭着自己的感觉，以为是往前走，但实际上是在绕圈子，最后又绕回到比塞尔。肯莱文发现了这个秘密，对阿古特尔说："你按我的方法走保准你走出沙漠。你白天休息，晚上认准北斗星。"阿古特尔年轻力壮，心情迫切，按照这种方法三天就走出了沙漠。

后来他把外面的人带进来，把里面的人带出去。多年以后，比塞尔成了一个闻名的世外桃源、旅游胜地。当地人还在村子中央小广场上设了一个阿古特尔的铜像，因为他后来做了很多的工作。铜像的基座上写着一句话，对我们大家会有启示。

这句话是：新生活，从选定方向开始。

这个故事告诉我们，一个人无论年龄多大，真正的人生是从设定目标的那一天开始的，以前的日子都只不过是在绕圈子而已。

想一想，在过去的经历中，你有没有过绕圈子的感觉？如果你已经绕了几年，你还想再继续绕下去吗？记住：新生活是从选定方向开始的。

要想确定自己的职业生涯方向，首先要选定自己的职业。有人问："我选择这个职业是一辈子就必须干这个吗？"不一定。在市场经济社会中，人一生可能换 4 ~ 8 个职业。但是，一旦决定在某几年内从事哪一个职业，那就应该按照这个职业的要求树立正确的观念，提高专门的知识和技能，提高心理素质，从而提高自己的职业化水平。

（2）不能同时有多种方向。

生命短暂，一个人的时间与精力是有限的，只能在特定的一个或几个职业中谋求成功。在确定职业方向的时候，一定要理解特定职业对人生的意义；思考自己可能在特定职业中担任的职务；确认自己在这个职业中是短期发展还是长期发展。

（3）不能随意改变方向。

我们一生当中可能会换四五个职业，但想在每一个职业上都取得成功是不容易做到的。因此我们在确定、修改职业方向时，一定要特别慎重。

（4）方向引导未来。

有人说："我现在的职业生涯发展得挺顺利，处于一个阶段性成功期，我似乎登上了一座山的顶峰，环顾四周，风景秀丽，心情很不错！这时，我还要再制订什么规划吗？"

也有人说："我的职业生涯，现在处于一个低谷，正是倒霉的时候，干什么都不顺心。还制订什么规划？"

职业生涯明言

位置与方向

在职业生涯发展的道路上，重要的不是现在所处的位置，而是迈出下一步的方向。

当你处在成功的巅峰，如果搞错方向，多走一步就是万丈深渊！当你处在失败的谷底，如果找对方向，每走一步都有无限希望！

2. 总体目标

规划中的职业生涯总体目标是指当前可以预见的最长远目标。

（1）定目标的意义。

唐僧前往西天取经前，曾经到长安附近的一个村子选择坐骑。前来报名的有白马、黄羊、黑驴和青牛。最后唐僧选择了白马。

这一去就是17年。待唐僧返回东土大唐时，已是名满天下的传奇英雄。这匹白马跟随唐僧过火焰山、打白骨精、斗妖魔、战鬼怪，也成了取经的功臣，被誉为“大唐第一名马”。

白马衣锦还乡，来到昔日的村庄看望老朋友。很多儿时的同伴都无比崇拜地听它讲这些年的经历，只有黑驴很不服气：“为什么你现在这么威风？我这些年闲着了吗？我出的力比你少吗？我走的路比你少吗？凭什么大家对你这么崇拜，听你眉飞色舞地讲？”

白马很平静地说：“驴老弟，我随玄奘大师去西天取经，我们有一个优秀的团队，我们有方向、有目标、有使命，遇到任何困难都勇往直前。这些年你走的路确实不比我少，甚至比我还多。你受的累也不比我少。但区别是自从我走了以后，你就被蒙上双眼一直在转圈拉磨。所以你什么也讲不出来。我有一个建功立业、丰富多彩的‘马生’，你却只有一个碌碌无为、无聊至极的‘驴生’。”

没有使命、没有定方向、没有定目标的人，不代表他这些年不忙着做一些事情，他也会很辛苦忙碌，但可能只是为满足生存上的需求在忙。

我们定目标是为了什么？是让自己度过一个有意义的人生。但是，定了目标，这个目标一定能实现吗？一定能成功吗？

职业生涯明言

就差一点点

成功的人和不成功的人就差一点点。

成功的人可以无数次修改方法，但决不轻易放弃目标；

不成功的人总是改变目标，却从不改变方法。

1991 年 11 月，我受法国一家大型制药集团的委派回国开发市场。我带回的这个药品主要功能是治疗腹泻，名字叫思密达。怎样开发市场？怎样组建销售队伍？这对我来说都是很大的挑战。

1991 年 12 月，艰苦创业开“车”开发市场

我开始时只带了五万法郎（当时合四万人民币）用作市场开发费用。对于中国这么大的市场，这点钱实在是太少。不得已我只能使用自行车、公共汽车作为交通工具，出差去外地也只能住一天 10 块钱的床位。我要用我的销售业绩说服法国总部再向中国投资。

第一年我的销售额是100万元人民币。我想我回国创业不仅仅是要引进一种药品以增加自己的收入，还要引进法国先进的技术、法国的资金、法国的管理——从而建设一个现代化的制药企业。但是我的知识、经验、能力都还远远不够。

于是，我在创业的同时阅读管理专著。自1992年起，我开始准备报考南开大学管理学系陈炳富教授的博士研究生。

陈炳富教授在当时已是享誉中外的管理学家、孙子兵法专家，他是最早在中国讲授企业文化、企业战略管理、孙子兵法和企业伦理的教授。1993年我终于考上陈炳富教授的博士研究生，向他学习企业文化建设、企业伦理、孙子兵法、企业战略管理等课程。

职业生涯的每一次质跃发展，都是以学习新知识、树立新观念作为前提条件的。

我为建立一个现代化的制药企业制定了一系列的发展战略，例如企业文化建设战略、市场开发战略、组织结构发展战略、管理人才队伍建设战略等。在药品推广过程中我坚持学术推广的道路，同时坚持对患者高度负责的精神，禁止以回扣的方式卖药。企业的营业额在第二年达到300多万元，第三年达到1000多万元，第六年达到了一亿多元。

1997年，法国总部被中国同事的工作业绩所折服，终于同意在中国投资建厂——在天津高新技术产业园区，一个现代化的高科技制药企业仅用一年多的时间便建成投产。

同年我完成了我的博士论文，题目就是“职业生涯开发与管理”。这是中国第一篇研究职业生涯的博士论文，从而填补了国内该领域理论研究的空白。

1997 年 12 月，博士论文答辩，师恩难忘

值得一提的是，1997 年合资企业建成时，这个外方股份占到 90% 的合资企业，总经理是中国人，财务副总经理、人事副总经理、经营副总经理也都由中国人来担任，这在合资企业中是极为少见的，因为我们建立了员工职业生涯发展管理系统。

这一年，我曾两次受到法国前总统希拉克的接见。希拉克对我的工作成就给予了高度的评价。我和法国总统的合影在法国的报纸、杂志上发表，法国电视台也对我进行了专访。

就这样，从最初就我一个人创业，到 1999 年的时候，公司已经有 300 多位优秀的同事，全国有 24 个办事处，销售额从 1992 年的 100 万元升到 1.5 亿元。

1997 年 5 月希拉克总统（时任）对我的工作成果表示祝贺

艰苦的创业经历使我明白：只要不放弃目标，每一次挫折、每一次失败都是有价值的！

想想看，如果过去的职业生涯中有成功，是不是因为你坚持了自己的目标？有些事情半途而废，是不是因为你放弃了目标？

现在请你做一件事情：如果你现在正在一个房间里，你能不能以最快的速度（比如三秒钟）找出你所在房间里的六样含有蓝色元素的物品？你可能会突然发现，屋里含有蓝色元素的物品很多，它们一直存在于这个房间中，只是以前没有注意而已。

对个人来讲，订立目标有一个很重要的作用，就是帮助这个人集中注意力去发现那些对实现目标最有用的信息和资源。

我们要明白：没有目标不行，目标太多不行，目标总变不行，方法不对不行，时间不够也不行。

（2）个人目标举例。

例如：用10年时间成为集团公司董事长或总经理，5年内成为国际贸易领域的优秀律师。

（3）好目标的标准。

好目标通常有十条标准。

① 正面语言。

“我不想说话水平那么差。”这是负面语言。

“我要成为一名口才出色的人。”这是正面语言。

② 具体明确。

“我想掌握一门外语。”这样说一点也不具体。

“我想用日语和日方商务伙伴自由沟通。”这样说则比较具体。

③ 可能实现。

“我要在2016年夺得奥运会冠军。”

除非说这句话的人是具备国际顶尖水平的运动员，否则作为平常人，实现的可能性微乎其微。不是绝对没有可能，而是可能性太小了。

④ 可以衡量。

“我想挣好多钱。”

“我想实现年收入 40 万元。”

两者相比，后者可以衡量，而前者缺乏标准则难以衡量。

⑤ 有挑战性。

好的目标需要有挑战性。挑战性是指某件事情需要自己付出努力才可能实现的特性。相反，不需要付出努力、随着时间推移自然而然就能实现的事情就不具有挑战性。

“我想 50 多岁退休。”如果你的“后备金”充裕的话，这件事情就没有什么挑战性。

“我想在 40 岁时成为企业总经理。”这句话对于一个 30 岁的基层管理人员就具有挑战性。

⑥ 自力可为。

自力可为是指靠自己的力量有可能实现。

“我希望这里的冬天最冷不低于零下五摄氏度。”虽然有句话叫“人定胜天”，但是这个目标不是靠人的力量能实现的。

“我想取得公司今年销售额业绩第一名。”这个目标就有可能实现。

⑦ 有时间限定。

“我想掌握英语。”“我想用英语和外国人沟通。”“我想看懂英文材料。”

所有说的这些目标在什么时候实现呢?

“在我死之前做到就行了。”这样定目标就完全没有时间限定。

“我想用两年的时间做到能用英语看相关的资料。”这才具有时间限定。

⑧ 整体平衡。

“我为了当上处级干部，宁愿每天累得半死。”

“我为了当上公司的高层领导，宁可妻离子散。”

这样定目标就不是整体平衡。整体平衡是指自己的健康、家庭、工作能够得到均衡发展。

⑨ 实现时有成功的喜悦感。

有的人目标实现了，但是非常痛苦。这样定目标，即使成功了也不能算是一个好的目标。

人不是怕累的动物，人是怕没有意义、没有价值的动物。当目标达成后，自己感觉特别有价值，有成功的喜悦感，这才是一个好目标。

⑩ 目标与目的统一。

目标实现时，要想一想当初设定目标的目的是什么？目标达成时，目的实现了吗？

（4）个人目标与企业目标的关系。

① 找到利益结合点。

个人目标是自己的目标，但并非仅靠自己就能实现。

企业目标的实现是所有员工的部分个人目标（与企业目标一致的部分）的实现之和。我们用大箭头代表企业发展，小箭头代表个人发展。企业目标与员工个人目标的关系如图 3-1 所示。

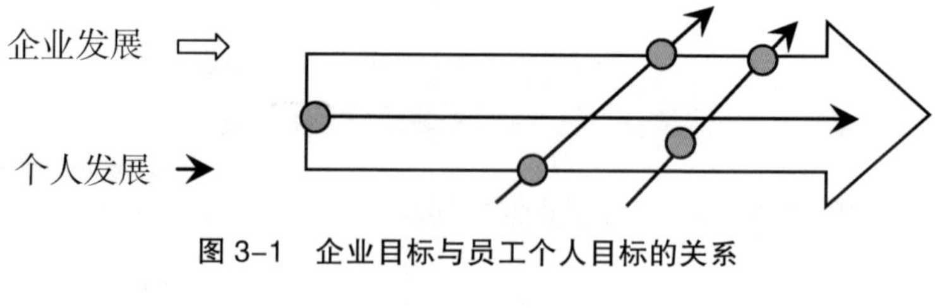

图 3-1　企业目标与员工个人目标的关系

我们发现能真正和企业发展目标从始至终保持一致的人极少，大部分人在职业生涯过程中仅仅是与这个企业有一段交叉时期，可能交叉时间比较长，也可能交叉时间很短。

② 个人目标必须融入企业目标。

个人的职业生涯目标跟企业目标有什么样的关系？

很多人的理想抱负是通过一个企业来体现的，把个人目标融入企业目标，即找到个人发展与企业发展的利益结合点，将企业目标分解成部门目标，部门目标再分解成岗位目标，最后把岗位目标转化成在这个岗位上工作的个人的目标——即不仅仅是按照企业的要求完成工作，还与个人的发展前景连在一起。这样，员工才会有更大的动力。他的个人目标实现了，岗位目标才能更好地实现；岗位目标实现了，部门目标才能实现；部门目标实现了，企业目标才能实现；企业目标实现了，企业决策人的职业生涯目标才能实现。这是一个良性循环，相辅相成。

个人目标与企业目标的关系如图 3-2 所示。

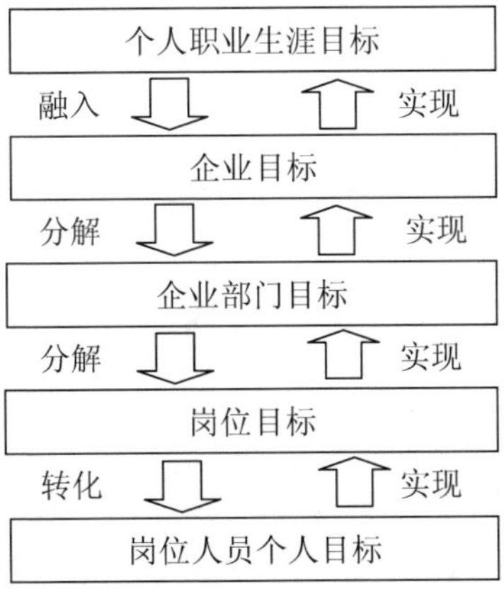

图 3-2　个人目标与企业目标的关系

因此，管理人员如果希望员工做职业生涯规划，一定要首先掌握做职业生涯规划的方法，先给自己做一份科学的职业生涯规划。

3. 分清方向与目标的关系

职业生涯明言

方向与目标

只有方向没有目标，如同踢球只知进攻不看球门；
只看目标不看方向，可能将球射进自家球门。

方向不等于目标，应该在方向正确的前提下建立目标。比方说，目标就是地图上已经画出标记的目的地，我们要手拿指南针找对方向。没有正确的方向，很可能找不到要去的地方，而如果没有目标，就好像拿着指南针在路上徘徊，也许转了一圈之后又回到原点，因为不知道目的地在哪里。

二、第二步——可行性研究

若使美梦变成现实，如何利用周围的环境？需要培养哪些能力？需要什么贵人相助？

社会环境、职业环境分析

1. 社会环境分析

我们将所选职业放到社会环境中分析，才能坚定职业方向和职业目标。

（1）什么是社会环境分析。

通过对社会大环境的分析，了解所在国家或地区的政治发展趋势、经济发展前景、法制建设发展方向，以寻找各种发展机会。

（2）我国社会现状。

中国现在正处于近两百年以来最好的历史时期。市场经济已经形成并步入正轨。21 世纪的中华大地充满各种人才成长发展的机遇。

人才的竞争日趋激烈，我们的就业环境看起来并不乐观，这就更需要我们在分析好社会现状的基础上，有针对性地做好自己的职业生涯规划。

2. 职业环境分析

对一种职业是否有深刻的认识将关系到我们能否长期坚定职业方向，能否建立明确的职业生涯目标。

（1）什么是职业环境分析。

职业环境分析，是需要我们认清所选定的职业在社会环境中的发展过程和目前所处的社会地位、社会发展趋势对此职业的影响，包括职业的发展趋势、职业内涵中的五个因素（社会分工、专门知识技能、创造财富、报酬水平、满足需求的程度）发展变化的趋势。

（2）为什么要做职业环境分析。

国家经济的发展和科技的进步，定会推动社会职业结构的变化。新的职业会出现，还有一些职业会衰退；有些职业虽然存在，但其相关属性或内涵已经发生了变化。

是否能预测一种职业的发展趋势，是否能预测职业内涵的演化，对一种职业是否有深刻的认识，将关系到我们能否在把握社会环境变化的基础上，为自己人生的发展找到或创造适宜的职业平台，有效地规划职业生涯。

如果你希望抓住机遇，建立明确的职业目标，有效降低机会成本和规避选择的风险，那么深入的职业环境分析是必不可少的重要一环。

社会发展趋势对于目前所从事的职业有何影响和需求？你选择的这个职业是不是社会越来越需要的职业？在此行业里，这个职业是否具有竞争力和发展机会？你如何让自己在选择的职业中保持核心竞争力？可能的风险有哪些？我们可以通过有效的职业环境分析得到启示或答案。

3. 社会环境分析、职业环境分析个人案例

案例一

孙女士，十年规划，人力资源经理。

目前中国改革开放取得了巨大成果，成为世界经济发展最快的地区之一，中国特色的市场经济已日趋成熟。国有企业改革、改制步伐加快，中小企业、民营企业蓬勃发展，国外公司和外来资金大量涌入。

加入WTO之后，中国与国际全面接轨。在当今的时代，人才是企业的根本。入世后，中国的中小企业和创业者将直面与国外企业的人才竞争。因此，人力资源管理在企业中的地位将会日趋重要——中国企业需要完整的与企业战略管理匹配的人力资源规划、良好的人员激励制度等。

面对新的竞争环境与挑战，有效管理人力资源将成为企业组织获取竞争优势的重要环节。对企业组织中最重要的资产——人员进行战略性的管理，应成为21世纪企业组织最高领导者的重要使命，这也将是企业组织获得最大增值和丰厚利润回报的重要秘诀，同时也是杰出组织与一般性组织的根本区别所在。因此，人力资源管理是一个非常有发展前景的朝阳职业。

点评：此分析将社会环境分析与职业环境分析相结合，观点明确、正确。

案例二

李先生，深圳，IT业管理人员。

一、社会的一般环境

1. 中国经济持续高速增长，给企业带来更多的发展机会。

2. 加入WTO后，中国企业面临国际竞争，竞争压力增大，机会也倍增。

3．国外企业本土化加快。

4．深圳作为中国经济的特区，在高科技方面具有明显的地域优势。

二、IT 产业管理职业的特殊社会环境

1．IT 业作为高科技行业，目前属于朝阳行业，未来会有广阔的前景。

2．2017 年是中国实施“十三五”规划的第二年，许多项目已准备开始或正在实施，这对中国 IT 产业的发展至关重要。随着经济全球化的加速，国际 IT 厂商将持续实施其本土化策略，中国企业不断“走出去”，中国本土 IT 市场将持续升温。

3．熟悉国情、有经验并有客户资源的 IT 行业高级企业管理者将会成为稀缺资源。

点评：此分析说出了 IT 业的基本现状，对 IT 业的管理人员是个鼓舞。

行业分析、企业分析

1. 行业环境分析

行业环境分析就是一个人对目前所在行业和将来想从事的目标行业的环境进行分析，包括行业现状、行业目前的优势与问题所在、行业发展前景预测、国际和国内重大事件对该行业的影响等。

（1）行业与职业的区别。

从社会的角度来讲，职业是个体的集合。只有从事同样工作的人达到一定的数量时才能形成一个职业；行业是企业的集合，从事同样的产品生产销售的企业或提供类似服务的企业达到一定的数量时才能形成一个行业，相关的几个行业的生产总值或销售总额在社会经济中占有相当权重位置时，则形成一个产业。

在同一行业可以从事不同的职业。比如在建筑行业，你可以做建筑工程师，也可以做财务经理；在不同行业里，可以从事同一职业，如在金融行业、运输行业你都可以担任人力资源经理。

（2）目前从事的行业。

你现在从事的是什么行业？是制药行业、制鞋行业还是咨询服务行业？这个行业在我们国家是怎样一个发展趋势？是一个逐渐萎缩的行业，比如资源耗费大、造成环境污染的小型采矿业？还是一个朝阳行业，比如旅游业、保险业、管理咨询行业等？

（3）企业是否跨行业发展。

你所处的企业是在原来的领域发展还是跨领域发展？企业是否决定跨领域发展取决于两点：第一点取决于外界环境有没有这样的机遇，这是外部条件；第二点取决于你企业的内部条件有没有相应的人才和资金。有的企业一看保健品赚钱赶紧投资保健品，一看建筑赚钱赶紧投资建筑业——别人赚了钱不等于你一定也会赚钱。有没有相关的人才和进入这个行业的专业知识和技能，是决定是否跨行业经营的关键因素。

（4）国家政策。

做职业生涯规划时，有必要研究国家在相关行业中的政策。政府会根据国家宏观经济状况对一些行业发布法规政策，对一些行业鼓励、扶持，对一些行业限制、缩小规模。国家政策可能会对一些专业人才的培养给予鼓励支持，对某些职业人员给予限制。这些政策对企业自身和员工的职业发展都会产生重要的影响。

2. 企业分析

企业分析包括企业在本行业或新的发展领域中的地位和发展前景，

以及企业产品在市场上的发展前景。

（1）企业实力。

企业在本行业中具备很强的竞争力，还是处于一个很快被吞并的境地？发展前景如何？是不是企业越大，企业生命力就越强？达尔文说过：物竞天择，适者生存。在激烈的市场竞争当中不一定是最大的企业就能生存，即“不是大者生存，而是适者生存”。只有适应这个环境、适应社会发展趋势的企业才能生存。关注企业的生存，可以从企业产品在市场上的发展前景来分析。有些产品红极一时，却像流星一样短暂，一两年以后便销声匿迹，这类产品是没有生命力的。能够影响和改变人们生活方式的产品和服务，生命力才是最长久的。

（2）企业领导者。

企业主要领导者的抱负及能力是企业发展的决定因素。企业主要领导是想捞了钱就走人，还是真的想干一番事业？可以说，企业家要做的事不是找到顾客群，而是制造顾客群。满足顾客的显在需求和激发顾客的潜在需求不是一回事。如果他是一个平庸的、没有什么能力的企业经营者，最多只是找到顾客并满足他们的显在需求而已；一个真正的企业家能够制造顾客群，他的产品和服务能满足顾客的潜在需求。另外，该领导者有没有考虑员工的职业生涯发展也是评价分析企业的重要因素之一。

（3）企业文化和企业制度。

企业分析还包括对企业文化、企业制度，特别是企业用人制度的分析。

企业文化是企业领导所倡导并身体力行的、得到员工认同和遵循的价值观和行为准则。一个企业最本质的企业文化到哪里去找？墙上写的标语、公司彩色宣传单里印的口号和领导在大会上讲的那些是企业文化吗？是，但并不是最本质的企业文化。最本质的企业文化可以到企业的卫生间里去找，到食堂找，到电梯里找，到楼道里找，因为往往员工私下所说的悄悄话才是企业文化的真实表露。真正的企业文化是在没有任何掩饰的时候仍然坚持的理念。你所在企业的企业文化到底是什么？最根本的价值观是什么？用人制度到底是用人唯贤还是用人唯先？用人唯亲？或是用人唯傻、用人唯笨？员工不仅看企业领导者强调什么，更看实际上他是怎么做的。优秀的企业文化是企业经营管理之魂，是企业的宝贵资产。

企业第一次创业靠的是什么？第一次创业的切入点是机会、资源和产品，靠的是企业的创始人具有的企业家的气魄和捕捉良好机会的眼光。仅仅靠胆量、靠跟某某领导有什么关系就可以挖到第一桶金的时代已经过去了，第二次创业的支撑点一定是战略、文化、人才管理和流程。

（4）分析结果。

通过对企业分析，你要得出以下结论：自己对企业发展战略、企业文化和管理制度的认同程度，企业组织结构发展的变化趋势，与自己有关的未来职务的发展预计。如果你是企业的最高领导，要给员工讲企业组织结构发展变化的趋势，企业所能提供的各种教育培训机会，担任更高职务或职务内涵变化的可能性，相关职务的待遇及发展趋势等。每个人要考虑自己在本企业内实现职业生涯目标的可能性有多大。

3. 行业分析、企业分析个人案例

案例一

某女士，三年规划，中餐连锁店经营者、场所环境设计者，深圳。社会环境分析：深圳为新型移民城市，人口较为年轻，单身一族人数众多，并且大多数人由于工作紧张、时间宝贵，很少自己在家做饭。

基于此种情况，餐饮市场，尤其是快餐市场发展空间极大。另外，环境幽雅、价位适中的中式餐厅蕴含极大发展潜力。

点评：此份行业分析简明扼要，切合本地实际情况。

案例二

某先生，十年规划，科技创新，职业经理。

我所在的企业是从事电子通信产品的研究开发、生产销售的高新科技公司，拥有丰富的人才资源和技术优势。

由于领导认识不足，比较强调理论创新，不大看重产业化，成果产业转化滞后，市场开拓起步晚，资本力量不足，管理革新障碍多，企业在同行业中仍处于相对弱小地位。

由于对企业的管理远远跟不上市场对企业的要求，管理方法陈旧，管理思想僵化，人治代替法治，致使公司内耗严重，直接影响公司快速成长。

困难的积极面就是机会与挑战共存，我如果能够迅速进步，企业对于我的职业生涯成功有很大的激励和推动作用。

点评：客观分析企业的长处和不足，面对问题不是抱怨而是愿意承担责任，迎接挑战。企业应重视这样的优秀人才。

自身条件分析及潜能测评

1. 自身条件分析

制订职业生涯规划要求每个人真正了解自己，对过去的职业生涯做总结，依据个人背景材料，对自己的能力、潜力进行自省和测评并明确自己的预期发展目标，将自身条件、发展潜能、发展方向与社会环境和企业环境所给予的机遇与制约条件相比较，最终达到“觉醒”，即知道自己已经做了什么、想要做什么、能做什么。

自身条件应包括以下因素：年龄、兴趣、爱好、天赋、专长、知识水平、操作能力、身体条件、价值观念、情绪智力、家庭条件等。

测评是进行自身条件分析的一个途径。

2. 潜能测评

你觉得自己有潜能吗?

（1）人有七种潜能。

就个人能力的部分我们举例说明。哈佛大学人类学家查尔斯·林德霍姆认为，每个人都有七种潜在能力。

- 非语言表达能力：我们利用肢体、情绪和智慧表达的能力。
- 说话能力：将谈话内容化繁为简的能力。
- 聆听技巧：通过聆听使别人感觉他很重要的能力。
- 沟通能力：冒险接受别人的观点并愿意执行的能力。
- 适应他人的能力：与不同的人友好相处的能力。你想别人怎样对待你，必先怎样对待人。这是待人的基本原则。
- 时间和空间的管理能力：如何在时间、空间资源有限的情况下实现目标的能力。
- 预测力：对事物敏锐觉察并正确判断的能力。

（2）潜能爆发。

老李在郊区的一家工厂工作。有一天他忙到半夜才下班，老李想早点儿回家，便决定抄小路走。因为走小路要经过一个坟地，老李走的时候有些慌不择路，走到半路时掉进一个墓穴。老李十分恐惧，使劲往上爬，可是那个墓穴太深，无论如何也上不去。于是老李决定在墓穴里休息一下，喘口气，心想：一会儿如果有人路过的话，可以把自己救出去。

老李坐在墓穴里，听到一阵脚步声由远及近。原来那天小王也决定抄小路回家。老李在墓穴里还未开口求救，小王不小心也掉了进来。小王也很害怕，于是开始往上爬，爬几下同样也掉下来。老李不忍心看这个小伙子白费力气，好心好意地伸手抓住小王的脚脖子说："老弟，我已经试过了，从这里是爬不出去的。"已经有些精疲力竭的小王大喊一声："鬼呀！"三下两下就爬出去，跑远了。

老李十分纳闷：我刚才爬不出去，他明明也爬不出去，我好心好意劝他别费劲了，他怎么一下就蹿出去了？

在你的职业生涯发展道路上有没有过类似的情况：你意外地摔进一个"墓穴"，然后挣扎着，怎么爬也爬不出去！

你在职业生涯发展道路上会不会有一天意外地掉进一个坑里？出得去吗？怎么才能出去？

潜能可以在情况危急的时刻发挥出来，也可以被你自己所建立的有挑战性目标所激励。不要等到哪天遇到意外或受外界刺激才发挥你的潜力，给自己建立有挑战性的目标照样可以激发你的潜能。

这个目标一定是对自己有很强的挑战性才能激发你的潜能，别人相不相信没关系，关键是你自己要坚信目标能实现，才能激发潜能。

潜能未被挖掘出来时是显示不出其价值的。

（3）挑战极限。

我们的人生发展通常会有三种极限，即死亡极限、常规极限、自我极限。有许多人觉得自己没有什么潜能，其实是因为受到了某种限制——通常有很多极限是自己设置的，它们妨碍了我们成功，可是我们自己还不知道。

① 死亡极限。

通常是要突破死亡的禁区——在超出生存极限的环境下人居然能够活下来，这是突破死亡极限。

② 常规极限。

比如我国著名的乒乓球健将邓亚萍。按照常规的观点，以她的身高是不可能进入国家队的，更没有可能拿到世界冠军，但是邓亚萍成功了，这就是突破了常规极限。

③ 自我极限。

常人多数情况下遭遇的是这种极限，比如某人在一件事还没干时就说：“哎哟，不可能，这件事我能干成吗？我要能干成，别人早就干成了，快别遭这份罪了。”

自我极限是妨碍我们成功的最大障碍。

下面讲一个关于澳大利亚残疾人约翰·库缇斯的案例。

约翰·库缇斯出生时双腿严重畸形，奄奄一息。但是他顽强地活下来了——上学期间，孱弱的约翰成为学校里顽皮学生的捉弄对象，常常被弄得遍体鳞伤，有一次甚至差点送命。那时的约翰感到万分委屈，无法忍受自己的现状，准备自杀。是亲人的关爱使他逐渐走出阴霾，重新鼓起生活的勇气。17岁那年，约翰做了腿部切除手术，从此成为“半截人”。

约翰决定靠自己的双手工作、生活，他坐着滑板四处求职，希望能够自食其力。更令人难以想象的是，约翰通过努力锻炼成为了运动健将。1994年，约翰·库缇斯成为澳大利亚残疾人网球赛的冠军；2000年，约翰拿到澳大利亚体育机构的奖学金，并在全国健康举重比赛中排名第二。约翰还获得了板球、橄榄球的二级教练证书——他用成绩回击了所有的嘲笑和侮辱。

时至今日，约翰已经成为一名优秀的激励演讲师——他以自己的经历为演讲内容，激励着越来越多的人。

约翰·库缇斯曾经在2004年5月7号到山东济南演讲，5月8号到北京演讲。几千人的会场沸腾了，约翰问在场的人："你们谁生活和工作中有问题，上来提吧！"有个年轻人"噔噔噔"跑上台。约翰问："先生，你有什么问题？"这个年轻人看着不到一米高的"半截人"说："我原来觉得我的生活工作中充满了问题，可是现在在你面前，我觉得我什么问题也没有了。"

约翰·库缇斯，这个只有半截身子的人，激励了许许多多肢体健全的人，他的成功充分显示了人内在强大潜能所迸发出的力量。

职业生涯明言

挑战极限

在职业生涯中，如果没有几次把体力、智力、心力用到极限是难以成功的。精疲力竭、头疼欲裂、心力交瘁都是挑战自己的极限。

所以，潜能发挥需要突破极限，突破心理舒适区。

用什么方法测评潜能呢？

（4）潜能测评四种方法。

潜能测评有四种方法：表格测评、软件测评、仪器测评和实境模拟测评。

这四种测评方法各有特点。潜能测评方法分析如表3-1所示。

表 3-1　潜能测评方法分析

测评方法	方　式	特　点	准确率
表格测评	在测评表格上打钩或打分，按照要求计算结果	比较简单，容易填写。像照哈哈镜，高矮胖瘦会变形	一般在30% 左右
软件测评	使用专业软件，根据填写内容做出一份测评报告，对受评者的职业倾向、职业素质、职业锚等进行测评	像照平面镜，能够从一个侧面比较真实地反映测试者的情况	专业软件60% ~ 70%
仪器测评	使用专业仪器测量身体的特殊部位，得出报告，对受评者的天生潜能进行评价	相当于照透视镜，帮助受评者发现学习能力、沟通模式等方面的特长和潜在能力	专业仪器60% ~ 70%
实境模拟测评	根据测评的需要编制剧本，使被测评者身临其境。在测评过程中有人观察、记录，有人核查分析，有人综合、判断	相当于照透视镜，它能够比较深刻、全面地反映一个人的真实情况	专业策划70% ~ 80%

（5）如何看待潜能测评的结果。

迄今为止还没有一种测评方法能够 100% 地反映一个人的全部潜能。因此，我们要客观看待潜能测评的结果。

职业生涯明言

潜能测评

认认真真做潜能测评，别不当回事。

平平常常看测评结果，别太当回事。

“别不当回事”是指无论是哈哈镜、平面镜还是透视镜，都有利于帮助你认清自己、发现自己，从而采取措施提高自己。

“别太当回事”是指潜能测评报告不是给你下了一个诊断书、判决书，它只是一个工具，要为你所用；你不是测评报告的奴隶，别拿测评结果当消极借口。

（6）潜能测评的目的。

潜能测评是为了找到实现职业生涯目标的路径，更加有效地为目标的实现提供科学依据，具体作用包括：对设定目标起指导作用，对分解目标起参考作用，同时对教育培训内容起确定作用。

（7）潜能测评与职业生涯目标的关系。

潜能测评是帮助一个人确认目标，即这件事到底是做还是不做，而不是为了让你否定那个目标。以下要注意两点。

第一，千万不要因为经过测评发现许多缺点而沮丧，须知发现缺点、发现不足、发现差距才是进行潜能测评的意义所在。

第二，如果测评的结果表明你早就具备了某些能力，只能说明你这个人才被耽误、被浪费的时间太长久了。

所以发现不足、找到差距是件好事。

发现差距有助于分解目标，缺什么就补什么，去锻炼提高——你找出来的差距，正好可以作为你今后教育培训的依据。每个人都应该这样利用潜能测评的结果。

（8）潜能测评和能力评价的区别。

能力评价是根据已有的工作业绩评估显在的能力，对工作结果进行奖励或处罚，对工作能力进行表扬或帮助；潜能测评则是针对假设目标评估潜在的能力，根据测评结果安排新的工作或制订教育培训计划。潜能测评与能力评价的比较如表 3-2 所示。

表 3-2 潜能测评与能力评价的比较

名称	潜能测评	能力评价
依据条件	假设目标	工作结果
评估内容	潜在能力	显在能力
直接目的 1	安排教育培训	确认能力水平
直接目的 2	工作变动	工作变动
最终目的	人的发展	人的发展

（9）实境模拟测评案例。

企业可以用实境模拟的方式选拔管理人员。比如准备提拔一个地区经理时，可以让企业里原有的地区经理列举：作为一个地区经理会遇到哪些主要的困难？正确的处理方法是什么？然后把被考察人安排在办公室里，让其他同事模拟经销商或竞争对手，模拟两个部下吵架，看看他有没有能力处理。如果他有些事处理得好，说明他具有这个方面潜能；有些事处理得不好，也不要立刻否定他，而是根据他的能力差距安排相应的教育和培训。

还以我的亲身经历为例。我在法国求职期间，一个公司曾经对我进行了长达七个月、多达将近二十小项的实境模拟考察。

1991 年我在法国留学期间，在一家很大的医药公司实习，公司总部在巴黎。有一天国际公司的总经理说：“程先生，我派你去布鲁塞尔做药品推广，做市场的开发工作，你去工作一个星期。”

当时我挺奇怪，因为公司在巴黎有销售网络，有他们的大批客户。为什么派我去人生地不熟的布鲁塞尔呢？

我乘火车到了布鲁塞尔，根据国际公司总经理的安排，比利时分公司的总经理到宾馆来看我，给了我11个医生的名单，说："这是你要去拜访的那些医生。"

然后他给了我厚厚一沓子钱，说："这些钱就是你在比利时期间的经费，你如果有什么需要都可以花，工作结束以后把剩下的交给公司就可以。"

我说："发票我怎么要呢？"他说："不用发票，剩多少给公司就可以了。"

我是中午到达的，下午他跟我说："晚上你可以出去转一转。一个星期以后拜访医生工作结束，回去写一份报告交给公司。"我当时很奇怪，为什么这么一个国际化的公司在财务管理上如此松懈？我住的宾馆定好了，吃饭可以签单，我出去也不需要花什么钱，为什么还给我一沓钱？还告诉我需要就可以花，剩下交给公司就可以？

晚上我接受比利时分公司总经理的建议出去转一转，出去一转我才发现——我的宾馆坐落在红灯区的中央，我突然意识到用这样的方式给我这些钱是不是有别的用意？

我拜访那些医生的时候，有的医生门口贴了一个告示：从几号到几号休假，根本就没在家；有的医生虽在，我去了以后发现很难和医生见面——厅里坐着一排病人，坐着很多医药代表。医生进来后很不高兴，冲着医药代表做了个"三"的手势，意思是说我就见三个人，剩下的都走。第四个、第五个医药代表都走了，我排第六个，也应该走——可是我想他们走了，明天还可以再来；我走了，我就再没机会来了。

前面三个医药代表每人谈了不到两分钟就走了。我进去以后医生以为我是患者，头一句话问我："你在哪个中餐馆工作？"我说："我不在中餐馆工作。""那你是干什么的？"幸亏在这之前我有过市场开发的经验，没有被他赶出去。结果他和我谈了近20分钟。

拜访完以后，我回到巴黎公司总部。除了打出租车的费用，我把剩下的钱交给总经理秘书，总经理秘书问："你怎么剩这么多钱呀？"我说："我用不着花钱，所以没有花钱。"她说："你留一部分，做个纪念也可以呀。"我说："这是公司的钱，不是我的，我怎么能留一部分做纪念呢？如果要做纪念以后再找机会吧。"

实际上，在整个过程当中公司对我进行了多达五大项的实境模拟测评，有拜访陌生客户的能力、对待公司钱财的态度、时间安排、写工作报告的真实度，还有商品推广的深度及灵活性。

我把报告交给公司以后，国际公司的总经理让比利时分公司的总经理拿我的报告和他们当地做的核实报告一条一条地对照分析，其实他们事先知道哪些医生休假，看我写的与事实是否一样，然后对我拜访的医生进行回访，核实是不是某年某月有一位高个子中国人程先生来拜访，他和你说了些什么……

整个过程是一个实境模拟测评。

后来我升任为中法合资企业的总经理，总部给我的日常批款权是260万元人民币，我的特殊批款权是1000万元人民币。在筹建合资企业的过程中，法国集团总部董事长在授权书中写道："程社明先生可以代表我本人签署公司所有的财务文件和法律文件。"这种信任感是通过曾经有过的一系列实境模拟的考察和工作实践建立起来的，而不是随便给出的信任。

3. 自身条件及潜能测评案例

（1）通过潜能测评可以判定出七组能力。

- 管理能力（计划、组织、指挥、协调、控制）；
- 人际交往能力（留下好印象、如何对待别人的要求、口头及书面表达能力、行为灵活性）；
- 知识水平和职业兴趣；
- 通过不同的练习表现出来的稳定性及独特的风格，缓解紧张的能力，以及面对不确定性事物的适应力；
- 工作动机、伦理观念、价值观念；
- 职业导向因素（成功的需要、进步的愿望、渴望得到奖励）；
- 与其他人的链接（被承认的需要、根据别人的要求调整努力方向）。

（2）个人案例。

案例一

某女士，十年规划，国际知名大公司高层财务管理。

本人具有较强的财务专业知识和具体的财务工作经验，有在两家国际知名大公司工作的经历，熟悉大型跨国公司的财务运作和组织大型国际会议活动的程序，了解企业内部文化，擅长对人员分工安排，具有各层人员应具备的基本素质要求。我所做的日常财务工作和月末财务报表的编制工作高效、及时、准确，为集团研究院院长了解全院的财务状况和制定研究院发展战略提供了可靠的依据。同时本人还积累了大量组织大型国际会议的工作经验。出色的表现和工作成果受到院长和各层同事的一致好评，院长欢迎本人学成后继续到研究院工作。

潜力测评结果表明，本人具有良好的心理素质和与人沟通协作的能力，能够同时处理多种复杂事务，有较强的应变能力，在财务专业领域有很大的发展潜力。不足是缺乏自我表现力、情绪控制力，易受他人影响，应提高自信心。

案例二

某女士，五年规划，职业经理。

根据程社明博士在《职业生涯开发与管理》课程中对“管理人员能力要求”标准及自我分析评估，并参考去年公司管理层对我的年度评估报告，得出如下结论。

在分析能力、预测能力、决策能力、规划能力、领导能力、落实能力、先行活动能力、参与能力、适应能力、谈判能力、责任能力、创新能力、检验能力、伦理能力、激励能力、学习能力这16个方面非常优秀，并在很多方面超过职务要求。但在综合能力、组织能力、授权能力、沟通能力及情绪控制能力方面有欠缺。

同时本人具备以下素质。

不怕牺牲眼前利益，坚持长远的目标；不怕挫折，在受挫时依然能积极工作；在重重障碍下依然不屈不挠；有能力做到客观地检查自己的观点；有强烈的进取心；不愿受传统习惯和环境的束缚，不满足现状；兴趣、爱好广泛；勇于认错，并能向有经验的人学习；总觉得自己还有未开发的潜力；严于律己，宽以待人；不怕暴露自己的无知；喜欢冒险；即使遇到一连串失败，依然坚信自己的能力；诚实、正直；不推诿责任，不连累他人；对已有知识和才能永不满足；对权威不害怕、不迷信；善于用他人的观点来全面观察事物；为内在动力而不知疲倦地工作，有远大抱负；从创造中得到最大的快乐；愿意倾听他人的见解；与他人友好相处；身体健康，具有旺盛的精力与活力。但有时与人沟通没有掌握最好的方式方法，从而造成情绪的对立。

“贵人”的建议

1. 找到对你影响重大的人

在职业生涯发展过程中，你一定能找出一些对你起重要作用的人。他们的关心、帮助、建议、决定会对你产生重要的影响，他们在你的职业生涯中扮演着重要角色。

这些人可能是企业最高领导者，可能是人力资源经理，可能是你的直接上级，可能是你的直接下级或是平级，可能是你的主要家庭成员，如父母、配偶，也可能是老师、同学、朋友。

能准确找到你的弱点或致命缺点的人，往往是你的竞争对手或敌人。

2. 倾听建议

完善的自我认识，应当包括来自周围不同人物角色的建议，所谓“旁观者清”，所有那些重要角色的建议，将会帮助你更清醒地认识现实与理想的差距。

在做职业生涯规划时，至少要找到三个对自己重要的职业生涯角色。写出三个人的姓名、与自己的关系，比如说上级、配偶、朋友、子女、下级等。

他们的作用是什么？他们的建议是什么？写出保持联系的方法、频率和目的。

他们的建议和要求，不一定完全符合自己的想法，但一定要客观地记录下来作为参考。

有的人马上就能写出三个人的名字，有的人一个名字也写不出来：“哎呀！我身边没有这样的贵人啊。”

在我的职业生涯中，不止一次地遇到过对我帮助极大的贵人。没有他们的帮助就没有我今天的成绩。

1978 年，我准备考大学的时候，就遇到了一位贵人——他是一位体育老师，姓王。有一天他问我："小程，你为什么天天在车上看书啊？"我说："我要考大学。"他又问："你上过高中吗？"我说："没有，而且我连初中的课程都没学好。"他说："你能考上吗？"我说："我一定要考上！"他看着我点点头。

两个星期以后，他来到我家，高兴地对我说："小程，我给你买了一套'数理化自学丛书'，送给你！"我非常惊喜！在那个年代，"数理化自学丛书"几乎是每一个没上过高中而又想考大学的人必用的书籍。当时这套书非常不好买，常常需要排许多次队才能买到。我非常感动，要给王老师钱，可他说什么都不要。他说："小程，如果每个年轻人都像你这样，我们的国家就有希望了！"

遇到一个生命中的贵人，可以让自己少走很多弯路。没有贵人相助的原因在于自己尚未全力以赴。

3."贵人"建议

案例一

某女士，五年职业生涯规划，方向：职业经理。

直接上级领导（**原单位书记**）：认为本人有较强的沟通协调能力、知人善任的能力及分析判断能力；能够较好地处理人际关系，应该充分利用这一优势；要逐渐改掉优柔寡断的毛病。

导师（**张先生**）：建议多学习一些综合管理知识，扩大知识面，提高处理问题的技巧。

职业生涯管理专家（**程社明博士**）：根据个人简历及一些实际情况，

建议本人今后从事人力资源管理工作，以充分发挥自身的优势。

丈夫：认为本人有较强的为人处世能力及洞察人内心世界的能力，适合从事人力资源管理工作。但过分站在别人角度考虑问题的特性会成为其发展的障碍。

案例二

某女士，十年职业生涯规划，职业方向：企业财务管理。

董事长兼总经理：希望你在短时间内掌握投资技能，具备战略管理才能，熟悉税法和相关政府部门的办事程序，尽快与金融机构建立起网络关系。

丈夫：支持你的职业生涯规划，希望继续朝目标努力。但也不要给自己太大压力，以平和的心态面对成功与失败。同时也不要忘记做好社会角色的同时，要兼顾家庭角色——妻子、儿媳、未来的母亲。

朋友：一是我很高兴看到你制订的职业生涯目标，二是你给我提了个醒。我觉得我也有必要给自己做个规划，因为我在国外读书，与你目前的主要任务一样，所以我们要互勉互励，共同进步——每季度要交流一次职业生涯规划的实施情况。

程社明博士点评：朋友的建议不像上级和丈夫那样具体，可以再沟通。

案例三

某先生，方向：技术专家、部门经理。

妻子：你适合在IT界发展，思维活跃、有创新精神，但沟通能力、交际能力、演讲能力有待提高。

父亲：你好学、待人忠诚，具备成功的基本条件，但要提高创新能力。

好友：有事业心，永不满足，但应注意脚踏实地，进一步提高专业技术能力。

原单位领导：要注意加强与领导的沟通，学习掌握领导艺术。

职业生涯明言

找到生命中的贵人

没有成功时寻找自己的贵人，有所成功时做好别人的贵人，实际上人人都可能互为贵人。

三、第三步——设计方案

宏伟的目标需要分步达成，如何分解？众多的目标需要有舍有得，如何选择？不同的目标需要求同存异，如何组合？成功的标准众口不一，如何判断？

目标分解

1. 目标分解是实现目标的第一步

（1）目标分解的概念和意义。

职业生涯目标分解是根据观念、知识、技能、心理素质差距，将职业生涯的远大目标分解为有时间规定的长、中、短期分目标，直至将目标分解为某确定日期可以采取的具体步骤。

目标分解是将目标清晰化、具体化的过程，是将目标量化成可操作的实施方案的有效手段。

目标分解帮助我们在现实环境和美好愿望之间建立起可以拾级而上的通道，一直分解到你知道为了实现目标今天干什么、明天干什么；如果你不知道明天应该干什么，你的目标永远只是一个美好的愿望，不可能变成现实。所以目标分解是实现目标非常重要的方法。

（2）影响目标分解的因素。

以下诸多因素对目标分解有重要影响作用：环境条件、自身条件、职业方向、职业生涯阶段，以及在一个企业内的工作起止时间。

（3）目标分解的方法。

目标分解的方法主要分为按性质分解和按时间分解。

按性质分解：外职业生涯目标、内职业生涯目标。

按时间分解：最终目标、长期目标、中期目标、短期目标。

2. 按性质分解

（1）外职业生涯目标。

外职业生涯目标侧重于职业过程的外在标记，包括以下内容。

① 职务目标。

许多人在确定职务目标时，定位很模糊。

例如“我在两年之内成为公司的培训主管”，这是可以的；但“在两年之内成为公司的经理”，就比较模糊——我们必须明确是哪一类专业的职务。因此职务目标是“专业”加“职务”，如“人力资源经理”“财务经理”“负责销售的地区经理”等。

做管理人员是职业生涯的方向，但不是具体的目标。职务目标需要具体化：负责全面工作的管理人员，如总经理；负责某一个部门的管理人员，如财务部门经理或人力资源经理等。

某管理人员 10 年职业生涯的职务目标是制药公司的经营总监。担任经营总监需要三方面的工作经验：组织建立商业渠道（商业销售部的工作）、组织市场策划（市场部的工作）、管理推广销售队伍（推广部的工作）。如果目前职务是推广部的地区经理，为了担任经营总监应分别在商业销售部和市场部工作，积累经验。因此职务目标分解为市场部经理或销售部经理，担任市场部经理之前还应做产品经理或广告经理。

② 经济目标。

经济目标属于外职业生涯目标，比如要在30岁之前赚取20万元，40岁之前赚取200万元，对这些目标也要敢于制订。经济目标往往可以很直接地促进其他外职业生涯目标的实现。

（2）内职业生涯目标。

内职业生涯目标侧重于在职业生涯过程中知识、经验的积累，观念、能力的提高和内心感受。

有的人一生都在追求外职业生涯的目标：追求在哪个单位上班，每天的工作是什么，职务是什么，工资是多少，上班的地点是哪儿，工作环境如何，几点上班，几点下班……其着眼点是追求外职业生涯的各个因素，但忽略了内职业生涯的发展。

通常，外职业生涯的这些因素是别人给予的，尤其是在职业生涯初期，别人给你的这些外在因素很容易被拿回去、被剥夺走。如果我们只是去追求那些外职业生涯的内容，就会经常陷于痛苦之中；总是怀疑上级对自己不公，甚至担心下岗名单里有自己。

内职业生涯的因素，即知识、经验、能力、观念、心理素质、身体健康、内心感受等，都不是靠别人赐予的，而是一个人通过在职业实践中努力探索，自己获得并掌握的；获得并掌握后，别人无法从你身上拿走，这是你的无价之宝。

因此，一个人在分解和组合自己的职业生涯目标时，外职业生涯目标与内职业生涯目标是同时进行的，而且内职业生涯目标是应该重点考虑的内容。

① 工作能力目标。

工作能力是对一个人处理职业生涯中各种工作问题的能力的统称。如能够和上级领导无障碍沟通的能力、能够组织大型公共关系活动的能力、能够组织结构设计的能力等。

提示：认真思考自己在企业当中处于哪个阶段，在具体职位上处于哪个阶段，然后制订具体的能力目标。

② 工作成果目标。

工作成果目标指发现和应用新的管理方法、发表管理方面的文章、研制新的产品、创造新的销售业绩等。工作成果目标既有外职业生涯内容，又有内职业生涯内容：工作成果本身属于外职业生涯目标，如创造每年 1000 万元的销售额，但在取得工作成果目标的过程中所获得的知识、经验，以及提高的心理素质和能力，属于内职业生涯目标。

工作成果目标举例如下。

秘书部主任计划用两年时间编写一本详细的《秘书工作手册》；

销售经理用一年时间建立公司的营销网络管理体制；

培训中心主任在年底前建立新的公司培训管理制度。

③ 提高心理素质目标。

最终能够实现职业生涯目标的人和最终没能实现目标的人，区别并不在于是否在实现的过程中遇到困难，而是在于心理素质的不同。前者认真寻找真正的不足所在并努力学习，掌握克服这些困难的方法；后者或者根本没有找到实现这些目标的方法，或者尽管发现了一些困难，但没有勇气找到合适的方法去解决这些困难。心理素质可以通过情绪智力的培训加以提高。

提高心理素质目标，包括能够经受住挫折、失败的磨炼，经受住顺利、成功的考验，能够做到临危不惧、宠辱不惊等。

④ 观念目标。

观念是对人对事的态度、价值观。

引导行为的主要因素不是知识，而是观念；树立正确的观念，才能走好人生之路。

3. 按时间分解

按时间分解是给按性质分解的目标做出明确的时间规定。

要区分最终目标与阶段目标。最终目标取决于一个人的价值观念和知识能力水平，是对环境、企业、自身条件、家庭条件做大量分析之后得到的结果。有的人在 30 岁已能预见自己的最终职业生涯目标，但也有些人到退休时仍未能搞清自己的目标所在。目标的期限体现着一个人心理成熟的程度。找到最终目标是在确定职业锚之后，平均年龄是 40 岁。

目标可以分为最终目标、长期目标、中期目标、短期目标和近期目标。

最终目标以几十年为期限，长期目标以十几年为期限，中期目标以几年为期限，短期目标的时间为一两年，而近期目标可以短至几个月。对于短期和近期目标，应详细规定实现的时间。

（1）短期目标的特征。

目标可能是自己主动选择的，也可能是企业或上级安排的，被动接受的；

未必由自己的价值观决定，但是可以接受；

目标切合实际；

具备可操作性；

明确具体的完成时间；

对实现目标有把握；

需要适应环境；

现实眼光；

朝向长期目标，以“迂”为直；

接受已经发生的事实。

（2）中期目标。

结合自己的志愿和企业的环境及要求制订目标；

基本符合自己的价值观，充满信心，且愿意公之于众；

目标切合实际并有所创新；

能用明确的语言定量说明；

比较明确的时间，且可做适当的调整；

对目标实现的可能性做过评估；

可以利用环境；

全局眼光；

与长期目标一致；

在一定时间范围内实现即可；

改变有可能改变的事情。

（3）长期目标。

目标是自己认真选择的，和社会发展需求相结合；

非常符合自己的价值观，为自己的选择感到骄傲；

有实现的可能，并有挑战性；

能用明确语言定性说明；

对目标实现充满渴望；

立志改造环境；

长期眼光；

目标始终如一，长期坚持不懈；

创造美好未来。

目标选择

目标选择的结果是保留一部分目标，放下一部分目标，放弃一部分目标。

1. 保留

就是将规划阶段内总体目标中贡献大的、必须要实现的子目标进行筛选并确定下来的过程。

2. 放下

就是暂时放手，等待合适时机再做。

1984年，我上大学的时候学习药学和企业管理两个专业，还对法律感兴趣。我想当一个懂专业的管理人员，可是我听到这么一种说法：管理人员不懂法律不行。我就想1985年再去考一个律师资格证书。母亲知道后劝我说："你学两个专业就已经够累了，要是再学一个法律，你的小命非搭上不可。"我当时学药学和企业管理两个专业，每学期正常参加其中一个专业的考试，每学期开学后再跟着另一个专业补考的人考试。有的人不知道，说："社明，你怎么搞的？你上学期一门都没及格，怎么哪科补考都有你？"其实他不知道我是学两个专业。

我对自己的要求很严，要求自己每科都要学好。大学时，我有两年各科平均成绩是90分，连续两次获得一等奖学金。当我决定去考律师资格证书时，母亲的劝说让我暂时放下了这个想法。1998年，我拿到了管理学博士学位后，又去报名学习国际法学硕士研究生课程。

我从1998年开始学习法学，2002年完成了法学硕士研究生的学习。现在回想起来，1984年暂时放下的决定真是一次明智的选择——在这将近20年的时间里，我们国家的法律体系已经发生了许许多多的变化。如果我1984或1985年学习法律，可能到今天很多都已经改变了、不适用了。我非常庆幸当时放下这目标，后来又再学。

在资源有限的情况下，那些对总体目标的实现有用，但其重要性和急迫性略逊于其他事情的目标需要被暂时放下，迟一些再实现。

3. 放弃

就是你要放弃一部分目标。

美国曾经有个爱好登山的青年。他在一次登山的过程中，胳膊不慎卡在了岩石缝中。三天三夜没人来救。随身带的给养用完后，他做了一个痛苦的决定：用随身带的小刀把自己的手腕一刀一刀地割断，然后跌跌撞撞地跑到山下，他获救了。

面对记者的采访，他说："割断手腕当然很疼，但这是我必须做出的决定；不割掉手腕能有个全尸，但命就没了。要想活着，只得将手割下。"

我们在职业生涯的过程当中，不至于遇到要做出割掉一只手这么痛苦的决定，但有时候真的要明智地放弃一些东西。有所失才有所得。

有的时候，我们的目标不能实现不是由于没有目标，而是由于目标太多了。目标太多了怎么办？就需要放弃一些目标。

所以，在职业生涯发展的道路上，有时候要放下，有的时候要放弃，这是痛苦的，但是又是必要的。

注意：放下不等于放弃，放下应该是主动的、有智慧的。你暂时放下的目标，其实已经播下了一颗很好的种子，有机会再重新拿起；而放弃常常是被动的、沮丧的，可能连根都拔掉。

我的体会是：不得已要做出放弃决定时，放弃外职业生涯的职务、收入的因素，保持内职业生涯的梦想和职业素质。

目标组合

目标组合是处理不同目标相互关系的有效方法。若只看到目标之间的排斥性，就只能在不同目标之间做出排他性选择；若能看到目标之间的因果关系与互补性，就会积极进行不同目标的组合。

1. 时间上的组合

时间上的组合分为并进和连续两种。

（1）并进。

目标并进是指同时着手实现两个现行工作目标（如有的企业行政总监实际在完成人力资源经理和行政经理两项工作）；或者指建立和实现与目前工作内容不直接相关的职业生涯预备目标，如一个秘书为了今后的发展，在做好本职工作的同时，业余学习人力资源专业的课程。

建立和实现本职工作外的目标是居安思危、未雨绸缪，是具有长远眼光的表现，需要具备较强的时间管理能力和学习上的毅力。

目标的并进可以理解为在做好本职工作的同时学习另一个专业的知识，也可理解为一个管理人员在管理专业和相关技术专业上同时发展。

比如说你现在做财务经理，实际上你有两个职业：一个是财务专业人员的职业，一个是管理人员的职业。你在这两个职业上同时学习、同时提高，要做优秀的财务工作人员，又要做成功的管理人员，这两个并不矛盾的职业目标同时进行就叫作目标的并进。

（2）连续。

目标连续指目标之间的前后连接，即实现一个再进行下一个。

一般而言，较短期目标是实现较长期目标的先决条件。目标的期限性是相对的：随着时间的推移，长期目标成为中期目标，中期目标成为短期目标，短期目标成为近期目标。只有完成好每一个近期目标才能实现最终目标。

职业生涯的阶段目标与最终目标相关联，但应更为明确，它是一个在一段特定的时间内想要达到的明确结果。

如果你想念完 MBA 以后当两年财务经理，再去做人力资源部经理，这种目标组合方法就叫作连续，实现一个目标之后再去实现另一个目标。

2. 功能上的组合

功能上的组合分为因果关系组合、互补关系组合及全方位组合三种。

（1）因果关系组合。

有些目标之间有非常明显的因果关系，比如能力目标的实现（原因）将有利于职务目标的实现（结果），职务目标的实现（原因）会带来经济收入目标的实现（结果）。

通常情况下，内职业生涯是原因，外职业生涯是结果。

例如，经济目标设定在 5 年以后年薪达到 70 万元。要想使这一目标变成现实，有两种实现途径，一种是业绩非常优秀，另一种是职务有很大的提升。要想职务提升或业绩提高，必要条件是能力提升；如果要想得到能力提升这个结果，必须更新知识、树立新的观念，然后去实践；如果你的知识、观念更新了，实践能力提高了，职务提升了，业绩突出了，那么你得到更多的报酬则是顺理成章的事。

（2）互补关系组合。

一个管理人员希望在成为一个优秀的部门经理的同时得到 MBA 证书，这两个目标之间存在着直接的互补作用：实际管理工作为 MBA 的学习提供实践的机会，而 MBA 学习又为实际的管理工作提供理论和方法指导。

（3）全方位组合。

全方位组合追求个人事务、职业生涯和家庭均衡发展，相互促进。我们说事业成功或学业有成不代表家庭一定能成功——千万不要以为事业成功后，家庭生活一定也会自动跟着成功；反之，一个人管不好一个家庭，不代表不能管好一个企业，不代表不能管好一支队伍。这是两套知识体系、两套能力体系，相互之间不能替代，但可以相互促进。

目标组合可以超出职业生涯范围而和全部人生活动联系起来。在建立职业生涯目标时，应考虑自己在个人发展、家庭生活和职业生涯发展中的各种愿望。最常见的愿望如表 3–3 所示。

表 3–3　最常见的愿望

愿望涉及方面	具体内容
职业生涯	有自豪感和成就感的职业
	喜爱的工作内容，满意的工作环境
	具有很强的责任心
	个人发展
	良好的同事关系
社会尊重和社会权力	自由，成为自己命运的主宰
	与他人建立友好联系
	自身价值得到承认，受尊重
	慷慨，帮助他人
	有良好声誉

续表

愿望涉及方面	具体内容
感情生活和家庭生活	有好朋友
	爱，爱恋，遇到生命中的伴侣
	生活在稳定的亲情关系中
	有可爱的孩子
	协调职业生活与家庭生活的要求
	家庭幸福
物质成功	有足够的收入，不必苦心计算花费
	成为一定物质财富的所有者，如汽车、住房，有满意的物质生活条件
个人事务	继续受教育，不断学习
	保留思考时间
	掌握生活常识和技能
	旅游
	具有个人生活计划
	继续锻炼
	保证有空闲时间休息和娱乐
	欣赏音乐、美术作品和文化作品
	发展个人爱好，如集邮

完美的职业生涯规划并不把生活中的其他内容排斥在外，而应在生活中建立不同目标间的协调关系。

职业生涯明言

目标的分解、选择和组合

目标选择是集中时间、精力和其他资源，聚焦主要目标。
目标分解是在现实与理想之间建立阶梯通道，拾级而上。
目标组合是找出不同目标之间的内在联系，相互促进。

学会制订职业生涯的目标，就迈出了将美好理想转变为现实的第一步。

目标分解、选择和组合个人案例

案例一

在两年内实现原始资本的初步积累并得到优势企业的支持，完成理想中的企业发展构造；在5年内投资科技创新企业，寻求上市，筹集资金；进一步推动企业的快速发展，争取在10年内能使从业的公司控制10亿元以上的资产进行运作，并给各投资方带来满意的利润。

分析点评：从文字上看是一系列美好的目标，但没有更详细的分解。比如原始资本的初步积累，需要设定一个量化的标准及实现方法；对所提到的优势企业需要进行具体选择；对科技创新企业的行业进行定性研究——各行业都有大量的科技创新企业，所涉及的企业应与自己的知识背景、能力特长相配合。

建议如下。

① 将两年内的目标再分解为一年内和两年内的分目标。

② 对原始资本的数量和积累方法进行详细思考和安排。

③ 对科技创新企业的性质进行认真分析。

④ 对五年以后的安排可以“从轻处置”。

案例二

职务目标：成为一个优秀的事业部总经理。

能力目标：三年内具备一个企业家的全面素质及能力，特别是系统地掌握管理科学；进行一些心理学的学习，做到基本掌握。

成果目标：三年内使事业部的年出口额稳定在一亿美元以上，使事业部成为本行业优秀集体。

分析点评：职务目标方面，应将职务目标再具体分解，在成为事业部总经理以前应该经过哪些职务，即在目前职务和目标职务之间建立拾级而上的阶梯，并对每一个职务目标建立时间坐标。

如：目前职务→功能科室经理→事业部副总经理→总经理

能力目标方面，意识到学习新知识是提高能力的必要条件，但建议分别制订掌握知识目标与提高能力目标。简单地说，知识是指知道了什么，能力是指会做什么。经过 20 世纪的发展，心理学知识已门类林立、浩如烟海，我们建议学习管理心理学、发展心理学及情绪智力三类心理学知识，并建议学习最新版本的通俗读物。知识变成能力的途径是实践，实践中遇到的问题是学习的动力，学习到的新知识是对实践的指导。

成果目标中的第一部分“三年内使事业部的年出口额稳定在一亿美元以上”比较具体，第二部分“使事业部成为本行业的优秀集体”是否能实现还要依赖于其他部门的发展规划和运营结果。第二部分要比第一部分实现难度大。

案例三

2016年，职务目标：大中型公司人力资源经理助理，中型企业人力资源经理或其他部门经理。

能力目标：较好地发挥自身优势，在正式场合实现无障碍沟通，做事能够大小兼顾。

经济目标：年薪达到15万元。

2018年，职务目标：大中型公司或中外合资企业人力资源经理或某部门经理。

能力目标：较好的团队协作意识，有效地管理团队的能力。

经济目标：年薪达到20万元。

2022年，职务目标：大中型公司或中型中外合资企业人力资源总监、总经理助理或副总经理。

能力目标：较纯熟的人际技能，掌握某几个领域的基本技术技能，较好的直觉与判断力。

成果目标：利用多年工作经历及收集的案例，出版一本有关人力资源开发利用的著作，成为一名大学校外导师。

经济目标：年薪达到50万元。

2025年，职务目标：大型或大中型公司常务副总经理或总经理。

能力目标：达到管理的艺术层面，创造一种较有特色的管理模式或企业文化。

成果目标：出版一本介绍独特管理模式或企业文化的专业书籍，做一名大学兼职教授。

经济目标：年薪100万元。

分析点评：2016年职务目标中前两个是同一个方向，但第三个是不同方向——这不是目标分解而是目标分离。目标分解是同一方向的分解。

较好地发挥自身优势，需要具有对自身优势的评估能力、发挥能力；达到无障碍沟通，需要具有表达能力和倾听能力。沟通是一种冒险，冒着接受别人的观点而放弃自己观点的危险。

做事能够大小兼顾，即从全局的观点分析问题、处理问题。大小兼顾不容易，有时需要“舍”，这样才能“得”。

作为大中型企业人力资源经理的年薪，在2016年的目标应在15万元～20万元之间，所定15万元经济目标偏低。

总的来说，目标按时间和性质分解得比较好。

2022年成果目标建议提前到2020年，因为该成果目标的早日实现有利于以后的发展。

案例四

2015.7—2016.7

掌握新知识目标：完成MBA要求学分，学习与自己发展方向相关的课程。

成果目标：通过硕士研究生论文答辩，通过注册会计师2门考试，继续提高英语口语水平。

能力目标：具有能够和高级管理人员无障碍沟通的能力。

2016.8—2017.7

掌握新知识目标：通过注册会计师其余3门考试。

能力目标：具有筹资方案的选择、筹资成本的估算、最佳筹资时间的确定等相关能力；能分析风险、资本结构和税收对筹资决策的影响；具备最佳投资时间选择、投资机会成本的核定和投资收益预测的能力；

掌握衡量投资决策好坏的标准、具备投资风险的估计及评估投资决策因素的能力；能明确筹资决策与投资决策的关系；具有合理进行利润分配的能力。

职务目标：污水处理厂财务经理。

2017.8—2018.7

能力目标：广泛的社会关系和融资渠道，优秀的融资能力。

职务目标：控股集团财务经理。

经济目标：月薪6万元。

分析点评：掌握新知识目标：说明在学习新知识方面有很强的意识。“继续提高口语水平”本身不是成果目标——作为成果目标应该是参加几级英语考试或有能力担当商业谈判口语翻译，目标要有一个定量化标准。

对于“具有能够和高级管理者无障碍沟通能力”，建议分析研究重要高层管理者的知识背景、性格特征、决策习惯、个人发展意向等相关信息。

案例五

2016年5月—2017年6月

职务目标：零售业管理咨询师。

能力目标如下。

A．谙熟该行业国际、国内状况，具有分析数据的能力，能通过分析企业各种销售数据为企业发展提供管理建议。

B．具有设计组织结构的能力。

C．有效的领导激励能力；制订企业近期和长久发展规划的能力。

成果目标：在管理理论及管理实践方面有所创新；找到自己独到的管理方式方法；使企业、社会和个人三者达到一种相一致的境界；促进社会、企业和个人的和谐发展；家庭幸福。

经济目标：在40岁以前赚取50万元。

贡献目标：有能力可以做些公益事业，为社会奉献爱心；用自己的热情及知识为社会进步做些贡献。

分析点评：所列成果目标是一个目标组合，因为涉及企业、社会、个人和家庭——但是都不够具体。比如独到的管理方式方法，可以明确为“结合本职工作写出部门经理工作手册或激励下属方法的文章”。

案例六

2016年12月

职务目标：证券营销总监，负责公司全国范围内有关证券业务的营销战略规划，组织运作并监督实施。

能力目标：具有与公司决策层无障碍沟通的能力。

成果目标：取得美国南哥伦比亚大学MBA学位；系统地自学《哈佛经理管理技能》；英语口语达到流畅水平；通过期货从业人员资格所有科目考试。

经济目标：年薪40万元人民币。

2018年12月

职务目标：某大型企业总经理，全面主持公司经营管理。

能力目标：具有与公司决策层（董事会、股东）无障碍沟通的能力。

经济目标：年薪80万元人民币。

分析点评：目标分解很详细。不足之处在于职业目标不连贯。后期职务目标应该以前期职务目标作为基础。英语口语达到流畅水平不属于目标，目标应该有一个定量化的标准。

能力目标在 2016—2018 年没有变化。后期能力目标应该在前期能力目标的基础上有所提高。

案例七

职务目标：IT 及电信企业总经理。

能力目标：谙熟该行业国际、国内状况；能够设计一个有助于沟通和发挥人的潜能、适于企业高效运转和未来发展的扁平式组织结构；有效的领导激励能力；制订企业近期和长久发展规划的能力。

经济目标：有足够的可支配的金钱，满足物质和精神上较高层次的需求。

贡献目标：多做对社会有益的事情，特别是扶助贫困学生，让更多的人接受教育。

时间：15 年内。

分析点评：职业目标清晰，具体指出了什么行业及职业经理人的定位；对目标的分解比较具体，涉及了企业、社会、个人。

不足之处如下。

① 经济目标是一种定性描述——足够的可支配的金钱，不同的人对“足够”有不同的要求；精神上的较高层次也因人而异。

② 时间坐标不够清晰。

建议如下。

① 按时间坐标将职务目标进行逐级分解，从目前职务入手，逐级发展，直到预定目标的实现。

② 对经济目标，按不同时间段具体量化，使自己能对设定的目标进行监督和修正。

案例八

职务目标：3年内做大型跨国公司助理总裁。5年后成为著名商学院的讲师；成立自己的企业，担任董事长。

能力目标：3年内精通电子、电器及网络技术。

了解、掌握与通信及计算机网络相关的最新技术的发展趋势；游刃有余地协助总裁领导并管理一个大型跨国高技术公司走向成功；成为行业内著名成功企业家。

成果目标：在5年后完成题为《Play to Win》的英文版专著。

经济目标：3年后年薪达到6万美元，5年后年薪达到10万美元。

分析点评：从整体上看有全面发展的志向，既想成为一位实业家，又想成为一位优秀的管理讲师——这是一个很好的目标组合。因为当讲师是一个很好的总结思考的过程，当董事长是一个实践的过程。能力目标、成果目标、经济目标比较协调统一。

成功标准

1. 成功需要有标准

成功需要有标准，成功标准涉及与职业生涯相关的价值观。

每个人都可以且应该对自己职业生涯的成功下定义。成功定义包括这样一些内容：成功意味着什么；成功时发生的事和一定要拥有的东西；成功的时间；成功的范围；成功与健康的关系；成功与家庭的关系；

被承认的社会地位；被承认的方式；能使自己满意的金钱数；想拥有的权势和社会地位等。

对有的人来讲，成功可能是一个抽象的、不能量化的概念，例如在和谐的气氛中愉快地工作，有工作完成的成就感和满足感。

在职业生涯中，有的人追求提升职务、提高工资，有的人追求工作实质内容的不断丰富。职业生涯的成功，只有在内职业和外职业平衡的基础上才能体现其真正的意义。

对于成功，由于人们价值观念的不同而有不同的标准，但每人要明确自己的标准，要回答与职业生涯相关的成功问题；制订职业生涯规划的时候，不能欺骗自己，认真写好成功标准这一项。

人的价值观念是不断变化和澄清的，在职业生涯中价值观念的描述贵在真实。

迄今为止没有统一的成功标准。可以说，个人有个人的成功标准，家庭有家庭的成功标准，企业有企业的成功标准，社会也有社会的成功标准。

2. 成功标准内容

（1）外职业生涯成功。

职务方面：如果预期的职务没有得到是不是失败？对于进取型的人来说就是失败，对于平衡型的人来说则未必是失败。如果得到了预期的职务是不是代表全部的成功？

收入方面：多大年龄时收入是多少才算成功？怎样挣钱算是成功？

此外还包括其他一些内容：工作业绩、工作地点、工作单位、工作内容、工作职称等。

（2）内职业生涯成功。

如何检验心理素质提高？如何体现能力上的提升？如何检验学习新知识的水平？

还有职业与家庭的关系。

家庭生活相对职业生涯成功的关系及重要程度——你将自己的家庭和职业放到怎样的一个平衡点上？有的人对职业生涯成功的定义就是事业的成功，为了事业可以牺牲健康和家庭；有的人对职业生涯成功的定义是职业生涯成为个人事务和家庭生活的基础，即能起到基础的保证作用，就视为职业生涯的成功。

3. 成功的标准个人案例

案例一

某先生

我的成功标准是个人事务、职业生涯、家庭生活的协调发展。

如果预期的目标没有达到，尽快分析出原因，并在下一个五年规划中提出改进措施，继续努力。

只要自身的能力、经验达到相应水平，工作能力得到大家的认可，即使预期的职务目标、经济目标未实现，也可以认为自己是成功的。

家庭生活对职业生涯的成功起支持和保障作用，不容忽视。稳定的家庭生活是事业的基础，不能为了事业忽略家人的感受，同样也不能为了家庭而迷失自己的坐标方向。

稳定和睦的家庭和卓有成效并得到他人肯定的工作是成功的标志。

案例二

某女士

全部实现职业目标当然是最大的成功，也是我的奋斗目标，但现实生活中经常会出现许多意料不到的事情，如果100%地努力付出了，但目标还是未能达到，这也不能算是彻底失败。因为在我们的奋斗过程中，虽然没有达到有形目标，但一些无形的目标，如内心的修炼、意志的磨炼、自身能力的提高等都得到了不同程度的实现，这也是内职业生涯的重要组成部分。如果从未努力去实现自己的目标或半途而废，那将是职业生涯计划的彻底失败。

案例三

某女士

我认为，一个人只有在自己获得自由的前提下，才能帮助别人获得自由。在这里我所说的自由的含义是在不危害他人和社会的情况下，有运用知识、金钱等所有可运用的东西来使自己快乐或使别人快乐的自由。所以，当我获得这种自由的时候，我认为我成功了。可以说，这是一种心灵自由的渴望。当然，在追求事业成功的时候，如果与家庭生活出现冲突，那么我将以家庭为重。在我心中，家庭是最重要的。获取自由的目的是家庭幸福。

案例四

某先生

职业生涯规划主要是从工作的角度设立目标，激励一个人向着目标前进。人生除了工作还有很多内容，达不到职务目标并不意味人生的失败，毕竟职务的成功包含了太多因素。我认为成功与否的关键是在追求职务成功的过程中是否感到踏实、饱满——如果是，即使没有达到预期的职业目标，我也不会遗憾。

我坚持“快乐人生”的方针，职务与工作永远只是实现我诸多梦想的手段。

每个人心中都有对自己的理解和定位，向着他心中的目标努力奔跑，最终达到了这个目标，他的人生应该无憾。

对于还未正确认识自我的人，在追逐理想的过程中，随着年龄的增加和社会阅历的增长，他会不断修正自己的目标和方向，最后达到自我目标的终点。

所以，我会沿着职业生涯规划的目标努力，也会不断修正，虽然最后达到的目标不一定是现在我设定的目标，但却是我最满意的目标。

我认为，职业成功是实现个人社会价值和家庭成功的手段，而不是目的。

我倒是希望职场的角逐不要这么残酷，好让人们有时间去实现各自的梦想。但毕竟“人在江湖”，你还得自强不息。

案例五

某女士

公司方面：即使10年内做不到副总裁，也要做到总监级的职务，如人力资源总监或行政总监——且能力与权力范围与副总裁相当，就算成功。

家庭方面：协助丈夫发展其事业，并把小孩教育成材，就算成功。

个人方面：10年内开创自己的事业，或说服公司同意我开一家网店（即可调配公司资源，让网店成为公司的一项业务）并能赢利，就算成功。

四、第四步——具体施工图

缩短梦想与现实之间的差距，要清楚：哪些观念需要更新？哪些知识需要扩充？什么素质需要加强？什么能力需要提高？

差距分析

差距是一个人职业素质的现状与职业生涯目标实现所需要职业素质要求的差距，包括思想观念上的差距、知识上的差距、具体技能上的差距及心理素质的差距。实现目标的过程就是缩小差距的过程。分析目前的状况与实现目标所需要的知识、能力、观念等方面的差距，才能采取有效的行动。

1. 思想观念的差距

思想观念是一种对人、对事的价值观，不同的观念会导致不同的行为方式。人的行为总是为了捍卫自己的思想观念。思想上越笃信，行为上越坚持，可以不计后果，甚至不惜生命。一个人只有思想观念改变了，其相关的行为才会改变。

正确的思想观念并不容易直接移植到我们的大脑中，需要学习、理解并反复实践后才能真正树立。现在想一想：你有没有系统观念？有没有创新观念？有没有积极心态？

2. 知识上的差距

（1）文凭的保质期。

许多产品都有生产日期和保质期，而我们的文凭只有“出厂日期”，却没有“保质期”。

随着时代环境的变化、科学技术的进步、知识量与信息量的激增，无数传统观念和行为方式发生着不可逆转的变革。这促使人类更深刻地研究自身的发展途径。据统计，在 18 世纪，知识更新周期为 80 ~ 90 年，19 世纪到 20 世纪为 30 ~ 40 年，20 世纪上半叶为 15 ~ 20 年，20 世纪 70 年代以后为 5 ~ 10 年，20 世纪 90 年代以后缩短为 3 ~ 5 年。高速的知识更新导致人们绝大部分“存储记忆的知识”已经过时、陈腐。

延长文凭保质期的唯一方法就是知识更新。

（2）对准目标寻找知识差距。

由于人生的时间、精力所限和人类知识量的迅猛增长，现代人难以成为百科全书式的知识渊博者，而且知识的价值不在于拥有而在于应用。

1991 年底，我回国创建法国企业在中国的联络处，希望通过引进国外的产品、资金、技术和管理开发市场、建立现代化企业。但我深感自己知识的欠缺，尤其是缺乏战略管理、企业文化、企业伦理、竞争谋略等方面的知识。

找到知识差距所在，我决心报考我国著名管理学者、孙子兵法专家陈炳富教授的博士研究生。经过一年多的认真准备，我于 1993 年考取，1997 年毕业。在此期间的学习收获和论文研究对我日后制定实施企业的市场开发战略、组织结构发展战略、企业文化建设战略、管理人员培养战略都起到了关键指导作用。

1992 年 3 月，我担任法国制药集团中国联络处首席代表

现在想想：你具不具备实现目标所需要的专业知识、管理知识、综合知识？

3. 技能差距

操作技能决定了我们的执行力。知识再多但不会应用也是纸上谈兵。

你会设计项目计划书吗？

你会发表激励性的公众演说吗？

你会撰写述职报告吗？

你会带领团队改进工作流程吗？

4. 心理素质差距

心理素质会影响一个人的毅力：面对变故和挫折时个人心理承受能力怎样？一个人的情绪智力（EQ）有多少？

美国人类行为学家丹尼斯·威特利博士根据自己多年的研究，认为成就大业者应具备十种心理素质，具体如下[①]。

（1）现实的自我觉察。

- 觉察到周围事物的细微变化；
- 觉察到由于遗传和环境给自己造成的缺陷；
- 觉察到大量对自己有益的事物；
- 觉察到自己的潜力；
- 觉察到为实现目标应付出的时间和努力。

（2）现实的自我尊重。

- 我愿意成为我自己，而不愿意是历史上任何时代的别人；
- 自我接受——心甘情愿地成为自己。

（3）现实的自我控制。

- 成功者的自我控制是主动的；
- 自我控制意味着有个人选择的自由和掌握自己命运的权利；
- 坚定地坐在“驾驶员”的位置上，控制着自己的思想、目标和日常行为。

（4）现实的自我动机。

- 具有奔向自己所制订目标的能力；
- 有扮演自己想去扮演的角色的能力。

（5）现实的自我期望。

- 他们懂得，所谓的“运气”是准备和觉察的结合；
- 现实的自我期望使他们做好了迎接机会的准备；
- 成功者总是把问题看作向能力和决心挑战的机会。

（6）现实的自我意向。

- 积极地考虑和发挥现实的自我意向；

① 摘自《中国人才》，王令译，本文引用时做了部分修改。

- 表现出成功者的样子，以此来展示自己的吸引力；
- 着急、轻率、敌意和失望，对于创造性的想象具有消极性和破坏性；
- 积极的自我意向可改变人的精神状态，潜意识没有区别真正成功和想象成功的能力。

（7）**现实的自我调节**。

- 有着合理的生活计划、总体目的和明确的任务；
- 每一天的具体工作明确，并且日复一日地努力着；
- 现实的自我调节的秘密在于建立一系列清楚的、具有规定性的目标。

（8）**现实的自我修养**。

- 成功者善于加强现实的自我修养；
- 自我修养就是思想实践，即思想的锻炼，树立新的思想感情；
- 废弃贮存在潜意识的记忆体中的陈旧思想。

（9）**现实的人际范围**。

- 珍惜每一分钟，将之看作自己的最后时刻，从而经常性地寻求更为美好的东西；
- 最典型的自我范围是他们具有赢得别人爱戴和尊重的品质；
- 成功的自我范围并不意味胜利了就把对手踩在脚下；
- 他们会向奋斗者、探索者及坚韧不拔的人伸出援手，是相互帮助，而不是相互利用；
- 他们懂得一个人真正的永生是怀着热心和同情去帮助别人生活得更美好。

（10）**现实的交际能力**。

- 他们具有一种使人消除敌意的艺术；
- 向人们投射发自内心的火热激情；

- 成功者是坦率和友好的；
- 作为听者，他们全神贯注地去捕捉对话者的意思；
- 作为讲话者，他们千方百计地让对方听懂他们所讲的内容；
- 生活中的成功者在生活中投射建设性的、积极的想象。

我们可以参照下表当中的能力对自己进行评价。常用能力定义表如表 3-4 所示。

现在想想：你有没有具备操作能力、演讲能力、倾听能力、身体适应能力、外语的口语能力及利用互联网的学习能力？

表 3-4 常用能力定义表

能力分类	能力要求
伦理能力	自觉地按照正确的伦理观念处理工作中各方利益关系
预测能力	按照事物发展的规律预测事物发展的趋势
学习能力	根据工作要求主动向书本学习、向他人学习、向自己学习
综合能力	将不同的组成部分综合在一起并对其优势成分进行论证说明
决策能力	根据不全面的信息分析、评价、选择做出最终决策并承担风险
规划能力	对所定目标进行论证说明、确定重点，制订最终达到目的的行动计划
领导能力	确定目标，激发团队成员的热情；让大家接受一种观点、一个方案或一项行动计划；进行组织落实，确定检验标准，追踪工作结果
组织能力	设计组织机构，制订工作目标、工作方法和相关制度并组织实施
落实能力	正确传达上级指示，制订出具体的落实方案，核定行动计划
先行活动能力	明确制订工作目标并为目标的实现创造各种条件

续表

能力分类	能力要求
授权能力	将一项具体的任务授权给其他人去做，跟踪、辅导并对结果负责
参与能力	有能力主动参与到相关工作中并起积极作用
沟通能力	有能力说明自己的意见；观察别人的反应；倾听别人的意见并对其意见进行整理；接受别人的更好建议；做好协调统一工作
适应能力	在变化的形势中，面对不同的工作环境能把握住方向，创造效益
谈判能力	身处冲突的形势之中，有能力论证自己的主见，倾听和分析对方观点并找到协调方法
坚持能力	尽管存在着困难和障碍，但仍有能力落实一项长期的计划
激励能力	在挫折或平凡中使自己和他人保持积极性
责任能力	全身心地投入落实所定目标的工作中，以独立的意识面对形势。对结果负责，对改进工作流程负责
创新能力	有能力想象出新的解决问题的办法并在实践中运用
检验能力	对工作结果进行评价，检验其是否与预期要求相符，传达评价，更正或弥补工作结果与目标之间的差距
分析能力	对一种形势的组成因素进行论证并分析出其中内在的关系
情绪控制能力	了解、接受、管理自己的情绪；理解他人的情绪，接纳、陪伴、影响他人的情绪
发现能力	发现机遇、发现问题、发现规律、发现人才
赏析能力	欣赏他人的优点和成功，分析问题和原因
开创能力	用激情和有效的方法开创新局面
策划能力	产品策划、公共关系策划、纪念活动策划、会议策划等
时间管理能力	在预定时间内完成既定目标

续表

能力分类	能力要求
表达能力	用文字和口头语言表达自己的主张、判断、感受
判断能力	根据已掌握的信息对事情的发展、结果做出正确判断
总结能力	总结经验教训，改进工作制度和工作流程

缩小差距的方法及实施方案

在了解自身条件和差距的前提下，找到适合自己的缩小差距的方法并制订实施方案。

缩小差距的方法主要是教育培训的方法、讨论交流的方法及实践锻炼的方法。其中教育培训的方法侧重于向书本学习，讨论交流的方法侧重于向别人学习，而实践锻炼的方法是最根本的方法。

1. 教育培训的方法

教育培训的方法是根据目标分解和能力差距制订教育培训的具体内容、时间、地点、方式等。教育培训计划贵在可实施性，包括学习MBA 课程和其他各类专业知识。

如果你所掌握的仅仅是在学校所学的那些知识，那么在 5 ~ 10 年之后，在继续从事某一职业或重新选择职业时，你的职场能力和你的职场价值水平会是很低的。

亨利·福特断言："一个人无论是年龄已过八旬，还是刚刚成年，如果他停止学习了，那么他就是真的衰老了；不断努力学习的人不仅能保持青春的活力，而且能使自己更加有价值。"

请记住一个重要的观念——终生学习。

职业生涯明言

质跃发展前提条件

职业生涯的每一次质跃发展，都是以学习新知识、树立新观念为先决条件的。

2. 讨论交流的方法

讨论交流的方法是为缩小差距而选定讨论交流的对象、主题、时间、方式等，通过讨论交流获得新知识、灵感。

应用交流方法一定要写的内容是：跟谁交流（名字）、交流什么（主题）、何时交流（时间）、在哪交流（地点）、用什么方法交流（方式）、交流的效果是什么（预期效果）、交流的目的是什么（结果），这才是一个完整的实施方案。

例如："我想和总经理就市场开发计划进行交流，6 月 15 日在他的办公室进行，交流方式是我先提供书面报告，再当面征求意见。预期目的是双方能够相互了解对方的观点，争取达成共识。"只有把具体的事都写清楚，这才是一个实施方案。

有人说："我争取今后在公共场合多发言。"这只是美好愿望。

假如有一个学习体会的分享，写"我希望发言"比写"今后提高发言能力"要进一步，写"我争取发言"比写"希望发言"更进一步，写"我要发言"比写"我争取发言"更好，写"只要开会我一定发言"比"我要发言"更具可实现性。

讨论交流的对象有很多种：可以是与自己同一团队的人员，也可以是跨部门的同事；可以是自己单位里的人，也可以是外单位的人；可以是同行业的人，也可以是相关行业的人；可以是上级、前辈，也可以是平级、下级；可以是特意安排的人，也可以是较为随机的人；可以很正式，也可以非正式；可以一定要有个结果，也可以是分享，或者只是思想碰撞；可以在本单位内组织交流讨论，也可以在行业协会会议中交流总结。

我们参加讨论交流时，要以好奇、尊重、平和的心态去聆听别人的见解。在同事间，尤其是同一团队成员间，以这样的心态去交流并不总是很容易的事情。可能由于工作上的种种摩擦和成见，你特别不爱听某些人讲话，但特别不愿意听的话，有可能是对你最有帮助的话。

讨论交流时，要将自己的心态放正、放平，肯定前人的工作，接受别人可能会有的各种情绪——一切以问题为中心，以解决问题为目的，客观地对待他人和自己的贡献。

3. 实践锻炼的方法

实践锻炼是缩小差距的根本方法。我们应该争取改变工作内容或工作方法，着重处理自己能力较差的工作。

在职业生涯发展的道路上有一个重要观念：凡是你已经会做的事，尽量交给别人去做。

作为董事长、总经理，或者部门负责人，每天处理的事是否有必要由你亲自来做？是否可以交给别人去做？自己会做的工作尽可能交给别人去做，自己应该去做那些对企业发展意义更大、应该做好但在能力上还有差距的工作。

“自己会做”与“擅长把工作交给别人去做”是两种不同的能力。为了提高自己的工作能力，为了职务晋升，特别是为了整个公司的发展，你要着重处理自己能力较差的工作，把自己能够做好的工作交给别人做。部下可能做得不如你，甚至帮助他改正错误比自己做还麻烦，但是，我们应允许自己的部下犯成长性的错误，如此才能有整个企业的更大进步。

实践锻炼既给了自己发展的机会，又给了同事、部下实践的机会。

实践过程中会出现差错，但这同时也是发现问题、总结经验、重新调整的机会。

通过教育培训的方法、讨论交流的方法所取得的知识、观念，都要通过实践锻炼的方法来应用。

职业生涯规划调整

制订职业生涯规划并不是一成不变的，职业生涯规划需要在实践中不断进行调整。职业生涯规划调整如图 3-3 所示。

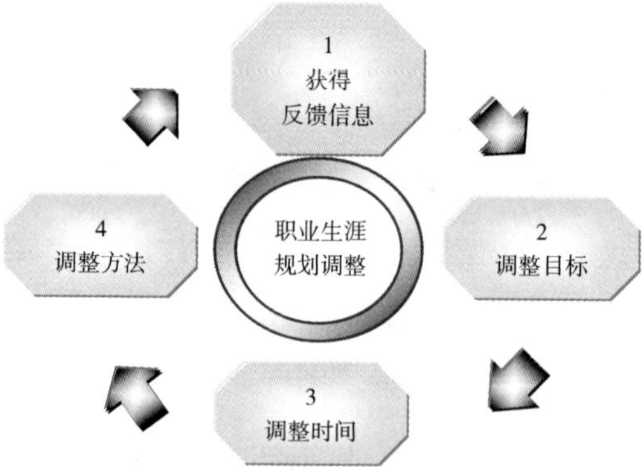

图 3-3 职业生涯规划调整

1. 获得反馈信息

向相关人员征求意见和建议，也可以对照职业生涯规划实施结果和职业生涯目标来获得反馈信息。

2. 调整目标

调整目标绝不是放弃目标，而是将目标重新分解、选择、组合，使各分目标的实现更具有逻辑性。

3. 调整时间

对目标实现的时间进行提前或延伸的调整。

4. 调整方法

对于没有解决的困难和还没有实现的目标，找到更为有效、更具有操作性的方法。

实施步骤与完工时间

下面给大家介绍几份职业生涯规划实例，以此为参考，学习如何根据自己的差距选择最有效的方法，制订有明确完工时间的实施方案。

案例一

某先生

差距如下。

1．管理知识和能力欠缺。

2．英语能力欠缺。

3．身体适应能力差。

缩小差距的方法如下。

为实现本人的两年近期目标，具体实施计划如下。

一、培养管理的基本能力，掌握管理的基本理论。在本职工作上致力于能力、经验等内职业生涯的发展，同时较好地完成 MBA 学业。

1．完成 MBA 教育。

首先，精选选修课程，花较少时间得到较大收获；其次，坚持出勤，听好课堂讲授，积极参与课堂讨论，认真完成作业；最后，争取优良成绩。

做到毕业论文提前着手。今年12月确定选题，明年5月完成初稿，明年10月争取基本定稿，后年2月做好答辩准备；论文题目围绕战略管理和财务管理，必须密切联系实际；通过论文的准备过程，达到“掌握基础管理理论，培养基本管理能力”的目的。

2. 讨论交流。

与南开大学的老师交流。主题为论文相关题目，时间上征得导师同意，定为固定时间每月一次，方式为三人一小组共同交流。

与程社明博士交流，主题为职业生涯开发与管理，课程将近结束，征得老师同意，请老师通过电子邮件进行指导。

与同学交流，找3～5位同学，定期交流，在学习期间共同进步。

与单位领导、同事交流。每2～3个月主动找直接领导交流，请他们指出对自己的看法以不断改进工作；争取与2～3位同事交朋友，共同提高。

3. 职业实践锻炼。

转变思路，改变工作方法；争取改变工作内容，减少事务性工作——着重处理有关项目投资、融资方面的工作；发表一篇文章，提3个建议。

二、英语以自学为主。

上好外教课程，听好课，完成好作业。运用《STEP BY STEP》提到的方法，听英语广播，看CCTV英语电视节目，用早晨、中午和晚上的时间读英文材料，保证平均每天一小时。

如必要，适当选择参加培训。每月在工作中做两次成功的英语翻译。

为了减轻工作和学习的压力，要养成良好的锻炼、饮食等生活习惯。

保证每天睡眠6小时。

每周锻炼3次以上，每次半小时。

案例二

某女士

差距如下。

1.目前在专业知识水平方面，我还需要加强对国内法律的理解及运用，同时熟悉入世的新法规条例。

2.英语表达能力还不够好。

3.经济学知识还需要进一步学习。

4.缺乏财务管理知识。

5.信心不够充足，心理承受能力一般。

6.不善于与上级沟通，性格过于软弱。

7.依赖性强，缺乏独立思考的能力。

8.不会对自己不愿做的事说“不”。

9.学习效率及工作效率不太高，时间管理能力不太强。

10.领导技巧不够好。

11.人力资源管理方法不够系统。

12.不善交际。

缩小差距的方法如下。

一、接受专业的教育及培训

通过MBA的学习，主要加深对人力资源管理知识的系统理解，学习国际先进的人力资源管理理论及培训方式。

通过MBA的学习，掌握经济学的基础知识，能够把握目前社会的经济节奏及规律。

通过MBA的学习，增强运用财务管理知识的能力。

参加有关世贸组织法律规范的短训班，熟悉入世后的相关法规。

二、看书学习

考虑时间关系，不可能时时参加课堂学习，因此我计划多阅读有关书籍，可以采取上网阅读的方式，使各方面知识较为均衡，内容如下。

介绍国际大企业成长过程的书籍；

介绍国际、国内知名管理者成功历程的书籍；

时间管理方面的书籍；

有关市场营销方面的书籍（主要是案例分析）；

有关 MBO（Management Buy-Outs，管理者收购）方面的书籍。

三、性格修养

除了加强学习知识外，我在性格方面的不足还需要在日常生活中多注意完善自己，具体如下。

做记录，先描述自己的短期目标、希望转变的原因及将如何转变。以后每天增加如何表现新态度的具体例子。如果在转变过程中犯了错误，也一样记下来。特别要注意：目标是逐渐提高自己，而不是马上变得完美。

自我审视，学会赞美自己。

多接触在不同行业工作的朋友，使自己能了解更多。

四、工作实践

将所学的《职业生涯开发与管理》同人力资源管理融合，尽量从公司每一个职员、每一件小事做起。如改变招聘方式、加强与下级的沟通等。

在目前的工作中注意运用财务管理知识——学会阅读及分析财务报表，懂得如何有效控制经营成本。

提高对外公关能力——尽可能多地把握机会主动拜访客户，联系客户，建立自己在工作上的自信心。

提高与上司的沟通能力——每天主动向上司汇报有关工作情况，主动表达自己在工作中的不同意见及建议。

案例三

某先生

差距如下。

谈判能力较差，英语口语能力比较欠缺，公众讲演能力较弱，对市场的分析能力不足，总结管理工作规律的能力欠缺。

缩小差距的方法及实施方案如表 3-5 所示。

表 3-5 缩小差距的方法及实施方案

要改进方面	改进的方法	改进的时间
谈判的能力	1. 读相关书籍，包括《国际商务谈判——原则、方法、艺术》，作者：张祥；另一本书为《理性谈判制胜术》，作者：威廉·尤里，四川人民出版社	读第一本书时间：20×× 年 3 月 25 到 4 月 25 日；读第二本书时间：20×× 年 5 月 1 日至 5 月 20 日
	2. 每三周与同学进行一次模拟练习，两个小时	练习从 20×× 年 4 月 13 日始，三周进行一次，周末进行
	3. 留意日常谈判相关事务，每周进行总结，写在日志本上	总结工作从 20×× 年 3 月 16 日始，每晚进行
市场分析能力	1. 做《营销管理案例》中的案例，两周做一个。遇到问题向老师请教	每两周分析书中一个案例，开始于 20×× 年 3 月 16 日，有问题及时向老师请教
	2. 读《市场调研》，根据市场调研数据进行分析，做书中的案例，在这方面多向老师请教	读完《市场调研》，20×× 年 3 月 16 日至 4 月 10 日
	3. 与同学讨论今年长信局所进行的调研数据，对此进行分析，将分析结果向老师请教	20×× 年 4 月 10 日始，20×× 年 5 月 10 日结束

续表

要改进方面	改进的方法	改进的时间
总结管理工作规律的能力	首先要让自己有这种意识，而且要成为日常工作，不能有随意性，要把管理工作所涉及的规律进行列表，随时补充，把该项工作专门列为工作日志的一栏，每月进行一次汇总	20×× 年 3 月 16 日开始执行
公众演讲能力	做营销课上的案例报告；读《演讲与口才》，通过练习提升演讲技巧	从 20×× 年 3 月 28 日起读这本书，在两周内完成摘要记录

写完职业生涯规划若没有行动，仍是“纸上谈兵”，只有付诸行动才有意义。

我认识一位自称有雄心壮志的年轻人。有一次聊天的时候我问他：“你的梦想是什么？”他脱口而出：“我想成为亿万富翁，像李嘉诚一样成为伟大的企业家。”我又问：“你打算用多长时间实现这个梦想呢？”他说：“我打算用 10 年的时间实现这个梦想。”我再问：“那么，你打算今年做些什么？”他想了想说：“今年我就好好玩！当我成为一个伟大企业家的时候一定会非常忙碌，所以我趁着现在还不忙要好好玩玩。不然，当我成了企业家恐怕再没有时间玩了。”

听了这段话，我们不难想象 10 年以后他在干什么？一个可能是他还在接着玩儿，因为他也只会玩儿；另一个可能是他在后悔，喟叹 10 年前的梦想如今只变成一个空中楼阁般的回忆。

本章小节

1. 熟悉职业生涯方向和总体目标的内容
2. 掌握个人目标与企业目标的关系
3. 了解社会环境、职业环境、企业分析的内容
4. 熟悉职业生涯潜能测评的三种方法
5. 了解找到生命中贵人的重要性
6. 了解目标分解是实现目标的第一步
7. 掌握目标分解的方法
8. 了解掌握目标选择的意义
9. 了解目标组合的类型
10. 了解成功的标准
11. 了解差距的内容，找到自己在职业生涯中的差距
12. 掌握缩小差距的方法
13. 掌握制订实施方案的方法

学习心得：

第四章

职业生涯充满机遇

根深才能蒂固

CHAPTER 4

4

职业生涯远航之路，险象环生，充满艰难和困苦；职业生涯辟新之道，绚丽多彩，藏着机遇与惊喜。

请思考：在职业生涯中，为什么有的人总是诸事不顺，奋斗几年、十几年，人生之舟漂来荡去，心中满腹牢骚，四处碰壁，甚至面临沉船危机……

相反，为什么有的人却能乘风破浪，从事几个职业都能成功，无论历经千难万险，从来都是阳光满满、心怀感激……

那些成功抵达胜利彼岸的人生舟船，背后的秘诀是什么呢？

一、职业生涯之旅

职业生涯是什么？职业生涯如湖水般平静，还是如海涛般起伏？现在的你正处于职业生涯的哪个阶段？

给你的旅途做好规划

在旅游之前人们通常会考虑些什么？

我要到哪里去？

是跟旅行团去还是自己去？

是和家人一起去还是与同事结伴？

我是准备乘飞机还是坐火车？

我准备花多少钱？

我想去看什么？

这次旅行中我希望有什么收获……

为一次旅行做计划的时候，我们是否会考虑这些问题？是否会做一番认真的策划才出发？很少有那种丝毫不做计划，走到哪里算哪里的盲目旅游。

一次小小的旅行尚且如此。在人的一生当中，时间最长、对自己人生影响最大的旅程莫过于职业生涯之旅，时间跨度长达 20 年、30 年、40 年，甚至 50 年。

面对长达几十年的职业生涯之旅，你可曾想过如何度过、如何完成吗？大多数人还没有开始想就迷迷糊糊地出发了，过几年突然回味过来："我怎么到这里了？我怎么现在做这个工作？这是我想做的吗？我现在怎么是这个样子？三年以后、五年以后的我要做什么？"

这些事情、这些问题，有的人在 20 多岁时想，有的人在 30 多岁时想，有的人 40 多岁时想。如果 50 多岁才开始想，太多时光已经流逝了！

职业生涯，简单地说，就是一个人的职业经历。具体地说，是以心理开发、生理开发、智力开发、技能开发、伦理观念开发等人的潜能开发为基础，以工作内容的确定和变化、工作业绩的评价、工资待遇、职称职务的变动为标志，以满足需求为目标的工作经历和内心体验。

职业生涯有大、小两个周期之说。职业生涯大周期指的是一个人从参加工作的第一天到不再工作那一刻为止的整个过程；而一个人从事某一个特定职业，从开始到退出的过程是职业生涯的一个小周期。

总的来说，职业生涯大周期可以分为四个阶段：职业生涯早期、职业生涯中前期、职业生涯中后期、职业生涯后期。这并不是一个绝对的划分，而是相对的，用年龄来划分的。职业生涯周期划分如表 4-1 所示。

表 4-1 职业生涯周期划分

年龄阶段	职业生涯周期	主要任务
入职至 30 岁	职业生涯早期（探索期）	学习、了解、心理适应、锻炼能力
31 岁～ 40 岁	职业生涯中前期（成长期）	争取职务轮换、增长才干、寻找最佳贡献区
41 岁～ 50 岁	职业生涯中后期（成熟期）	创新发展、增加社会价值、辉煌贡献
51 岁至退休	职业生涯后期（收获期）	总结经验、教授经验、继续创造价值

职业生涯 20 个时期

一个人出游的时候都想弄清楚自己出来几天了，已经到哪儿了。那么一个人在几十年职业生涯的发展道路上要不要弄清楚自己到哪儿了？

职业生涯全过程按不同特征可以分为 20 个时期，包括：准备期、进入期、探索期、适应期、内职业生涯成长期、外职业生涯发展期、阶段性成功期、幸福期、平台期、枯竭期、瓶颈期、烦躁期、倒退期、危机期、灾难期、反思期、重振期、突破期、转型期、退出期。在职业生涯的不同时期里，人们有着不同的心态和感受。

职业生涯不同时期如图 4-1 所示。

职业生涯发展的道路并不是一帆风顺的，在发展过程中会不可避免地进入一些不想进入的阶段。参考图 4-1，你还可以预测你的下一个职业时期，从而做好相应的准备。例如，阶段性成功期或幸福期之后可能会进入“平台期、枯竭期、瓶颈期、烦躁期、倒退期、危机期、灾难期”这七个时期中的一个，这时你必须有足够的思想准备，以便尽早突破，进入后面的有利时期。

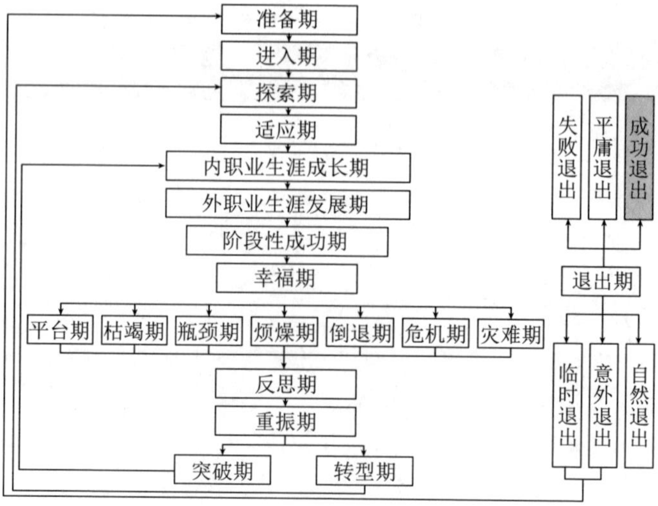

图 4-1 职业生涯不同时期

你走在职业旅途哪一步

你认为自己现在在职业生涯道路上处于哪一时期?

在职业生涯的发展道路上，你明确自己所处的位置吗?

是在探索期、适应期、成功期，还是在瓶颈期?

在下面的表中列出了各个职业生涯发展时期（见表 4-2）的典型表现，对比自己的现状，选出自己所在的时期，在最后方框内打钩。

可以说，这些时期没有哪个是绝对不好。“平台期”也有价值。例如在“平台期”的人，一般来说没有太大的心理压力，可以补充自己的知识、能力，在“平台期”的人有比较充裕的时间来为自己预备一个新职业。

表 4-2　你的职业生涯发展时期

职业生涯时期		特　征	自我测评
准备期		在校学习期间，学习必要的知识	□
进入期		对未来富有美好的憧憬，谋求入职的机会	□
探索期		自己的内心世界与客观环境进行碰撞	□
适应期		逐渐熟悉工作环境、工作内容，逐渐理解组织和客户的需求	□
内职业生涯成长期		在工作中所需要的知识、观念、经验、能力、心理素质都在增长	□
外职业生涯发展期		工资增加，奖金增加，职务升高	□
阶段性成功期		掌声、鲜花、表扬、奖状纷至沓来，受到单位表彰	□
幸福期		早上想上班，晚上想回家	□
职场困境	平台期	觉得这几年一直都没有什么本质性的进步，停滞不前	□
	枯竭期	遇到困难时，绞尽脑汁也想不出解决方法	□
	瓶颈期	清楚自己有能力、有愿望，外面也有机会，可是不知道为什么自己就被卡在这里	□
	烦躁期	早上不想上班，晚上不想回家	□
	倒退期	感觉现在的情况还不如前几年	□
	危机期	对发展前景担心，白天担心保不住职位，晚上担心保不住床位	□
	灾难期	白天丢了职位，晚上丢了床位	□
反思期		在这些日子一直苦苦思索：为什么前一段自己的职业生涯会遇到挫折	□
重振期		正在进行重大调整，主要体现在心态调整上	□
突破期		从怀疑职业生涯已经山穷水尽，到终于迎来柳暗花明	□

续表

职业生涯时期		特　　征	自我测评
转型期		从一个职业转到另一个职业，要立即学习新的专业知识和技能	□
退出期	临时退出	如怀孕、生育、全日制学习	□
	意外退出	如受伤、犯错误受处分、受冤枉	□
	自然退出	到了退休年龄	□
	失败退出	因为个人错误造成不得已退出，痛苦悔恨	□
	平庸退出	退出时感觉自己碌碌无为，心情沮丧	□
	成功退出	功成名就后退出	□

“危机期”使人着急焦虑，但这个时期本身就是危险和机遇并存的时期。处在“危机期”的人如能摆正心态，同样也会抓住新的机遇。

职业生涯之路不是一条宽广的、平缓的、不担任何风险就可以走好的路，而是一条险象环生、但同时也充满了机遇的道路——关键是你能否发现机遇、把握机遇。

职业生涯之旅变幻多端，迷雾重重。清醒地认识到职业生涯的喜忧交替、跌宕起伏，能让我们在成功时不盲目乐观或妄自尊大，在失败时也不灰心丧气或妄自菲薄。无论进入职业生涯的哪个阶段，我们都应该保持一颗平常心，从容、自信、充满智慧地应对发生的一切。

每个人在工作了一段时间以后都要认真地思考：现在自己处于职业生涯的哪个时期？目前的主要心理状况怎样？接下来要进入哪个时期？为什么？

请您思考

一、你现在处于职业生涯的哪个时期？

二、你目前的主要心理状况是什么？

三、你希望进入哪个时期？为什么？

二、职业生涯之树

也许，你很努力地工作，却得不到晋升，苦闷！

也许，虽然没有晋升，但知识扩充了、经验丰富了、技能增加了，充实！

在一段工作中到底是吃亏了，还是得福了？

画一棵代表职业生涯的树

如果把人的职业生涯比作一棵树，几乎每个人都希望自己的职业生涯之树常青、枝繁叶茂、硕果累累。

我在培训中常常做一个活动，那就是让学员在纸上画一棵树，并提示他们要画一棵完整的树，用这棵树代表自己的职业生涯。有人画了一棵参天大树，有人将树画得像一棵小树苗。

我提醒大家：画一棵完整的树，不是目前的状况，是将来发展的结果，加些东西把它画全。于是有的学员给树加了好多枝叶；有的学员又加了很多果实；有的学员在树上画了一个鸟窝，里面还有小鸟；有的学员还在树上画了房子和汽车——但大多数学员都没有画根！

其实，通过这个小活动，我最希望学员领悟到的是：一棵大树要长得枝繁叶茂、鲜花盛开、硕果累累，就必须根深蒂固！

一棵自然界中的树如果长在土壤肥沃的地方，树根和树冠的比例约为 1 ∶ 1；如果长在土壤比较贫瘠的地区，树根和树冠的比例约为 2 ∶ 1 或 3 ∶ 1；如果一棵树长在岩石地区或是沙漠地带，树根和树冠的比例可能会达到 5 ∶ 1。也就是说，条件越艰苦、环境越恶劣，树越要向大地扎根，从大地深处吸取营养和水分。

请你想象一下：如果一棵树的树根扎得不深、不广，树冠上倒是长了很多的枝叶，开了很多花，结了很多果实，这棵树会怎么样呢？它会很容易倒下。只有根深蒂固，才能迎风傲雪、挺然而立。

对于每个人的职业生涯来说，外职业生涯是我们职业生涯之树的枝叶与花果，内职业生涯则是我们职业生涯之树的根。

破解内、外职业生涯的密码

提到内职业生涯和外职业生涯，肯定会有人奇怪，职业生涯还有内外之分？那么什么是外职业生涯，什么又是内职业生涯呢？

外职业生涯是表现出来的职业身份，比如你是总经理，他是业务员，这些都是我们的外职业生涯。外职业生涯是从事一种职业时的工作时间、工作地点、工作单位、工作内容、工作职务与职称、工资待遇、荣誉称号、工作年龄阶段等因素的组合及其变化过程。

而从事一种职业时的知识、观念、经验、能力、心理素质、身体健康、内心感受等因素的组合及其变化过程，则构成内职业生涯。

外职业生涯的信息可以体现在名片、工资单、各种证书上，而一个人的内职业生涯是通过说话和办事才会表现出来的。

总的来说，内职业生涯是我们职业生涯之树的根，内职业生涯的发展程度决定了我们外职业生涯的发展程度。

外职业生涯通常是由别人决定、给予、认可的。既然是由别人决定和认可，也就容易被别人否定和收回，甚至是剥夺。即使是自己开公司，自己当董事长、总经理，也需要得到工商局、员工、客户等相关人员的认可。

内职业生涯主要靠自己不断探索而获得，它不随外职业生涯的获得而自动具备，也不会由于外职业生涯的失去而自动丧失。

如果你被任命为部门经理，你获得的只是外职业生涯的一个职务，你是不是有能力做好这个经理？你应该具备的知识、观念、经验、能力、心理素质是不是已经具备？这些素质并不是你被任命的那一刻就自动具备的，而是必须在工作实践中去探索、思考才能逐渐地获得。一旦获得后，即使你不再担任经理职务，比如你因被领导误解、冤枉而遭撤职，撤销的也仅仅是你外职业生涯的职务，而你内职业生涯的这些素质依然归你所有，别人剥夺不了，否定不了，同样也收不回去。

我以前做推销员的时候，有一位同事很聪明。早晨起来，他跟日本科长一块儿从住的宾馆出来，本应该分头去拜访医生，但看见科长走远了，就跑到录像厅里去看录像，看完一场以后出来一看表才十点多，他伸伸懒腰想：时间还早，走，再进去，又看了一场电影。然后在吃午饭的时候，他拿出纸来“编”写工作日记——因为没有去拜访，所以只能“编”写。工作日记的写法也跟日本科长的写法差不多，甚至连笔迹都差不多。内勤同事有的时候都分不清楚，哪个是他写的，哪个是科长写的。可是我却从早上八点到晚上八点玩命去拜访客户，看起来傻乎乎的。这么玩命干，也不多拿钱，也不多拿奖金，科长也没有表扬我。

十年以后，这位同事还是企业中的普通工作人员，月收入两千元。而这时的我已经成为一个合资企业的董事、总经理，收入是他的数十倍。

他见到我时说："哎呀，社明你都当了总经理了。哎呀，社明你现在能挣这么多钱了。哎呀，你看看咱们有这么大的区别。"

但是这区别不是十年以后才有的，而是在十年以前，大家都在做推销员的时候就已经有了。

当时大家的外职业生涯没有什么区别，都是药品推销员。但内职业生涯有区别，区别在观念、心理素质、经验能力上，这些区别是会累积的。

职业生涯明言

内、外职业生涯的特征

外职业生涯通常由别人决定、给予、认可，也容易被别人否定、收回或剥夺。

内职业生涯主要靠自己在实践中不断探索才能获得。

内职业生涯不随外职业生涯的获得而自动具备，也不因为外职业生涯的失去而自动丧失。

内、外职业生涯的关系

内职业生涯的发展是外职业生涯发展的前提，内职业生涯的发展带动外职业生涯发展。

外职业生涯发展促进内职业生涯发展。

内职业生涯的发展是以外职业生涯的发展或成果来展示的，如果内职业生涯发展得很多，外职业生涯没有任何变化，就不正常——就像一棵果树，根深蒂固以后，应该开满鲜花、结满果实。

内职业生涯的匮乏一定会影响外职业生涯，它是以外职业生涯的停滞或失败来呈现的。

职业生涯明言

内、外职业生涯的关系

内职业生涯的发展以外职业生涯的发展或成果展现；

内职业生涯的匮乏以外职业生涯的停滞或失败呈现。

内职业生涯跟不上，即使给一个人很重要的职务，他的职位也不能保住。因为，内职业生涯匮乏是以外职业生涯的停滞或失败来呈现的。有人说："我把内职业生涯全都准备好了，再出去工作好不好？这就像是盖一幢大楼，我首先把地基打得特别牢，再盖大楼好不好？"事实上，内、外职业生涯的关系并非像一个大楼地基和上层建筑的关系，盖大楼确实是先要把基础打好，打结实之后在上面盖高层。而内、外职业生涯的关系就像是树根和树冠的关系：一棵大树并非把所有的根系都长好了才长树冠、才开花结果，而是同时进行、相互影响。

那么是内职业生涯超前好，还是外职业生涯超前好？在我们实际的职业生涯经历中，内、外职业生涯是交替超前的，永远也不会总是内职业生涯超前，也不会总是外职业生涯超前。

（1）内职业生涯超前。

① 超前恰当时很舒心。

因为这时候一个人对应该做的工作已经了解了，已经熟悉了，他具备了做这项工作的知识、观念、经验、能力，工作起来就得心应手。内职业生涯超前恰当的时期，也是人生感觉比较舒心和谐的时期。

② 超前较多时很烦心。

“唉！一年多了，天天干这些重复性的工作，真是没有意思。”尤其是对于攀登型和进取型的人来说，他们更不能容忍没有新意、没有挑战性的工作。这时候就会表现得对工作不太尽心、不认真负责，这并不是他没有能力，而是觉得干这个工作大材小用，心理不平衡。

③ 超前太多时会变心。

如果单位里有个人才，他的知识、观念、能力、经验远远地超出了他所担任的职务所需，内职业生涯超前很多，而这家单位又没有给他一个良好的发展前景，不能让他认识到在这家单位可以发挥其潜能，那他会怎样呢？只好去寻找新的空间，让自己的才能得到施展和发挥。

职业生涯明言

内职业生涯超前

内职业生涯比外职业生涯：超前恰当时很舒心；
超前较多时很烦心；
超前太多时要变心。

（2）外职业生涯超前。

① 超前恰当时有动力。

比如某人已经是一名优秀的销售人员，这时让这个人做一个销售主管，带领三五人的小团队，他就会觉得很有动力，因为原来的事情会做了，现在受到上级的重视，开始学做管理人员。

② 超前较多时有压力。

还是这个人，他是一名优秀的销售人员，这时让这个人领导一个几十人，甚至是上百人的大团队，这个人从来没有在这么多人面前说过话，从来没有做过上百人团队的销售计划，从来不知道怎么去分配任务、授权工作，这时他会不会觉得很有压力？

③ 超前太多时有毁灭力。

仍然是这个人，这时候让他担任一个非常高的职务，做一个公司的总经理，但是这个人的内职业生涯还不成熟，可能会做出错误决策，使公司蒙受重大经济损失，也可能因其管理不善导致人才大量流失。

职业生涯明言

外职业生涯超前

外职业生涯比内职业生涯：超前恰当时有动力；
超前较多时有压力；
超前太多时有毁灭力。

如果领导让你担任一个重要职务，但是你感觉到自己的知识、观念、经验、能力还没有完全具备，那么，向领导表示感谢，同时请求领导让你在一个相对没有那么高的职务上再多些锻炼的机会，尽快提高自己的内职业生涯——这并不是谦虚，而是实事求是。你可以说："我现在暂时还不具备担任这么高职务的能力，但是特别感谢领导对我的信任，我会努力尽快提高自己的能力。"

（3）最适合的状况。

最适合的状况是我们有的时候让自己外职业生涯超前一点，有的时候让内职业生涯超前一点。如果总是外职业生涯超前，你工作起来比较紧张、比较辛苦、比较累。如果有的时候内职业生涯超前一点儿，那么你在精神上会得到一个缓冲、一次休息。

对于企业而言，要了解、观察每一位员工，争取让每位员工都处于一种或是内职业生涯超前一点儿或是外职业生涯超前一点儿的状态，否则就会造成人员的不稳定。一定要注意外职业生涯太超前的人会给企业带来管理上、经济上的损失或造成其他员工人才流失。同时也要注意，内职业生涯太超前的人，如果企业没有提供更好的机会，为了发展，他会寻求更广阔的发展空间，对企业而言可能会造成人力资本的损失。

只有根深蒂固才能枝繁叶茂

在一个藏满宝藏的山洞面前，阿里巴巴让洞门打开的四字口诀是"芝麻开门"；在职业生涯道路上，成功的秘诀就是重点关注自己的内职业生涯成长。

1. 找对职业生涯发展的关注点

在了解了内、外职业生涯之后，想一想，我们应该把关注点放在哪里？一定要放在关注职业生涯发展中的内职业生涯成长上。我启发学员加上树根，很多人才恍然大悟。

画上树根，是给自己的潜意识一个提醒——要想枝繁叶茂、鲜花盛开、硕果累累，就必须根深蒂固！有很多大学毕业生在找工作的时候，问招聘单位的负责人："给我多少钱？什么时候涨工资？有奖金吗？有集体宿舍吗？宿舍里有电话吗？有彩电吗？有宽带上网吗？"问这些问题说明最关心的都是外职业生涯的内容。

如果他问："你们单位需要什么样的人才？需要具备什么样的观念和能力？我能争取到什么样的锻炼机会？我如何做才可以尽快达到公司对我的要求？"把焦点放在内职业生涯即树根的成长上，会让自己的"树根"逐渐长得更深、更长、更广，可以吸收更多的营养和水分，这样职业生涯之树一定会长出更多的枝芽和花蕾，从而结出丰硕的果实。

如果一个人天天只幻想自己那棵树能开花结果却不培育树根，这个人只能人为地在树上挂上一些花和果。挂得少，这棵树还能立着；挂多了，树就倒了；即使不挂花果，一遇狂风暴雨，没有扎牢根的树也会倒下。

如果你理解了内职业生涯和外职业生涯的正确观念，你会认同下面的观点。

职业生涯明言

第一份工作

永远不会没有工作，寻找工作也是工作，而且可以学习当老板。

永远不会没有收入，总结经验也是收入，而且自己决定收入多少。

一个人永远不会没有工作。寻找工作也是工作，对于很多人来说，寻找工作就是他的第一份工作，寻找工作的过程就是自己学习当老板，因为要策划、安排、沟通、协商、反思、总结。永远不会没有收入，因为经验、教训都是收入，而且自己决定给自己发多少。一个人在找工作的过程中，有了经验，有了体会，吸取了教训，可以提高心理素质，可以逐渐修正自己在市场经济社会中的观念，这也是他的一种收入，是他的内职业生涯收入。

处于职业生涯初期的人尤其要关注自己的内职业生涯。一般来说，在职业生涯初期，你的付出、你的辛苦、你的汗水、你的劳累程度可能要远远地超出你的所得，就像树根要吸收营养、水分，而树上还没有开花结果。这时候，你要吃得起苦、受得起累，还要吃得起亏——可能你的付出并不能马上得到回报，不会马上得到别人的认可。

为了使自己的职业生涯之树常青，请你一定要把职业生涯之根扎深、扎广、扎牢。因为只有根深蒂固，才能枝繁叶茂；只有根深蒂固，才能鲜花盛开、硕果累累！

2. 为自己打工

我曾经是一家日本企业的推销员，工作是推销药品。当时公司规定，一天拜访8个医生就算完成了工作量，要做记录——拜访了哪些医生，谈了些什么，下次去谈什么。大家平均都是拜访8个医生，而我一天拜访18个医生，甚至有的时候是28个医生。

有的同事不理解，说："社明啊，我们拜访8个医生就完成任务了，拜访10个医生科长都会表扬我们，你拜访18个、28个，图什么呀？不会因为你多拜访了医生给你涨工资、加奖金吧？"我图什么？图的就是利用这个机会锻炼自己的能力。

在职业生涯初期，如果你想的是“我是打工的，我是给老板打工的，他给我多少钱我就干多少活，他没给我这么多钱，我凭什么给他干”，那你可能一辈子就处于一种初级打工者的状态。

要知道，你不光是为老板打工，你还是在为自己的梦想打工啊！什么叫给自己打工？有些人说将来自己开公司，我给自己打工，给老板打工得看老板脸色。可是你以为自己开公司就不用看别人的脸色吗？你给别人打工，你得看头儿的脸色，是看一个人的脸色。你自己开公司，需要看的脸色是多了还是少了？更多了！得看客户的、竞争对手的，甚至你得看员工的脸色。

难道有人不需要看别人脸色吗？什么时候叫开始给自己打工？

跟大家分享下我的体会：在职业生涯发展的进程中，什么时候你的工作热情和努力程度不为公司待遇不高、别人评价不公而减少，从那时起你就开始给自己打工了。

职业生涯发展两个规律

凡事都有规律可循，职业生涯发展几十年的道路上，同样有规律可循。

职业生涯发展规律第一条：重视内职业生涯成长，超过重视外职业生涯成功。

很多大学生、职场中的人们都希望通过自己的工作获得外职业生涯上的成功，期望通过工作获得良好的社会地位、荣誉，获得职务和丰厚的报酬等。在获得这些人人都想要的职业发展成果的同时，我们需要反思，要不断地问自己一个问题：我凭什么获得？

最终的答案只有一个，那就是凭我们不断积累和提升的内职业生涯。

如同树的生长是先长根后长果，先长地下部分再长地上部分，人只有先积累深厚的诸如观念、知识、技能、心理等内职业生涯的因素，才能支持和推动自己在几十年的职业生涯道路上披荆斩棘、持续发展。

如果有的人买假文凭，那么换回的是什么呢？他没有学习，也不会学习，没有内在的真才实学，所以依然难以在职场上持续成长与成功。如果你的学校不是市重点、省重点、名牌学校，没关系，这些不是最重要的，最重要的是提升你的内职业生涯，提升你的观念、知识、技能、心理素质等。不论你在什么样的企业，不论企业的规模有多大，你都有机会提升你的内职业生涯。我们前面画了一棵树，就是要大家明白：重视长根超过重视开花结果，而一个人真的重视长根了，就不愁开花结果。

职业生涯发展规律第二条：内职业生涯、外职业生涯交替发展。

在职场中，我们期望的最佳状态是内、外职业生涯交替发展。当我们提升了内职业生涯，希望我们外职业生涯的职务提升、工资增加。而在实际发展过程中，往往内、外职业生涯是动态的平衡过程，很难达到绝对的同步。如果外职业生涯超前，应提升内职业生涯；如果内职业生涯超前，要去争取提升外职业生涯。如果我们在企业中做了管理人员，就要主动加强学习，在管理实践中反思、提高，然后培养员工。如果这些都做到了，紧接着要扩大企业规模，扩大员工队伍，扩大营业范围，扩大产品种类，进一步发展外职业生涯。

职业生涯发展两个规律中，对于个体的职业人来讲，首先要掌握的是第一个规律。在几十年职业生涯发展道路上，要始终把对内职业生涯成长的关注度放在对外职业生涯成功的关注度之上，这样才可能使自己立于不败之地，最终获得良好的职业生涯发展成就！

职业生涯明言

为自己打工

在职业生涯发展的进程中，什么时候你的工作热情和努力程度不为收入不高、评价不公而减少，你就开始为自己打工了！

因为你的关注点已经从外职业生涯转移到了内职业生涯上。你不光是为老板打工，你还在为国家、为企业、为自己的梦想而努力奋斗。

三、将绊脚石变成垫脚石

为什么稳定不下来？为什么不能连续发展？

行业不景气？公司改朝换代？家里事一桩接一桩？

只能默默忍受吗？还是要主动出击？

为什么会产生危机

造成职业生涯危机的因素有许多：有企业内部的因素，也有企业外部的因素；有家庭的因素，也有自身的因素；还有成功的因素。下面我们具体分析一下这些因素，做一个预防。就像我们出去旅游的时候，也需要设想一下：这趟出游可能会有什么风险？须做哪些防范？只有做好这些防范，当这些危机来临的时候，才能够从容面对、化险为夷。

1. 企业外部因素

（1）行业萎缩。

我们进入市场经济社会，新技术和新产品的出现、能源危机、国家政策调整都会导致某些行业萎缩。

行业萎缩不仅仅是某一个人的职业生涯危机，不仅仅是某一个企业的危机，而是整个行业都可能处于危机状态。比如，有越来越多的城市限制摩托车在市中心行驶，那么对于摩托车制造业而言，虽然它在农村还有发展空间，但这个行业已属于一个日趋受限的行业，甚至在有的地区已属于夕阳行业。这种行业状况会让很多企业减少投资、合并部门、撤销岗位、辞退人员，行业的萎缩会导致职业生涯危机。

（2）职业萎缩。

随着社会发展，某些职业已退出历史舞台，如公交车售票员。如果这些从业者不能给自己预备一个职业，如果他们没有能力学习新知识、掌握新能力，当职业萎缩、消失以后他们将失去工作，这就是功能性失业。

（3）自然社会突发事件。

20世纪90年代开始出现的“疯牛病”和21世纪初在全球蔓延的“禽流感”都属于自然社会突发事件。如果一家企业主要以加工牛肉、鸡肉为主，因不可抗拒之力造成其内、外销停滞，这家企业只能减产或停产，殃及员工身上就是裁员。

2. 企业内部因素

（1）重大经营决策失误。

由于经营决策失误，企业几百万元、几千万元的投资顷刻间化为乌有，被迫裁人、宣布破产，或者被其他企业并购，并购后有些机构两套合并成一套，必须走一批人。

走的这批人会是谁呢？比如A公司被B公司并购了，A公司里有个人说：“我能力特别强，去年我跟B公司还是竞争对手，他们是我手下败将，企业合并了，我一定是新部门的负责人。”这可不一定！企业并购以后，他能不能获得新的职位，取决于新企业的资产组合情况，取决于产权结构和治理结构，而不一定取决于个人的职业能力。

（2）上级权力斗争。

在权力斗争中，你如果成为牺牲品，上级给你不公正的待遇，将对你的价值观产生重大的冲击。企业内部竞争、高层人事变动都可能导致你的职业生涯产生危机。

（3）管理不善，团队人员离职。

原来是你领导一个团队，但是由于你管理不善，没有使这个团队形成凝聚力和核心竞争力。团队中一个甚至几个骨干员工突然离职，应该完成的任务完成不了，你的职务保不住了，也可能造成你的职业生涯危机。

3. 家庭因素

（1）结婚。

配偶在另一个城市工作，结婚后你可能选择到配偶所在的城市工作生活。到了新的城市，你可能需要重新开始，这时候你可能就会面临一次职业生涯危机。

（2）感情危机。

如果你的感情生活出现危机，解决起来需要耗费大量的时间和精力，那么也会影响到你的工作，从而产生职业生涯危机。

（3）亲人病重或去世。

有一位小伙子，他与妻子相亲相爱。但是非常不幸，他的妻子得了白血病，从发现、确诊到去世只有 100 天的时间。妻子去世以后，他根本无法在原来的房间里居住，无法在原来的城市生活。因为凡是看到与妻子一同用过的东西、去过的地方，都会使他睹物思人、悲痛不已、难以自拔。他不得不关掉了自己的公司，到另一个城市重新开始。因此，亲人病重和去世也可能引起职业生涯危机。

4. 自身因素

（1）自身知识、观念、能力落伍。

社会在变化，对每种职业从业人员的职业素质会不断提出新的要求。而如果你的知识观念和能力没有与时俱进，还是几年前甚至是十几年前的样子，你就不能适应环境变化，以至于跟不上这个职业的发展。

曾经有一位铅字打字员，20 世纪 80 年代，在单位里用那种铅字的字盘打字，嗒！嗒！嗒！打得非常快。后来，单位买了一台电脑，大家说来个比赛看谁打得快，结果第一次比赛是谁赢了呢？还是这位打字员赢了。因为电脑一会儿死机了，一会儿重新启动，一会儿断电。而打字员天天打铅字，打了 20 多年了，那么多的铅字别人看着密密麻麻，把眼睛都看花了，可是她却找得特别准，打得非常快，打了以后都不需要修改。

后来别人说："你早晚也得学电脑。"而这位打字员说："还学电脑？你看，电脑都赶不上我，死机了。"她很高兴。可是万万没有想到，3 年以后她被迫下岗了。

使用电脑处理文件是当时的发展趋势，一定会超过铅字打字的速度。"铅字打字员"这种职业萎缩了，打字员的技能再好也必然要同这种职业一道遭到淘汰。使用电脑打字就必须有相应的知识技能，她却没有做好准备，导致职业生涯危机的出现。遗憾的是，20 多年前的事件，今天在许多人身上还以其他形式重现！

（2）工作中出现了重大失误。

工作失误会造成个人重大的职业生涯危机。

比如说一个化工企业的配料员在工作的时候由于精神不集中，将两种化工原料的配料比例搞反，不但使企业蒙受巨大损失，自己也失去了工作。

如果一个负责营销的副总裁做出错误的推广决策，使新产品上市推广失败，他会被革职辞退。

（3）身体健康状况发生了变化。

有的人在工作中不注重身体健康的保养，没有根据本职工作对体力、脑力和身体灵活程度的要求保养、锻炼身体，也没有好好休息，以至于患上了一些不容易治愈的疾病。当一个人由于健康原因不得不退出目前的工作，或者是不能再有效地完成好自己的本职工作，也会出现职业生涯危机。

（4）怀孕、生育。

这一条主要对女性影响大一些。现在有很多都市白领不敢怀孕生子，就是害怕因此失去工作或重要职位。

如果妻子一下生了三胞胎、四胞胎，弄得家里手忙脚乱，丈夫的大量精力被耗在家务事中，这样也会引起丈夫的职业生涯危机。

5. 成功因素

为什么成功反而会引起职业生涯危机呢？日本有一个企业叫八佰伴，老总叫和田一夫。在八佰伴企业破产以后，和田一夫曾在中国接受中央电视台记者的采访。

当记者问他："根据您一生的经验，您觉得在职业生涯中什么时期是最危险的？"

他的回答耐人寻味："在我一生的职业生涯里，最危险的时期就是我成功的时候！"

记者问："为什么？"

他说："我靠借款经营的时候，非常谨慎小心，做决策时反复思考、反复确认。但是企业成功了，赚了上亿元，就会在投资时头脑发热、麻痹大意。一个投资决策的失误，再加上管理不善就造成了危机。"

有些人在成功的时候容易骄傲自满，从而麻痹大意、刚愎自用，听不进去不同的意见，此时对个人来说可能会造成职业生涯危机，对企业来说成功也可能导致盲目扩张以致破产。这不是危言耸听，太多实例证明，成功也可能是造成职业生涯危机的一个重要原因。因此，有时成功是成功者的陷阱，失败是失败者的转机。

如何有效化解危机

1. 五个步骤让你安然跨越职业危机

对成功人士来说，危机其实是危险和机遇并存的结合体，面对危机不但要看到危险，更要看到机遇，每战胜一次危机，都是改变观念、提高能力的过程。

职业生涯危机的种类体现在很多方面，比如人际关系危机、工作能力危机、工作知识危机、资金上的危机、团队成员矛盾的危机、身体健康的危机及心理承受能力的危机等。

提升应对危机的能力分为五个步骤，分别是预测、面对、解决、总结经验教训和新的实践，这五个步骤是一个循环的过程。

第一步，预测。

预测的主要内容是：如果按照目前局面持续下去，可能会出现的危机是什么？预测危机的主要目的是为解决危机做准备，而不是逃避危机。有危机存在更能促使内职业生涯不断发展。

第二步，面对。

对于所有的危机来说，否认、逃避、掩盖都不能解决问题，必须去坦然面对并予以化解。

职业生涯明言

经历的价值

在职业生涯发展的道路上，只要不放弃目标，每一次挫折都有价值！

第三步，解决。

面对危机的时候我们应该以一种积极的心态去解决——可以自己解决，也可以发挥团队的力量解决，还可以向别人请教，求助于专家。永远不要说没办法，而要说过去的方法不好用，让我们来找新办法。

第四步，总结经验教训。

从危机的经历中总结经验教训。通过总结提高自己某方面的能力，从而避免重复同样的危机，或者避免危机出现时所带来的危害。

总结出的经验教训要变成文字、图像或培训教材，这样不但对自己有帮助，而且对整个团队、对企业有帮助。

第五步，新的实践。

在战胜危机和总结经验之后，要大胆投入新的实践。我们预测危机、面对危机、解决危机和总结经验教训，都是为了让职业生涯有更好的发展。

在新的实践过程中我们还会面对新的危机。

所以说提升应对危机能力的过程是一个循环的过程，通过预测危机、面对危机、解决危机、总结经验教训到新的实践，又在实践中遇到新的危机，然后进行新一轮的化解过程。每经历一次循环，我们应对危机的能力就会提升一些。

2. 准备好你的职业备胎

我们开车，会在后备厢里准备一个好的轮胎；居家过日子，做完一餐饭，家里一定还备有一些米面油盐；我们出门穿了一身衣服，衣柜里一定还有几身衣服；我们口袋里装了点钱，花光了，可能在存折上、银行卡上还有存款，我们会给自己预备上述种种物品。

但有一件重要的事情很容易被忽略，那就是你是否还给自己预备了另一个职业？

这件事比上述种种物品更重要。如果你由于种种原因失去了原来的工作，你的存款能够花多长时间？如果在这之前你已给自己预备好了另一种职业，就不怕遇到这样的危急情况了。这项工作不能做了，没关系，我还有知识、有能力去从事其他的工作。

四、只要开始永远不晚，只要进步总有空间

有人说挑战自我才充实，有人说平平淡淡才是真，孰是孰非？职业生涯之路，有人一帆风顺，有人坎坷艰辛，孰优孰劣？

五种职业生涯成功方向

在职业生涯的发展过程中，职业生涯成功的方向具有多样性特征，总的来说可以分为五种。

1. 进取型

进取型的人以不断地取得更高的职务为职业生涯成功的标准，他愿意当老总，愿意做决定，愿意说话算数，最不愿意干的事是当副总、任副职。

2. 安全型

安全型的人就算有机会当老总也不干，当不当官不重要，他追求稳

定、追求认可，追求上级把他放在心里面，有什么事都愿意跟他商量，即使是职务不变化也没关系，这种人就适合做助手、当副手。

3. 攀登型

对攀登型的人来说，最不喜欢干的是年复一年地去做那些重复性的工作，他愿意干有挑战性与风险性的工作，这种人适合去开发新市场。

4. 自由型

自由型的人最不愿意受控制，上班的时间最好都别规定，这种人不是不好好工作，只是不愿被控制得那么严。自由型的人的想法是：你交给我一个任务，说好几天完成、要什么结果，你放心好了，至于我是白天干还是晚上干，是今天干还是明天干，别给我那么多限制。这种人最不喜欢的就是考勤打卡。

5. 平衡型

对平衡型的人来说，他追求工作和家庭及自我事务的平衡，不想因一方面的事而影响到其他方面。

这五种类型并无好坏之分，关键是哪种类型最适合你自己。对企业来说，在一个单位当中最好这五种人都有；对个人来说，一个人的职业生涯成功方向在某个年龄阶段是以某一种类型为主，可能过一段时间会有所变化，转为以另一种类型为主了。

我 40 岁以前是以进取型为主，想当一把手。走上管理岗位后一直担任一把手。从幼儿园开始我就当正班长，中学、大学也都是担任班长、年级长职务。那时我的选择是：当班长就当正班长，当经理就当总经理。但是现在对我来说，攀登型和平衡型占的比例越来越大。

因此，每个人都需要仔细想清楚：在职业生涯中，你的成功方向主要是哪种类型？

五种职业生涯成功路径

1. 成功路径分析

职业生涯就是一个人在职业上的经历。每个人在职场上都可以去探索自己最佳的职业发展路线，以求实现自己的人生理想。

职业生涯明言

超越自己

成功不是成为他人或超越他人，而是要超越自己。

在职业生涯道路中，至少有五种不同的发展路径类型，可以分别用不同的曲线来形象地描述，即上升斜直线、上升台阶线、上升折线、抛物线和螺旋线。

也许你还在职业生涯的丛林中迷茫，看了下文，你就学会了分析自己的职业生涯属于哪一种路径，是否应挑选更好的路径。

（1）上升斜直线。

上升斜直线的特点是：目标始终如一，长期不懈努力。它从宏观上来讲是一条不断上升的直线，要求有明确的出发点和追求的目标，但在实际中并不是绝对平滑的。

上升斜直线如图 4-2 所示。

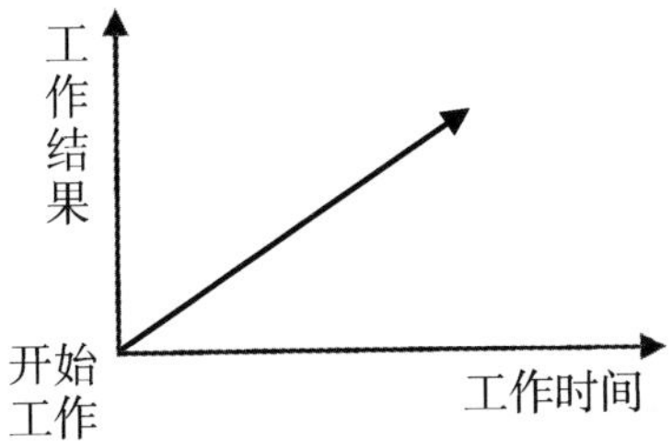

图 4-2 上升斜直线

兰州石化总经理喻宝才先生走的就是一条斜直上升的线路。

喻宝才先生在清华大学化学工程系学习时正是20世纪80年代初，改革开放的初期。当时社会上有一种言论，认为国有企业不可能搞得好，只有完全私有化才是唯一出路。但喻宝才却不这样认为，他觉得大型国有企业在产权结构不变的情况下也是可以管理好的。他立志要做一个大型国有企业的总经理，要把国有企业管理好。

大学毕业以后，喻宝才被分配到大庆石化公司。他从最基层的工作做起，从事生产第一线的工作。在之后十几年的时间里，他的职业发展路线是技术员—技术科助理工程师—车间助理工程师—车间副主任，然后是化纤厂副厂长—腈纶厂厂长—大庆石化公司副总经理。

喻宝才在38岁的时候成为大庆石化的总经理，成为国有企业中最年轻的领导者，41岁的时候又调至兰州石化担任总经理，四年后又升任中石油副总。他在十几年的职业生涯中始终朝着明确的目标直线上升。他的道路之所以没有遇到过挫折，原因有三：第一，他的目标始终非常明确；第二，他脚踏实地，认真做好每一份本职工作；第三，行业状况相对稳定。

这种上升斜直线的发展路径适用于在相对稳定且发展前景良好的行业里，方向明确、目标清晰且制订的目标有足够的高度让职业生涯发展。

（2）上升台阶线。

上升台阶线的特点：在一段上升期后会有一个相对较长时间的平台期或临时退出期。你可以利用这段时间反思、学习、充电、总结，从过去的成功中总结经验，从过去的失败中吸取教训。

上升台阶线如图 4-3 所示。

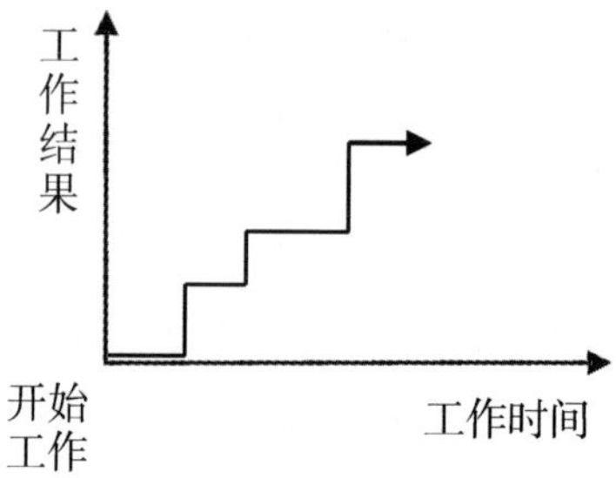

图 4-3　上升台阶线

我初中毕业后上了化工技校，学习钳工专业，有将近一半的时间是在工厂里度过的。技校毕业后，我当了三年工人，接触了社会。1981年我通过自学考上了大学。这是一个职场临时退出期，我利用这个时期学习知识，思考、修正自己今后的人生方向和目标。

大学毕业后我在一家中日合资制药企业做推销员，两年历练成为优秀的推销员。这个时期是一个职业生涯的上升期。

后来我决定辞去工作再一次学习深造，报考了工商管理研究生，这时候又到了一个临时退出期。

我选择去法国留学、工作。留学归来，我又开始了新一轮的创业，创建中法合资制药企业，担任总经理职务。在此同时我还攻读了管理学博士学位。总的来说，这一段时期是一个重要上升期。

1990 年，我在巴黎获工商管理证书

之后我再次辞职，到德国、法国和美国学习了一年，这又是一个临时退出期。在这个阶段，我反思、调整自己的职业方向和今后人生发展目标。2000 年，我找到了自己的职业锚——成为职业生涯开发与管理理论和方法的推广者，从而开始了新的创业，这又是一个上升期。

就这样，上升、临时退出；上升、又临时退出；上升、再临时退出、再上升。每上一个台阶，都使我的人生经历更加丰富。

当然，每一个台阶的时间有长有短，短到就算只能给自己留出几天的时间来思考，这也是一个台阶。而处在平台期的另一个目的，是身体得到休息，多照顾一下家里的情况。

平台期的好处是，在匆忙的职业生涯发展道路上给自己找一个驿站。可以在这个阶段休息身体、反思、学习、照顾家庭。同时，有可能在平台期调整职业方向、职业生涯目标、进步方法、时间安排、工作内容。平台期的时间可以由自己控制，如果有必要的话，时间可以长一点，比如几个月甚至几年。

处在平台期，虽然表面看没有上升，但是对于一个职业人来说，经常有一个平台期是非常必要的，它是你下一个发展阶段知识、能量和观念的修正与储备的时期。

（3）上升折线。

上升折线的特点：每一次从高峰“速”降，表面看好像你的职业生涯是回到了“低点”，但这只是外职业生涯上的变化，在内职业生涯方面则是上升到一个更高的起点。这种用积极的、主动的心态，刻意地去为自己设置职业生涯中的波折，是一种大智大勇的表现。

上升折线如图 4-4 所示。

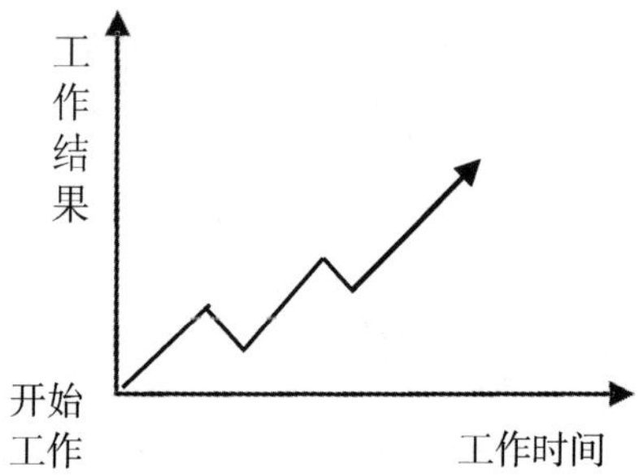

图 4-4 上升折线

原北京保险协会秘书长于文博先生走的就是这样一条路线。

于文博在 29 岁的时候辞职到平安人寿保险武汉分公司做保险推销员。他从基层的保险代理做起，经过试用员、正式营销员到业务主任、营业部经理，后升任区域经理。

后来于文博任泰康武汉分公司助理总经理，公司业绩蒸蒸日上。随后，他调任到泰康广州分公司任副总经理，由于业绩显著，出任泰康人寿总公司营销部总经理，从而实现了从营销员到营销统帅的飞跃。

但是，在事业到达一个高峰的时候，他毅然决定辞去高薪职位，从基层做起，重走营销之路，两年后带领团队又创造骄人业绩。之后，泰康人寿又聘请他作为公司终身高级荣誉销售总监。

2010年年底，于文博就任生命人寿保险股份有限公司董事长助理，成为公司高层管理人员。

从表面看，于文博的辞官选择是一次下降，但是在观念、信心、经验、能力和心理素质上都是一个实质性的、显著性的上升。

因此，当他重新做销售员的时候，表面是回到原来的起点，但实际在内职业生涯上是从一个新的、更高的起点重新开始做起。

人在职业生涯过程中有时会被客观因素“绊”倒，这时候心里会感到惊慌、恐惧、愤恨、绝望。如果此时能够真正做到重新站起来，是一件非常不容易的事情——这种主动选择回到“原点”的行动是积极的。因此，主动地制造职业生涯中的波折，是一种非常智慧的表现。

另外，一个人在进行职业转化的时候，他的职业生涯也是呈折线上升的。

（4）抛物线。

抛物线的特点是在自己终生职业生涯当中有大部分是上升状态，而当上升到一个光辉顶点的时候，开始以弧形下划线的形式逐渐退出职业生涯。

抛物线如图4-5所示。

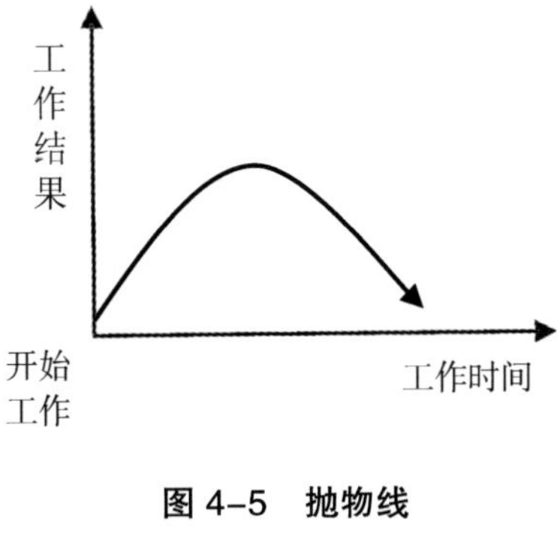

图4-5　抛物线

人在职业生涯成功上升到比较高的地位时突然结束职业生涯，会有很大的失落感。如果突然从燃膏继晷到无所事事，从宾客如云到门可罗雀，从炙手可热到无人问津，这时候人都会有一种极大的失落感。所以，从一生的观念来说，退出职业生涯时最好主动给自己安排好适当的过渡。

原天津市医药局局长，我的父亲程庸就是这种状态。

父亲程庸于1939年参军，从卫生员做起，曾经是白求恩医疗队的卫生员，负责护理伤兵，在实践中学习药学和护理方面的知识。1946年他进入东北药科学校学习，解放战争时担任四野后勤部药材科科长，负责四野全军药品供应。

中华人民共和国成立后，父亲前往上海第二军医大学学习药学，学习期间被授予少校军衔。1956年父亲程庸担任天津解放军某制药厂的副厂长、军代表；1958年担任天津制药工业公司的经理、党委书记；1980年参与创建天津市医药局，任局长、总工程师；1984年参与建成第一家中日合资制药企业，任董事——此时的父亲达到了职业生涯的顶峰。

1986年退居二线后，父亲程庸担任天津医药局的顾问工作，用自己近50年职业生涯的经验去帮助年轻人，同时他还担任几家制药企业的顾问，协助筹建新的合资企业。父亲是天津市政协委员，负责政协医药工作委员会的管理工作，一直到离休。

离休之后，父亲程庸开始学习太极拳、书法和绘画，在他80岁时成功举行了书画展，之后又学习电脑。

2012年，已经是87岁的父亲，身体健康，家庭和睦，孩子孝顺，享受愉快的晚年生活。

职业生涯抛物线，就是当你的事业达到顶峰后开始下降的时候，要勇于面对，逐渐离开原有的职业环境。从内心放弃对曾经拥有的权力、职位、影响力等的留恋，同时用积极的心态为自己的晚年生活增添新的内容。

有的人在职业生涯后期总是不舍得放弃拥有的权力、职务、影响力，不能真正开始新的生活。然而岁月不饶人，体力、精力已经开始发生改变，若是在这种消极的心态下退出职业生涯，恐怕会在郁郁寡欢中终结一生，这不啻为人生的一大遗憾。

（5）螺旋线。

螺旋线的特点是始终以自己的主要价值观为核心，不断地转换职业生涯的角度和内容。这同时也是在不断地扩大职业生涯的范围。螺旋线如图 4-6 所示。

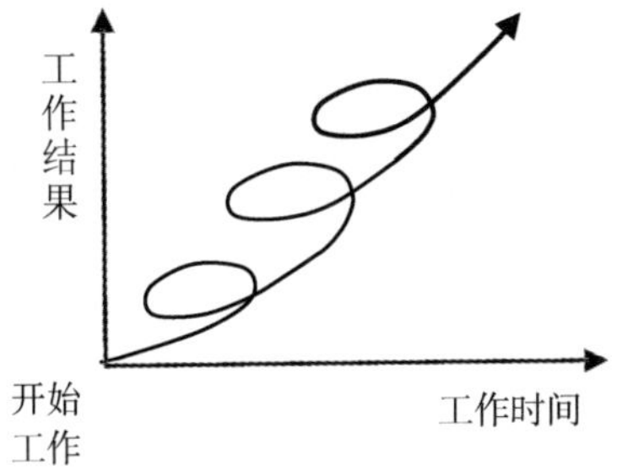

图 4-6　螺旋线

《中外管理》杂志社社长、总编杨沛霆最早是从事情报学研究工作的，他是中国一流的情报学专家，后来研究中国科技发展史，然后研究并讲授领导学。20 世纪 90 年代，杨沛霆研究推广管理科学，任《中外管理》杂志社的社长和总编。他的主要价值观是用自己的知识和智慧报效祖国、建设祖国。

70 年来他从事的职业发生了改变，但是他的核心价值观始终没有改变。他的工作范围越来越大，他的影响力也越来越大。全国有几百位部级、省级、地市级干部都听过他讲的《领导科学》课程。作为管理学专家，全国有几万名职业经理人、企业家听过他的课程，而读过他文章的人更是不计其数。他现在的影响范围已经扩展到了国际。

2. 成功需要三种要素

以上是职业生涯发展路线的五种基本模式。经过分析，我们不难看出，不论哪种职业发展路径都必须具备以下几个基本要素。

（1）正确选择职业原点。

从事任何职业都必须选择职业原点，也就是选择职业的出发点。这种选择需要认真分析自己的职业条件，并且尽量和自己的职业方向相吻合，只有这样才能设计合理的职业路线并保证自己不迷失职业方向。职业原点应该是对今后的发展最有帮助的工作。例如我在选定企业高管的职业时，以推销员为原点。

（2）把握职业方向。

对职业方向的把握就是在职业生涯过程中不断对职业生涯发展方向进行认识、预测和调整。认识和预测就是在分析自己从业条件的同时对职业环境、职业素质、工作内容、职业发展趋势进行定期分析。调整是在分析的基础上对自己的职业发展方向进行修正。这种修正会使自己的职业发展方向更加明确，使自己职业生涯的发展路线更加清晰。

（3）明确不同阶段和范围。

任何一种职业生涯发展路线都有不同的阶段和范围，对所处阶段的了解有助于主动调整自己的职业心态。清楚了解职业涉及范围，可以最大限度地激发从业人员在职业生涯进程中的职业潜能。职业生涯开发与管理：只要开始，永远不晚；只要进步，总有空间。

职业生涯明言

职业生涯之路

职业生涯之路是一条险象环生，同时也充满机遇的道路。

本章小节

1. 深刻认识职业生涯的概念
2. 了解职业生涯的不同阶段及各阶段的主要任务
3. 了解在职业生涯不同时期的心理特征
4. 掌握内、外职业生涯的概念、特征及关系
5. 深刻理解职业生涯成功的秘诀在于内职业生涯的发展
6. 了解造成职业生涯危机的原因
7. 了解职业生涯五种成功方向
8. 了解职业生涯五种成功路径

学习心得：

第五章

做一名杰出的船长

找到你的职业锚

CHAPTER 5

15

艾青的小诗《期盼》说，一个海员喜欢起锚激起的片片浪花，一个海员喜欢抛锚发出的阵阵铁链喧哗。一个盼望出发，一个盼望到达。其实，这何尝不是来自海员内心深处的同一个愿望：出发是为了到达，到达必先出发？而海员手中的锚才是决定能否平稳出发和顺利抵达港湾的神秘武器。找到你的职业锚，从普通海员升级为一名杰出的船长吧！

每天忙忙碌碌，干了什么？为了什么？

你真正了解自己所从事的工作吗？

它是单一职业，还是多个职业的组合？

它如恒星般永存，还是会像流星般一闪而过？

转岗了，晋升了，为什么却不像之前那样得心应手了？

如何才能成为自己人生之舟的船长？

怎样才能找到自己的职业锚？

在开始阅读本章前，请你先做一道选择题。下列称谓中哪些不属于职业？

农　民	义　工	董事长	婚庆主持
小　偷	公务员	学　生	运动员
志愿者	家庭主妇	空　姐	举报人
经　理	家　教	政治家	保险经纪人
保　姆	私家侦探		

上述称谓中哪些不属于职业？

答：________________________________

答案将在本章结束时揭晓。

一、是干活受累还是创造财富

有些司空见惯的事情，我们自认为很熟悉了，却未必能说得清楚。

举个小小的例子。

《中外管理》杂志社的社长杨沛霆教授上初中时遇到过这么一件事情，他问几何老师："老师，为什么两点间直线最短？"老师听了这个问题以后非常恼火，恼火的原因有两条：第一，这个问题太简单；第二，他也答不出来。可是杨教授从小就喜欢打破砂锅问到底。他多次问老师同样的问题，问来问去，到最后，那位老师急了，他说："没有为什么，两点间就是直线最短。你把你们家的狗找来，扔给它一块骨头，你看它是直扑过去，还是绕地球跑一圈！连狗都知道，你还问什么问？"

就像这个简单的问题一样，我们未必能说清到底什么是职业。

学生是职业吗？老师是职业吗？小偷是职业吗？警察是职业吗？……

你能说清什么是职业吗

农民进城打工的时候，见到老乡会问：“喂！老乡，找着活儿没有？”

大学毕业以后，同学相互见面时会问：“喂！你找到工作没有？”

有的人工作了几年、十几年，一直想的是找个活干，找个工作，找个挣钱的机会，找个挣钱的买卖，可是从来没有认真地想过自己应该做一个什么样的职业，自己现在的职业是什么。

常有这种情况，某人被问及在哪儿工作，他回答说：“我在电脑公司工作。”又被问：“你的职业是什么？”回答：“哎呀，我们都是弄电脑的。”又被问：“你的职业是什么？”回答：“说不清楚。”

有很多人能说得清自己的职位，却说不清楚自己的职业；每个人不但要想清楚自己的职业，还要想清楚自己的职业生涯，想清楚如何做才能走好自己的职业生涯之路。

我坐出租车时，曾经就这个问题问过一位司机。

“师傅，你说什么叫职业？”“那还不简单吗？职业就是工作呗。”

“什么叫工作？”“这就更简单了，工作就是上班呗。”

“什么叫上班？”“这太简单了，上班就是干活呗。”

“什么叫干活呢？”“干活就是受累呗。”

“什么叫受累呢？”“受累就是遭罪呗。”

简单地说，这位出租车司机认为职业就是遭罪，这种认识需要纠正。

到底什么是职业？如果被问及这个问题，很多人的第一反应可能会说：“我都工作好几年了，难道还不知道什么叫职业吗？”尤其是一些较为年长的人会说：“我都工作几十年了，难道还不知道什么叫职业？”

科学地阐述职业的定义却不那么简单。

我在 1997 年写博士论文时，为了研究职业生涯，查阅、翻译了英文、日文、法文、中文的大量文献资料，经过深入研究，为“职业”下了一个定义：职业是参与社会分工，利用专门的知识和技能，创造物质财富、精神财富，获得合理报酬，满足物质生活、精神生活的一类工作。

职业的五个内涵

职业有着怎样丰富的内涵？各要素之间又有着怎样的逻辑关系呢？

职业的内涵包括五组关系。

1. 社会分工

第一组关系是个人与他人的社会关系：社会分工。

比如某人要穿牛皮鞋，不能从养牛做起。实际上，在养牛、杀牛、制皮、设计鞋样、制作皮鞋、销售皮鞋的各个环节中，都需要有不同的人参与其中，每个人都要做一部分工作，最终才能满足穿皮鞋的需求。

2. 必备素质

第二组关系是职业与职业素质的关系：必备素质。

每一种职业都要具备正确的观念、专业的知识、娴熟的技能、健康的心理和强健的身体。请思考：你现在从事的职业需要什么样的观念、知识、技能、心理和身体？

比如，礼仪主持人这个职业需要的专门技能包括以下几点。

- 联络主办方、承办方，明确礼仪活动的各种要求的能力；
- 参与方案的构思和撰写，承担细节安排的能力；

- 导入、串联、整合礼仪活动各环节，推进活动程序的能力；
- 与礼仪活动参与者进行交流互动，营造热烈气氛的能力。

再比如房地产策划师需要的专门工作技能包括以下几点。

- 房地产项目的市场调研和咨询策划的能力；
- 整合设计、建设、营销、广告、服务等资源，制定策划方案的能力；
- 房地产项目的产品营销工作的能力；
- 房地产项目的运营工作的能力。

3. 创造财富

第三组关系是必备素质与财富的关系：创造财富。

利用必备的素质去做什么？创造财富！比如农民种粮食、蔬菜，服装设计师设计出漂亮的衣服，建筑工人建造高楼大厦，作家著书，舞蹈家演出等，这些都属于创造财富。

有的职业创造物质财富，有的职业创造精神财富。有的人是直接创造财富，如生产产品；有的人是间接创造，比如保安是保护别人的财富。

4. 合理报酬

第四组关系是创造财富与报酬的关系：获得合理报酬。

什么叫合理报酬？你创造出来的财富，一部分上缴给国家，一部分留在企业，一部分由你自己消费，各部分比例用法律或协议规定，或者由利益各方商定，这叫合理。

为什么党纪国法对贪官污吏要严惩？因为贪官污吏是通过非法的手段把别人的财富据为己有，不合理也不合法。所以对这些人一定要严加惩处。每个人一定要通过创造财富来获得合理报酬。合理报酬的一个重要特征是当事人可以相互协商。如员工和老板可以协商、买方和卖方可以协商。

5. 满足需求

第五组关系是获得报酬与需求的关系：满足需求。

一个人通过获得报酬以满足在物质生活和精神生活上的需求。物质生活需求的满足是指通过资金去购买生活必需品，包括吃穿住行的用品；精神上的需求，包括喜悦感、团队认同感、实现自我价值以后的满足感等。如果不能满足需求，在职场上就会“跳”，有人称为“跳槽”，有人称为“职场跳高”，或称“改行”。

1988 年 5 月，我辞掉了中国大冢制药有限公司经营科的工作，准备报考研究生。因为我发现这家合资企业的日方经理不关心员工的职业生涯发展，员工在他的眼中似乎只是干活的机器，只是不断地增加销售任务量。我觉得作为一名药品推销员，我已经达到并超过了公司的要求，应该寻求进一步的发展。因此我要“跳”，是“跳高”而不是“跳槽”。

1990 年作者以南开大学研究生身份重返校园

二、永远不要被淘汰

今天的热门职业，明天还会如朝阳般生机勃勃吗？今天同行中的佼佼者，明天还会依然出类拔萃吗？

寻找有发展前景的职业

深刻理解“职业”的概念，如同拥有一双慧眼，从而避免进入职业认知的误区，更好地摆渡自己的人生舟船，徜徉于生命的辽阔海洋。

如果把职业做一个形象的分类，大概有八种。

1. 曙光职业

东方已经出现亮光，但是太阳还没有升起。比如职业规划管理师、职业生涯发展指导师、职业生涯培训师这样的职业在我国尚属曙光职业。

2. 朝阳职业

就像一轮红日冉冉升起。如项目经理、商务策划师、企业培训师、企业信息管理师、企业行政管理师、人力资源管理师、心理咨询师等，这些在我国都属于朝阳职业。

3. 如日中天的职业

指那些已经充分发展并且目前占据主流的职业——仿佛正午的太阳普照大地，是世间万物的主要能量来源，具有不可替代的稳固地位。如企业家、公务员、建筑设计师、软件工程师、服装设计师等。

4. 夕阳职业

指那些从业人员正在逐渐减少，人员数量呈下降趋势的职业，正如夕阳下山一般。有的职业虽然曾经人数众多，现在或许依然有一定的社会需求，但日落西山之势已经显而易见，如纸娱、传统通信等。

5. 黄昏职业

该职业已经“暮色环绕”，从业人数急剧减少。如弹棉花工、送煤工、钢笔修理工、相片着色工等。

6. 恒星职业

恒星职业是指只要人类社会延续就一定会存在下去的职业。比如教师、厨师、服装设计师、医生、建筑设计师等。

7. 流星职业

像流星般一闪而过的职业。如传呼台的传呼员——这项职业在 20

世纪 90 年代还是一个很不错的职业，但是现在随着手机的普遍使用，传呼台没有了，传呼员这个职业也消失了。

8. 昨日星辰职业

该职业曾经持续较长时间，现已完全消失。如铅字打字员、电报员等。

职业产生和消亡的客观规律要求人们在选择职业类型时不仅要考虑个人职业发展意愿，更要考虑到时代前进的步伐所引起的社会需求变化。所以在找职业的时候你需要考虑哪些职业是“朝阳职业”，哪些职业属于“如日中天的职业”，哪些职业已经成为“黄昏职业”，哪些职业已经是“夕阳职业”。一般来讲，你越是找到一个“朝阳职业”、一个“如日中天的职业”，就越容易在职业生涯中进步、成功。

职业技能不断更新

随着社会的发展，职业在逐渐变化，知识含量、技能含量低的职业将逐渐退出历史舞台。

职业环境变化要求从业者的观念、知识、技能和心理素质也要不断提高。

比如售货员，几十年前的售货员可能和顾客之间只是一手交钱一手交货的简单买卖关系，但是今天销售货品的时候，售货员还要更多地掌握所销售货品的相关知识，比如货品的材质、设计、功能、使用和保养的方法等。现在更多称为促销员，顾名思义，就是对商品要有促进销售的作用。

比如速记这个职业，几十年前只要求以手写的方式进行速记，现在速记工作已经发展为使用专门的速录机进行速记，或者使用专门软件将发言人的声音同步转变为电脑上的文字，速度更快，效率更高。

再比如随着计算机技术的发展，会计、秘书、建筑设计师等从业人员需要熟练掌握相关的电脑知识与技能，使这些职业的内涵随着社会、科学技术的发展变化而进步，从而使从业者更加适应工作的需要。

三、典型朝阳职业——职业经理人

好的医生并不一定能成为好的医院院长，职务的转变并不能代替“职业”的转变。

职业经理人的诞生

有一种职业，很长时间被人们误以为是任何人都能干的，那就是“职业经理人”。

“职业经理人”是一个具有强大生命力的新兴职业。尤其是在我国，它尚属于朝阳职业。“职业经理人”这个职业从诞生到现在已有180多年的时间。

谈到“职业经理人”的诞生，要追溯到1841年美国多家铁路运输公司开始取得丰厚利润的时期。

有一次，美国西部铁路线上发生了因两辆火车相撞而造成车毁人亡的恶性事件，公众反应强烈。美国政府当局要求这些运输公司务必要采取措施，避免类似的惨剧再次发生。当时这些资本家们谁都不舍得卖掉自己的公司，最后他们商量了一个办法：成立一个联合运输公司，出钱请有经验的人做管理工作。可以说，正是这次火车相撞事故促成了第一批带薪职业经理人的诞生，促成了经营权与所有权的分离。

19 世纪末宾夕法尼亚大学的沃顿商学院开设了企业管理的课程；1908 年哈佛大学开设了工商管理硕士（MBA）的课程，学制两年。

职业经理人发展至今，已经成为企业中不可缺少的职业。该职业的报酬也越来越公开化，年薪制成为一种重要的付薪方式，而企业管理的内容、程序、知识和技能也变得越来越专业化，管理人员在企业中除了经营管理，还负责参与物质利益和精神利益的分配。

职业经理人在我国的发展

在我国，职业经理人的发展经历了一个艰难的过程。

20 世纪 50 年代末企业开始提拔一些“劳模”走上领导岗位，工人阶级出身、吃苦耐劳、积极肯干成为选拔管理者的主要条件；改革开放后制定的让“内行人”来管理的干部政策，使众多工程师、科研人员成为经理，使手术专家成为医院院长。然而这些技术干部“职务”的转变并不能代替“职业”的转变，他们所缺乏的现代化企业管理知识和能力不是一两年就可以具备的，更不是靠职务转变就能拥有的。

1991 年，当一位中国留学生在巴黎参观几家大医院时，惊奇地发现这几位院长都不是学医学专业的。他不解地问：“你不是医生，怎么能当院长呢？”

该院长的回答发人深省：“如果我是医生，还能当院长吗？”他们都是学工商管理专业的，他们的工作任务不是治疗、做手术，而是管理好医院的人、财、物，经营好医院的各项业务。

20 世纪 80 年代中期，我国开始引入发达国家的工商管理硕士（MBA）课程项目；20 世纪 90 年代初开始试办 MBA 课程；从 1991 年到 2017 年，中国 MBA 教育走过了 26 年的峥嵘岁月。

1990 年，国务院学位委员会第九次会议审议通过了《关于设置和试办工商管理硕士学位的几点意见》。1991 年，中国人民大学、清华大学、复旦大学、上海财经大学、南开大学、天津大学、西安交通大学、哈尔滨工业大学、厦门大学这 9 所高校开始试办 MBA 教育；2011 年，中国拥有 MBA 招生和培养资格的院校已近 240 所。1991 年，MBA 招生人数尚不足百人，最终有 94 人入学；2016 年，有超过 10 万人走进 MBA 课堂。

2017 年，虽然还不能说中国已经形成成熟的职业经理人阶层，但是可以确信中国的职业经理人阶层正在形成！职业经理人必将成为中国社会的朝阳职业，乃至如日中天的职业！

每个时代都需要国家的栋梁和民族的英雄，当今中国社会需要大量的企业家和优秀的职业经理人！

四、走出职业认知误区

职务变了，职业变了吗？

行业变了，职业变了吗？

为什么当得好推销员，却当不好销售经理？

为什么当得好总工程师，却当不好企业老总 ？

常见职业认知十大误区

人们在职业上的认知通常会有以下一些误区。

1. 意识不到自己从事的是个职业

有的人意识不到自己从事的是一个职业。很多人说“我有工作了”或者“我有活儿干了”，但是意识不到是开始从事一个“职业”了；有的人在十几年的职业生涯中一直寻找的是挣钱的机会、一个赚钱的买卖，找的是一个单位、一个职位，但是从来没有想清自己所从事的职业是什么。

2. 意识不到所从事的职业环境已改变

有的人意识不到所从事的职业环境已发生了改变。职业环境改变包括社会对此职业的要求、从业人数的多寡、该职业在哪个行业当中需求量最大等，这些都是职业环境的改变。

3. 意识不到所从事的职业技能已发展

有的人意识不到所从事的职业技能已经发生了新的变化，有了很大的发展。

比如，现在对于企业培训师的工作技能有了更高的要求，包括熟知公司的战略发展规划；根据企业高层管理者的要求制订培训计划；开发培训项目；研制培训课程和培训教材；进行培训评估；指导他人开展培训并提供相关咨询服务；运用人员素质测评、岗位职务描述及其他先进技术等手段有针对性地、科学地开展培训；进行培训的组织管理工作并负责实施。

4. 意识不到自己换了职业

有的人换了工作、换了职位、换了单位，但是意识不到自己实际上是换了职业。

从推销员到销售经理，从司机到驾校教练，从工程师到生产经理等，都是职业的转变。

5. 意识不到自身同时有两个或更多职业

有人意识不到自己同时从事着两个甚至更多的职业，比如一个工作出色的技术人员由于工作需要升职为部门经理，在完成管理工作的同时也要完成部分技术工作，这时候在他身上有两个职业：一个是职业经理人，一个是专业技术人员。

6. 意识不到多种职业需要多种能力并存

有的人意识不到多种职业需要有多种能力并存。例如董事长兼总经理，在决策时需要企业家的职业素质，在日常管理工作中则需要职业经理人的职业素质。

7. 将 A 职业误认为 B 职业

有的人将某种职业视作另一种职业，如认为出纳就是会计。

8. 将 A 职业、B 职业误认为同一职业

有人将两种职业误认为同一职业，如有的人把“培训师”和“咨询师”误认为同一种职业，实际上这是两种不同的职业。

9. A 职业成功，认为 B 职业必然成功

有的人一种职业做成功了，就认为做另一种职业一定也能成功。例如有的优秀演员成为影视明星后认为自己当导演也一定能干好。

10. A 职业失败，认为 B 职业也会失败

有的人一种职业失败了，就觉得自己这辈子都完了，今后干什么也没希望了。

凡此种种都是职业上的认识误区。

现在思考一下自己曾经有过或者现在仍有的职业认识误区，在职业认识误区自测（见表 5-1）后面的“□”中打钩。看看你的职业认识正确吗？

表 5-1 职业认识误区自测

职业认识误区	自测
意识不到自己从事的是个职业	□
意识不到所从事的职业环境在改变	□
意识不到所从事的职业技能在发展	□
意识不到自己换了职业	□
意识不到自己同时从事两个或更多职业	□
意识不到多种职业需要多种能力并存	□
将 A 职业误认为 B 职业	□
将 A、B 职业误认为同一职业	□
A 职业成功，认为从事 B 职业也必然成功	□
A 职业失败，认为从事 B 职业也会失败	□

改行的实质是改变职业

关于“改行”，还须澄清一些问题。

人们平常所说的“改行”是指什么？一种情况是指改了行业，如从制药行业改到培训行业；另一种情况是指更换了职业，如从推销员改为销售经理；还有一种情况是指既改行业，同时也改职业。不管怎样，有一点十分重要，即在改行的时候需要具备新的行业知识和新的职业能力。

职业生涯明言

改 行

在单位、职务改变的背后，一定要审视有没有行业、职业的改变。

如果在职业生涯中，你有工作的变化、单位的变化，请你一定要重视一点：有没有行业和职业的变化？而不能只停留在“我换单位了”“我换工作了”，一定要考虑自己的职业变没变，自己从事工作的行业变没变。如果行业变了，你需要学习相关的行业知识；如果职业变了，你需要学习和提高与新职业相关的观念、知识和技能。

在刚参加工作的时候，一个人被要求具备的职业素质可能只有一种，比如说做好保安工作、做好销售工作、做好生产工作等。

当你担任了管理职务之后，你就需要具备两种职业素质要求：一种是你原来的专业知识和能力，另一种是管理人员的职业素质。

多年之后，有的人做了总经理，有的人成为董事长，有的人是董事长兼总经理。

如果你是董事长兼总经理，那么在你身上，有三种职业素质要求：第一种是你原来所从事专业的职业素质，这是在行业里顺利开展工作的前提；第二种是作为董事长，你需要具备企业家的职业素质；第三种是作为总经理，你还需要具备职业经理人的职业素质。

当你的企业发展壮大，为社会贡献增多，你可能有机会成为人大代表、政协委员，这时候，你必须具备新的职业素质，即参与政治事务的人所需的职业素质。你需要知道立法的程序，需要有解决社会问题的相关知识和能力，只有这样才能做好参政、议政、立法的工作。否则，单凭朴素的感情和满腔的热忱是不能完成这些工作的。

因此你在考虑自己从事什么职业的时候，要考虑现在自身需要具备一种还是多种职业素质。

家庭角色≠职场角色

1. 社会角色和职业角色

我给清华大学总裁班讲课的时候，课间有一位总经理问我："程教授，我想不通，我的领导能力很强，能将3000个员工管理得非常好，大家都听我的，可是我对家里三口人的事总也摆不平，这是为什么？"

有很多人觉得自己的职业成功、事业成功，家庭一定也跟着成功。我曾经也有过这样的想法。其实不然。这里要提醒人们注意的是，"职业经理人""企业家""政治家"等都是不同的职业，而"家长"是另外一种重要的社会角色。不同的职业和不同的社会角色所需要的知识体系、能力体系和价值观体系并不相同。千万别以为你在职场上取得了成功，在家庭事务、亲人情感上自然也能处理得很好。

例如"职业经理人"，该职业所需要的知识体系包含企业管理和市场竞争，其能力体系是经营和管理。这里所说的经营和管理都是狭义的——经营是指面对市场、竞争对手、客户如何制定价格，如何建立销售渠道等。管理是指面对企业内部如何控制成本、质量，建立各种规章制度，如何培养人才等。职业经理人的价值体系是企业效益，对于企业而言，效益好才是关键。

再例如"企业家"，该职业所需要的知识体系是行业管理和人文环境，其能力体系是决策（即拍板决定）和组织（把各种资源整合起来），其价值体系是冒险精神，企业家就要有这种冒险精神。

然而作为“好家长”，则是另外一种社会角色，所需要的知识体系是男女知识、长幼知识、生理知识、心理知识，所需要的能力体系是爱与被爱，价值体系是感觉良好。

2. 企业的事，家里的事

职业生涯明言

感觉与结果

企业的事，结果好才算好，在结果好的基础上找感觉好；

家里的事，感觉好就是好，在感觉好的基础上找结果好。

如何理解这句话？对于企业的经营管理来说，应该是追求产权结构清晰，投入产出明确，成本效益清楚，规章制度有效。

例如：这件事是谁做的？产生什么效益？应该为他增加工资、增加奖金吗？工作没做好是谁造成的？应该扣奖金、扣工资吗？他要承担什么责任？这些都要弄得清清楚楚。

你要经营管理企业，企业的事结果好才算好，在结果好的基础上找感觉好。

家里的事则最好不要那么清清楚楚。假设妻子不小心把花瓶打碎了，如果丈夫走过来用企业里的方法说：“这个花瓶是我买的。当初买的时候花了很多钱，你现在打碎了有多大损失？你要赔钱！给你记过一次！给你……”如果这么说，就很可能造成婚姻危机，但如果丈夫赶紧过去看着妻子的手说：“哎呀，划破手没有？都怨我把这花瓶放得太靠边了，我往里放些就好了。没事吧？” 妻子打碎了花瓶，丈夫不追究妻子的错而是自己揽错，家里感觉就会非常好。

家里的事不用搞得很清楚，不能总是说：“这是谁买的？是你买的还是我买的？你知道它现在值多少钱？”家里的事如果搞得清清楚楚，就会有点儿过不下去的意思，夫妻俩可能该准备离婚了。

所以，家里的事情，要追求感觉好，在感觉好的基础上找结果好。

基于此，每个人更加需要想清楚：自己的职业角色是什么？家庭角色是什么？你在企业中是董事长、总经理，到了家就要恢复子女、夫妻、父母的角色。你不能把职业角色带回家，不能回到家里还当总经理。比如当儿子写完作业让家长签字时，你不能以“总经理”的心态签字，这时你的家庭角色是父亲或母亲。

职业生涯明言

分清职业角色和家庭角色

正确的角色定位，需要理智；

及时的角色转换，需要勇气；

成功的角色转换，需要智慧。

五、做水手还是做船长

是干活，还是工作？是从事一个职业，还是投入一项事业？是受煎熬，还是享受创造？这取决于你是否找到了你的职业锚！

找到职业锚，做人生之舟的船长

1. 职业锚

概括地说，职业锚就是你的最佳职业定位。

通常情况下，人们刚参加工作的时候并不知道自己的最佳职业定位是什么。一个人的职业锚是其内心世界和工作情境之间长期相互作用的产物，通过若干年的实际工作后才能被发现。

一般来说，开始主动地、有意识地努力寻找职业锚的平均年龄是 35 岁，找到职业锚的平均年龄是 40 岁。

职业锚的概念最早是由美国学者施恩教授在 1978 年出版的《职业动力论》这本书中提到的。但是对“职业锚”的清晰定义是在 26 年以后才产生的。

2004 年，我在浙江巨化股份有限公司进行职业生涯开发与管理培训时，与该公司的党委书记苗育先生共同研讨确定了一个职业锚的定义：职业锚就是最佳职业定位，是一个人在长期的职业生涯实践中通过内外部条件、因素的比较，自觉主动选择出最有利于自身发展和能够做出最大贡献的职业定位。

2. 航行、漂泊与航漂

当一个人走出校门开始工作时，相当于开始驾驶着自己的人生之舟在社会的海洋中航行、漂泊或航漂。

航行、漂泊和航漂的区别在于：航行有方向、有目标，航漂时而有方向和目标，时而没有方向和目标，漂泊没有方向和目标。

你的生命之舟不能总在海上漂荡，需要寻找一个地方，这个地方对于船来说叫作锚地。你的职业生涯不能一个一个地换工作、换职业，而应寻找一个领域，叫作最佳贡献区。

有一天早上，你登上甲板，在明媚的阳光下发现一处依山傍水的港湾，风景秀丽。于是你决定在这个地方停船下锚，锚沉到水底，勾住抓牢，这艘船虽然还会左右摇摆，但是不再随波逐流。

职业生涯明言

水手与船长

找到职业锚之前，你只不过是自己人生之舟的水手；

找到职业锚之后，你才真正是自己人生之舟的船长。

3. 从职业到事业的转变

你每天在干什么？每天在干活。为什么受累遭罪还要干呢？因为要养家糊口。

每天在工作，那是上班挣钱，需要有个安全保障。每天在从事职业吗？从事一个职业，你要争取社会地位，需要不断地提高自己的专业技能。如果你每天是在投入一项事业，那你想的是社会贡献和人生价值。

职业生涯明言

你每天在干什么？

你每天是干活还是上班？是从事一个职业还是一项事业？这不取决于那项工作本身，而取决于你做这项工作时的心态和工作结果。

某企业曾进行职业生涯开发与管理的培训，培训之前该企业大多数员工的工作心态是“上班工作、干活挣钱”。培训之后很多人的工作心态改变了，怀着从事职业、想干番事业心态的人大大增加。虽然没有增加工资、没有增加奖金，但是培训后该企业员工的观念改变了，对待工作的态度、努力的程度已经跟原来大不一样了。

某石化公司职业生涯开发与管理培训前后的员工心态变化如图 5-1 所示。

当一个人确定了自己的职业锚之后，他的职业生涯就会转变为事业生涯，这就是职业锚的作用。找到职业锚，是一个人从职业迈向事业的分水岭，是职业生涯转换为事业生涯的里程碑。

当一个人确定了自己的职业目标，就不会过分计较自己的职务目标，因为这时候他最关心自己的职业；当一个人确定了自己的事业目标，就不会过分计较自己的职业目标，因为不管从事什么职业，都是在为自己的事业服务。

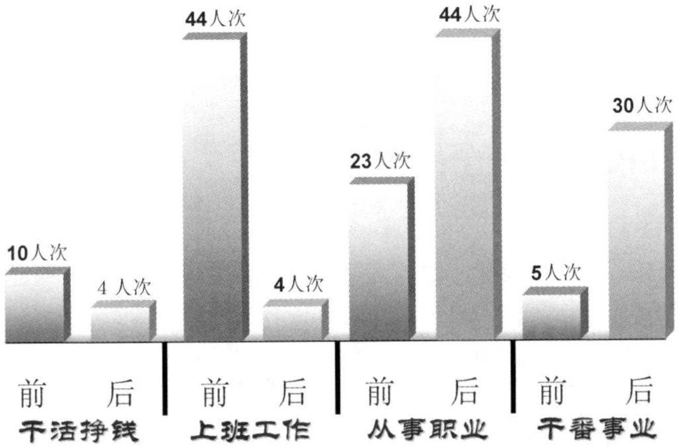

图 5-1 某石化公司职业生涯开发与管理培训前后的调查数据

有人说："事业是成功人士做的事情，我们这些平凡的人谈得上做事业吗？"其实所谓成功人士，甚至一些伟人，也不是从一开始就能找到自己的职业锚的。

比如说孙中山，他的第一个职业是医生，但是后来他发现中国的问题不是民众身体疾病的问题，而是在于腐朽没落的封建统治。于是他弃医从政，把推翻封建王朝、建立一个民主的中国当作他的事业来做，他找到了自己的职业锚。

鲁迅原来也是学医的，他在日本留学时看了一部电影，从而领悟到中国的问题绝不简单是民众身体疾病的问题，于是鲁迅弃医从文，开始用犀利的笔锋去唤醒中国民众。

毛泽东的第一个职业志向是做肥皂工程师，认为这个职业可以富国强民，但后来却没有从事这个职业。他当过兵、当过教师、当过图书馆的管理员，经历几个职业的变化以后才立志成为一个伟大的政治家，最终选定了他的职业锚。

在那个年代，虽然没有“职业锚”这个词，但是这些伟人都找到了自己的最佳职业定位。

找到职业锚要回答三个问题

职业锚由三部分组成，也就是要思考并回答以下三个问题。

自省的动机和需要 → 我到底想干什么？

自省的才干和能力 → 我到底能干什么？

自省的态度和价值观 → 我到底为什么干？

对于 20 多岁的年轻人可能觉得这三个问题很好回答。

“你到底想干什么？”他会说：“我想干的事多了。”

“你到底能干什么？”他反问：“你说我什么不能干啊？”

“你到底为什么干？”他会说：“为了赚钱呀！”

20 多岁的年轻人可能会很轻率地就回答这三个问题，但是对于 40 岁上下的人，尤其是有坎坷职业生涯经历的人，这三个问题就像三记重锤敲在心上。

我到底想干什么？

我到底能干什么？

我到底为什么干？

这绝对不是可以轻松回答的三个问题，而是要经过许多艰苦的探索，甚至是磨砺，经历很多的事情之后才能够深刻而准确地回答出来。

你什么时候能够深刻且有逻辑地回答这三个问题，就说明你已经找到了职业锚。

在我留学归来并开始创业的时候，与后来成为我博士生导师的陈炳富教授有过这样一段对话。

陈教授问我："社明，等你以后有钱了干什么？"

"陈先生，我现在还没钱呢，我们家的房子还只是一个单间，只有一台小电视。"

"你想想你以后有钱了干什么？"

"我现在没钱，想这些干什么？"

"这件事情你必须想！我相信凭你的能力你一定能挣到钱，你现在就要想清楚有钱以后干什么？"

"有钱以后？我要体验有钱人的生活方式。"我在心里这样说。

后来积蓄多了，我的住房变成跃层式的楼房；因为想体验国外有钱人家每个房间里都有一台彩电是什么感觉，我得到一笔奖金后便这样做了。结果洗淋浴时卫生间的彩电"噼里啪啦"冒火花，赶紧又把彩电搬出来了。

这时我才发现：每个房间里都有台彩电这件事，想象中挺新奇，可是当每个房间里都装上彩电后，又觉得太麻烦、太闹心，反而没有幸福的感觉了。这时才明白导师的提醒——"有钱以后你干什么？"

事实上，有很多人有钱以后反而失去了生活的目标，导致精神空虚。2011 年我在大连为一些民营企业家培训后，有几位民营企业老总哭着对我说："程博士，你知道吗？我们是一群特别有钱的穷人啊！"

找到职业锚的人生更幸福

1. 个人价值的全面实现

什么叫作个人价值的全面实现？2004年我在兰州石化做职业生涯培训，时任总经理的喻宝才先生是这么说的。

“个人价值的全面实现就是既要创造自己的物质利益和精神利益，同时又能更好地承担社会责任；在这个过程中既要为自己，又要为企业内部人员，还要为企业发展进程，最终把自己融入整个社会中去。我们不断地引领企业的员工把自己融入整个国家和社会发展中去，也就是要逐渐提高企业员工的思想境界。如果还仅仅是为了自己家庭生活能够好一点，经济上能宽裕一点才来工作，员工就不会有真正的敬业精神。如果员工没有这样高的一种境界，你想让他自己的潜能充分地发挥出来，这是不可能的。”

2. 人生使命

找职业锚的过程就是找自己的人生使命的过程。一个人来到社会上是有使命的，是一定要做成一件事情的。我们可以扪心自问：来到这个世界上，自己的人生使命是什么？自己要做成哪件事情？

我从37岁以后开始认认真真思考人生使命这件事情。

1999年是我人生中非常痛苦的一段时期。这一年我的母亲被确诊为淋巴癌。她原是天津市一位著名的中西医结合专家，她以精湛的医术治愈过成千上万人，使无数患者恢复健康，从死神手里挽救回许多生命，她自己却不幸患上了难以治愈的淋巴癌，从确诊到逝世仅仅4个月零15天。这对我和我的父亲、弟弟都是极大的打击。这时候我刚刚事业有成，给父母买了一套新房子，然而他们搬进去才几个月，还没来得及享受安逸的晚年生活，母亲就离我们而去了。

母亲生前最后一次头脑清醒地跟我交谈时，带着无比遗憾的心情说："我还有很多事情要做。我想把一生的临床资料收集整理出来，编辑成书发表；我想把一生的信件、相片整理出来，留给你们做纪念。很可惜，现在已没有时间了。"就这样，母亲带着对亲人的眷恋，带着对未竟事业的追求，也带着许多的遗憾离开了我们。

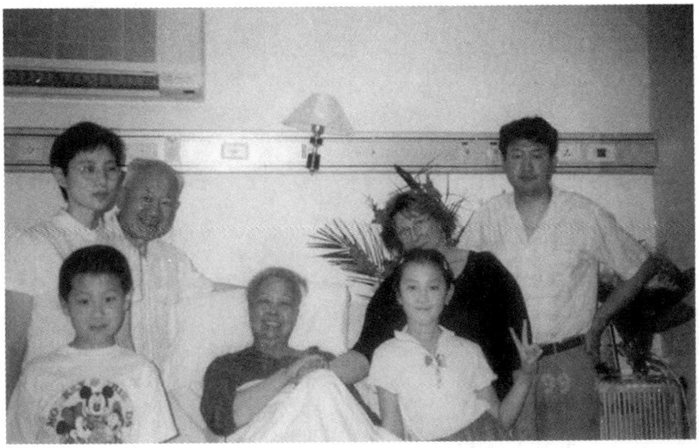

1999 年 6 月，母亲最后一张面带笑容的照片

连续几个月我都不能正常睡眠，我深深地自责：为什么我学业成功、职业成功，却没有多陪伴母亲？为什么在母亲去世后，灵堂摆满了花圈，而在母亲生前，我没有送过一次花篮？如果我到告别人世时，是否也会对儿子说我还有许多事情要做可惜没有时间了？现在我是一个合资企业的董事兼总经理，取得了博士学位，收入丰厚。在许多人看来，这已经是非常了不起的成就了。可这是不是我人生最大的价值？现在做的工作是不是我一生最大的追求？在母亲去世的悲痛、自责和一时无法彻底想明白人生价值的内心纠结中，我向公司递交了辞呈。

离职之前，法国总部为我举行了隆重的送别仪式，他们对我之前的工作给予了极高评价。集团各公司多位总裁来到天津与我话别。我站在台上，感慨万千——一个当年在法国连饭都吃不饱的实习生，今天站在这些法国高级总裁之中，受到极高评价和尊敬。同事们都为我感到骄傲和自豪。

我想这只是个阶段性的成功，今后的道路还很长。

其实从 1997 年起我就不断地问自己三个问题。

我到底想干什么？

我到底能干什么？

我到底为什么干？

这种思考其实就是对职业锚的探索。我母亲的去世又促使我进一步深入思考这些问题。

2000 年，我到德国、法国、美国参观学习、开阔眼界并进一步思考今后的职业生涯道路怎么走。在一次前往拉斯维加斯的大巴车上，经过了几天几夜的思考，我突然想明白了我的人生使命——就是把“职业生涯开发与管理”这门科学理论和操作方法研究出来并推广出去，帮助千千万万中国人快乐成长，拉动中国 GDP 的增长。这就是我今生要完成的使命。这个问题想明白以后，我觉得浑身充满了力量，内在的激情如熊熊火焰般开始燃烧。我深深地感悟到，找到职业锚之前我只不过是自己人生之舟的水手；找到职业锚之后，才真正是自己人生之舟的船长。

确定职业锚之日，就是职业转变为事业之时，从此职业生涯转变为事业生涯。

3. 完美的幸福

在情感生涯中，彼此相爱是幸福的；在职业生涯中，找到职业锚是幸福的。完美的幸福应该包括这两方面内容。爱，有父母之爱、夫妻之爱、子女之爱、兄弟姐妹之爱、朋友之间的友爱。有的人一生当中获得了情感生涯的爱，有了情感方面的幸福；有的人找到了职业锚，有了职业生涯方面的幸福。

如果这两个幸福都有了，那你就拥有了一个完美的人生。希望大家都能够理解职业锚这个概念，接受这个概念，并且在职业生涯中努力地去探索，找到属于自己的职业锚。

职业生涯明言

完美的幸福

在情感生涯中，彼此相爱是幸福的；

在职业生涯中，找到职业锚是幸福的。

读过本章，当你再面对本章开篇那道选择题时，是否还维持原来的答案？是否需要重新修改一下你的答案？

在那道选择题中不属于职业的称谓包括：学生、举报人、志愿者、义工、家庭主妇、小偷。

学生不是一个职业，因为学生在学习期间不被要求创造财富，奖学金、助学金都是对学习成绩的奖励和对贫困学生的帮助，而不是工作报酬。

举报人不是一个职业，因为举报不一定有报酬。

义工不是职业，因为义工工作不领取工资，没有报酬。

志愿者如果不领工资，同义工一样不是一个职业，但如果去支教，每月领工资，他的职业就是教师。

家庭主妇是一种重要的社会角色，但不是一个职业。

小偷也不是一个职业。有人觉得小偷属于一个非法职业，事实上，私家侦探目前在我国才属于非法职业，而小偷则连一个职业都不是。首先，小偷不参与社会分工。虽然小偷有专门的知识和技能，但并不是用来创造财富，而是转移财富，而且是非法转移；小偷没有合理报酬，只有非法所得；小偷在满足自己物质生活和精神生活需求的同时，给别人造成的是物质损失和精神痛苦。盗窃是一种犯罪，应受到法律的制裁！

本章小节

1. 深刻理解职业的内涵
2. 了解职业的变化，寻找最有发展前景的职业
3. 了解职业认识误区
4. 分清在企业和家庭中不同的角色定位
5. 清楚了解职业锚的概念，做自己人生之舟的船长

学习心得：

第六章

扬起职业生涯风帆

提升职业化水平

CHAPTER 6

俗话说：半生去打拼，一生学做人。学习是一辈子的事，做人也是一辈子的事，学习做人更是一辈子的事。《诗经》曰：“礼仪卒度，笑语卒获。”相对于职业生涯实践而言，这又何尝不是职业化水平的一个重要标志。

职业生涯实践包括个人职业生涯实践和组织职业生涯实践，这一章主要论述个人职业生涯实践。职业生涯实践之路上，成功与挫折同在。消极的态度、落后的观念、错误的方向如海上暗礁，使职业生涯航行变得更为坎坷曲折！

良好的职业化水平，会使职业生涯航道越驶越宽，越行越顺，乃至人生之舟直挂云帆济沧海，乘风破浪迎壮阔！

一、两个现代人必备的观念

你是否树立了终生学习的观念？你是否理解了什么是职业化？

终生学习

1. 树立终生学习观念的重要性

人的生命是有限的，尽管有那么多的科学家论证人可以活到120岁、160岁甚至更长，可是目前能活到120岁的人全世界也寥寥无几，我们大多数人的生命只有七八十年。即使能活到120岁，比起人类的历史、地球的历史、宇宙的历史，人的一生也只是一瞬间。

我们所面对的知识仿佛就是一望无际的海洋，我们以有限的生命面对浩瀚的知识海洋，如果什么都学肯定学不完，因此在职业生涯中需要明确：哪些知识是自己最应该学习的关键内容。

我的职业生涯走过一条这样的轨迹：从一个不足初中文化水平的普

通工人，到一个具有管理学博士学位的合资企业总经理；从一个梦寐以求上大学的自学者，到担任南开大学、清华大学、北京大学等著名高等学府职业生涯开发与管理课程的主讲教授。如果我没有学习新知识、树立新观念，就不可能有今天的成就。

学习新知识非常重要，但是比学习新知识更重要的事情是树立新观念。因为引导我们行为的更主要的是观念。只要你认真看过我的这本书，就一定能够学到一些新知识，但是你做什么，以及怎样做，则取决于你的观念。

可能有的人会说："不错，这本书很有道理，有好多新的名词、新的观念，我以前都没有听说过，真不错！"别人问他："你看过之后能做什么？""我还是做不了，不是我不想做，是我们单位不具备条件，我做有什么用？我们单位领导不懂职业生涯规划，我做了，谁理解我？谁支持我？这本书内容确实是不错，不过我做不了什么。"他学了一些知识，但是什么都不做。为什么？只学了知识，没改变观念，而观念决定行动！

我在企业培训中，遇到有的老板一开始很担心，问我："程博士，你们讲职业生涯开发与管理，本来我这儿有些人就不稳定，他会不会跑掉了？"我说："放心，不会的。我们将帮助员工树立'职业生涯发展是从做好本职工作开始的'这种观念！"

多年前我曾经在一家大型国有企业培训，碰到一个新来的大学毕业生，他满腹牢骚，对自己第一个月挣 1200 块钱非常不满意。

我问他原因，他说："我有一个同学到旁边那个工厂工作，一个月挣 1500 块钱，我凭什么比他少挣 300 块钱？"

我说："你们公司还有新来的人，一个月才挣 1000 块钱。"

"他是挣 1000 块钱，可是他中专毕业。"

“他是中专毕业，你是大学毕业就一定多挣几百块钱吗？”

“当然了，我比他多上4年大学！我挣1200块钱，我的同学挣1500块钱，我不愿意。”

3天培训后，同样一个人，观念改了。这名大学生上台分享体会时是这么说的：“我一个月工资是1200块钱，其实我干的这点工作，公司花800块钱找个高中生都能干。我凭什么挣这1200块钱，我要多干多少事才能对得起公司这1200块钱！”

培训之后这名大学生的工作态度有了明显的转变，没有增加工资，没有多发奖金，这名大学生为什么变得工作努力了？因为他接受了一个观念：在职业生涯初期，对自己锻炼最大的工作就是最好的工作。在职业生涯初期最重要的就是职业生涯的发展，职业生涯的发展是从做好本职工作开始的。当我们进入一家企业，不要将能力用在如何把老板的钱弄到自己兜里，而是要带着感恩的心，在老板创造的平台上为客户创造价值、为企业增加效益。这名大学生的观念转变后，现在主要想的是：自己能为周围的环境做什么贡献？自己能为企业的发展做什么贡献？

职业生涯每一次质跃发展都是以学习新知识、树立新观念为前提条件的，我们要牢固地树立终生学习这个观念。

2. 传统教育与终生学习的区别

（1）学习生涯。

传统教育的学习生涯主要是在青少年时期，而终生学习贯穿人的整个生命周期。生命不息，学习不止。

（2）学习工具。

按照传统教育的观念，学习工具是课本；按照终生教育的观念，学习的工具除了书本，还有多媒体及各种各样的实践工具。

（3）学习方式。

按照传统教育的方式，学习的方式是按老师要求学习；而终生学习则强调按照工作和生活的需要主动学习。

（4）成绩标准。

传统教育中学习成果的好坏主要用考试的分数来判定。

而按照终生学习的观点，一个人学习的好坏是用他学习和工作的成果来判定。

一位母亲对上初一的女儿说："你到厨房去看看水开了没有？"女儿到厨房转了一圈回来，母亲问："水开了吗？"女儿提了一个问题："什么叫水开了？"母亲说："水开就是咕嘟咕嘟冒泡啊！"女儿说："那不是叫沸腾吗？"这个女孩的考试分数很高，但是家庭生活里什么叫水开了却不知道。

有一个考生高考时找不到自己的考场和座位，便回家向母亲求助。当他跟着母亲回到考场时，进场时间已过，不准入内。值得一提的是，这是一名学习成绩顶尖的学生。

有的人有一大堆文凭，每门功课都优秀，但是连最起码的生活常识都不懂。终生学习则是强调要同时提高一个人在生活和工作上的能力。

（5）教育目的。

传统教育学习的目的是升级、毕业。而终生学习的目的是什么？第一，生存；第二，发展；第三，快乐，即享受生活。我们创造美好生活，就是为了享受生活。

（6）向谁学习。

传统教育是向课堂上的老师学习。

而终生学习的理念认为身边所有的人都有可能是自己的学习对象。我们应该以能者为师（比自己能力强的人）、先者为师（比自己在某个专业、某个职业干得早的人）、快者为师（进入该专业、该职业的时间比自己晚，但是进步快的人）。

（7）成人与儿童的学习关系。

按照传统教育的观点，自然是孩子向成年人学习。

按照终生学习的观点，孩子和成年人应该互相学习。我们从孩子身上可以学到很多优点，比如诚实、想象力丰富、热情、对人坦率、真诚等。孩子还有一个优点特别值得成年人学习，那就是处理人际关系的能力。

一个朋友曾经做了一件对不起我的事，让我十分生气。后来，这个朋友有事又来找我帮忙，我的第一反应就是：你原来把我气成那样，还有脸找我帮忙？我要是帮了忙，也太窝囊了。

但是经过几天的思考，我还是帮忙了。

事后，我想教育一下儿子狗狗："他去年把我得罪得够呛，你知道吗？他今年有事找我帮忙，我本来一点儿都不想帮他，经过三天三夜的痛苦思考，我还是帮了他。你觉得爸爸这种不计前嫌的宽广心胸值不值得你学习？"

狗狗说："爸爸，你能帮人一下就帮人一下呗，你想三天三夜累不累啊。"

听狗狗这么一说，我想，我这么努力还是不如他。我想给他树立榜样，反而是他给我树立了榜样。

孩子处理人际关系的能力比成年人强，是因为他们对人际关系不进行处理。在我们身边是否发生过以下这样的事情。

两个邻家的孩子在院子里面玩，因为抢玩具打了起来，各自回家向母亲哭诉。两位母亲出来理论，一位母亲说：“你的孩子怎么回事，怎么抢我家孩子的玩具？”另一位母亲说：“你的孩子还玩过我们家的玩具呢，拿你家孩子的玩具玩一会儿有什么了不起。”在两位母亲打得正热闹的时候，两个孩子又玩在一块了。第二天早晨，两位母亲领着自己的孩子出门，两家人见面后，大人互翻白眼，而两个孩子则开心地彼此约定：“咱们今天还一块玩啊！”

成年人真的应该好好向孩子学习，不管昨天闹了多大的别扭，第二天仍能互相给予一个灿烂的笑容开始崭新的一天。我们每个人小时候都曾具有这个能力：泪珠还挂在脸颊上，但能开心地笑出来。长大后我们这种调节情绪的能力却退化了。如果你是一名家长，请把你的孩子当作欣赏、学习的对象，好好去恢复你自己身上曾经有过的这种能力吧！

（8）知识分子的标准。

按照传统教育的观点，有一定文凭的人才叫知识分子。有个民营企业家对我说：“程教授，我是一个没有文化的人。”我告诉他：“你应该换个说法，今后你要对别人说‘我是一个没有文凭但是很有文化的人’。”

按照终生学习的观点，有真才实学的人就是知识分子。

（9）文盲的标志。

按照传统教育的观点，不识字的人叫作文盲。

按照终生学习的观点，离开校门、离开老师，不会继续学习的人属于现代文盲。

（10）学习与年龄。

按照传统教育的观点，活到老、学到老是一种美德；按照终生学习的观点，活到老、学到老不仅仅是一种美德，还是生活的一种需求。我们只有不断地学习，才能更好地活到老。

按照传统教育的观点，最后一门功课考完试、毕业离开校门，学习生涯就结束了；按照终生学习的观点，当我们离开校门进入社会的时候，我们人生真正的学习才刚刚开始。

各位朋友，请树立牢固的终生学习观念，这是生命中不可缺少的部分。

职业化

何谓职业化？

概括地说，职业化包括五个因素：道德社会化、性格角色化、言行专业化、能力结果化、结果认同化。

1. 道德社会化

每个人都有自己的是非标准，有自己的对错观念，但是他从事一种职业时，所作所为必须符合社会公德，也就是人们通常说的职业伦理或职业道德。

2. 性格角色化

一个人自由表达自己的情绪，表现出来的是本我角色的性格；但在职场上，一个人的说话方式、行为方式要与职业角色相符，在组织中则受职务的影响，表现为组织角色。

3. 言行专业化

言行专业化指言行规范化和程序化。

规范化中的“规”就是标准，“范”就是可以示范。

程序化中的“程”是把工作分成一个个模块，叫分程；“序”就是按照逻辑关系将这些模块连接起来。

因此，专业化就是有标准、可示范、工作合理的分程，按照逻辑关系将工作模块连在一起。

4. 能力结果化

不管一个人觉得自己的知识多么丰富，能力多么强，在职场上是要以结果来证明的。

影响收入的因素有很多，有个人的因素，也有外部的因素。

市场经济条件下影响个人收入的因素如图 6-1 所示。

图 6-1　市场经济条件下影响个人收入的因素

我在一些企业进行职业生涯开发与管理培训时，对于影响个人长期收入的关键因素做了调查。培训前许多员工选择的是“被人认可的职业能力”，但是在培训之后，绝大多数人改变了想法，选择了“被人认可的职业成果”。这种转变说明绝大多数人认识到在职业生涯发展中，最重要的是向企业和社会提供优秀的职业成果，他们开始树立以优秀结果为导向的正确职业观。

我在日本公司工作的那段时间，深刻理解了什么是对结果负责。
日本人的管理是严格的，这种严格能培养员工的职业化素质。

有一次，公司内勤人员对我讲："明天早上在第一中心医院一楼会议室召开学术顾问委员会会议，你要按时到达。"第二天早上，我8点40分就来到会场，可是等到8点55分还是没有一个人来，既没有公司的同事，又没有我们的医学顾问。

我赶紧给公司打电话，公司内勤告诉我会议是在总医院开。我问："怎么改了？"内勤说："原来定的就是总医院。"我骑车飞快到达总医院的一楼会议室，经营科的日本同事对我说："快进去，经理在等你。"我进会场时，看到日方经理平常短短的脸，拉得有两倍长。我心里想：冲我拉长脸干什么？又不是我的错！是内勤通知得不清楚。

会后，日本经理对我说："你今天迟到了11分钟，你要写一份检查。"我当时非常生气。我心想：你有什么资格让我写检查？又不是我的错。日本经理看出我没有写检查的意思，就说："如果不写检查，就停职反省。"我敷衍了事地写了半页纸的检查。他说："不合格！停职反省三天。继续写！"我气愤至极。

然而两天后发生的另一件事情改变了我的观念。日本经理问经营科长说："我们在上海的市场开发工作做好了吗？"日本科长说："都做好了。医药公司已经同意进货。医院及药剂科也同意买药。医生、护士都进行了使用新型输液剂的培训。他们都愿意用我们的新药品。"经理质问科长："那为什么这些药还在我们公司的仓库里？"

科长说："那是因为天津火车站没有车皮把我们的药运到上海，我也没有办法。"

经理猛拍桌案，站起来怒吼："只要这些药没到患者手里，就是你的错。你必须解决问题！"

科长跟我说："社明，咱们现在到天津铁路局去调车皮。"我说："铁路局又不是你们家开的，你想调就能调着吗？"

科长说："经理说得对。只要药品没到患者手中，就是我们没有完成工作。我们去争取吧。"

后来经过和铁路局的协商，终于安排了车皮，把我们的药很快运到上海。

这件事使我深深地认识到：当一件事没有干成时，总是能为推卸责任找到理由。理由找得越多，就离发现客观规律越远。谁将责任推得干干净净，谁就与成功绝缘了。

人生成功从职业生涯发展开始，职业生涯发展从做好本职工作开始，做好本职工作从对结果负责开始，对结果负责从找自己的错开始。我去参加会议，我就有责任问清地址在哪，有责任保证自己提前到达会场。

之后，我认认真真地写了一份检查交给日本经理。

至今我仍然为此事感谢他。在我以后的 20 多年职业生涯里，企业召开的任何会议我都是提前到达，再也没有迟到过。

5. 结果认同化

无论一个人的职业化水平有多高，职业素质有多强，其生产的产品或提供的服务必须能够被顾客接受，被顾客接受的重要标志是顾客愿意付钱购买。企业经营有效益。

道德社会化、性格角色化、言行专业化、能力结果化、结果认同化共同构成了职业化的内容。

请关注一下现在你正在做的工作，你的做法体现了高度职业化吗？你将如何提升职业化水平呢？

二、你的最优产品就是你自己

职业生涯成功必须具备的素质：如何做正确的事，怎样正确地做事，怎样有效地做事。

职业伦理——做正确的事

1. 什么是职业伦理

“伦”就是人与人之间的关系，“理”就是处理这些关系的道理。所谓正确的伦理观念，就是正确处理人与人之间的关系。这个关系的核心就是利益关系，包括物质利益和精神利益。有很多企业把培训的重点放在对员工技能的培训上，实际上对职工进行正确的伦理观念、职业道德的培训才是首要的。因为正确的企业伦理、职业伦理、职业道德支持着员工的工作意识，员工应该在对同事的关心、对社会的责任、对企业的感情、对事业的追求的基础上发挥工作技能。很多情况下，我们的职业生涯不能成功，不是我们没有把事情做对，而是做了不对的事情。正确的职业道德、职业伦理是从一件件小事中体现出来的一种职业观念。

1999年，我应中山大学管理学院黄英中院长邀请进行学术交流，住在中山大学的专家楼里。早晨六点多钟我在楼道的卫生间里看见一位清洁员，他正跪在地上用抹布擦卫生间地面瓷砖缝隙中的污垢。

那是3月份的清晨，早上空气还有些阴冷，可是这位清洁员已经干得满头大汗。我问这位清洁员："是不是今天有领导要来检查？"他回答说："没有啊。""是不是今天要评比？"他又回答："没有啊。"我好奇地问："那你大清早擦得这么卖力气、干得满头大汗是怎么回事？"

他只说了一句平凡的话："这是我的工作呀。"

我的内心被这句朴素的话震撼了，这是他的职业道德、职业伦理的具体表现。他让我明白了什么叫作"敬业"。

所谓职业伦理，指一个人在从事一个职业时根据社会公德明确自己应该做的事情是什么，不应该做的事情是什么。

我在担任中法合资制药公司总经理期间，禁止员工用给医生回扣的方式推销药品。我认为：当病人来找医生看病的时候，对医生有一份信任，这份信任叫作生命的托付！医生最应该做的事情是尽快帮助病人恢复健康。如果在药品销售中有回扣，可能就会影响医生开药的种类、数量，甚至可能影响到治疗效果——这是我从事医药行业的职业伦理。

2. 辞职也要职业化

正确的职业伦理观念在大事或小事中都可以体现出来，包括辞职。

当你离开一家企业的时候，可能是比较高兴地离开，也可能是比较窝囊地离开，还可能是比较气愤地离开。也许你觉得领导对你太不公正，或者心中非常不满，但是作为一个职业人，辞职也要职业化。

我有好几位朋友经历过辞职，有的是迫不得已，有的是被公司开除，有的是因为自己工作中出现了重大失误，还有的是在权力斗争中被陷害。遇到这些情况心情都会非常难受。有一位朋友向我诉苦道："我心里痛苦极了，有些事想起来恨得牙根儿都疼，我在辞职的时候应该怎么做？"我给朋友提了一个建议："要让你两三年以后回想起自己辞职时的所作所为，佩服自己的人品！你做什么事情前，先稳住自己的情绪，问一问自己若这么做了，两年以后能不能敬佩自己的人品、敬佩自己的人格？"

3. 树立个人品牌

为什么要强调职业伦理？因为职业生涯几十年，我们向社会提供的最优"产品"就是自己。我们曾经卖出过很多产品，也曾经帮助许多公司树立过品牌，可是你想过没有，你最应该树立的是你的个人品牌，以诚信为基础的个人品牌是你职业生涯道路上的一张"信用卡"。

职业生涯明言

个人品牌

职业生涯几十年，向社会提供的最优"产品"就是自己！

职业伦理是我们职业生涯发展过程中应该遵循的一个重要理念。每个人在职业生涯发展中始终要注意树立正确的职业伦理和职业道德观。

情绪智力——正确地做事

1. 人类的情绪

如果问一个人："你觉得我们人类的情绪主要有哪些？"他一定能举出来很多，下面讨论一下喜悦、悲伤、愤怒、恐惧、焦虑这几种情绪。

（1）喜悦与悲伤。

没有谁会排斥喜悦这种情绪，因为它给人带来了愉悦的感觉。但是悲伤呢？我们说，哭是一种情绪的表露。哭有多种原因，例如喜极而泣和伤心流泪。在传统观念当中，往往认为哭是没出息、懦弱的表现，是应该尽力避免的。尤其对于男人，有这样一句话叫"男子汉流血不流泪"，认为"哭"就是没出息，这是一代代人通过言传身教的方式流传至今的思想意识，它已经在人们的头脑中根深蒂固了。

想一想在我们孩提时代，有多少次因为哭泣而受到父母长辈的呵斥？有的时候家长努力制止孩子哭，就会说："烦死了，别哭了！哭什么哭！"那个小孩还是哭，父亲就说："我数三下，一、二、三！"孩子立刻被吓得停止了哭泣。

但是，笑一定比哭好吗？听说过乐极生悲吧？是不是有的时候我们也期待着哭声呢？比如说，一位丈夫在产房外焦急地等待孩子出生，大人都希望听到孩子的哭声。如果孩子能哭出声，大人都笑了；如果孩子总是没有哭出声，人人就该急哭了。

所以，笑不一定总是比哭好，而哭也不一定是懦弱、没出息的表现。

哭是一种情绪的宣泄，哭出来能缓解内心的压力，眼泪还可以使体内的一些毒素排出去。所以，适当地哭一场有益于我们的身心健康。

（2）愤怒。

我在培训时经常让学员做一件事情：“你认为人类这五种主要情绪当中比较好的、你喜欢的，就在上面打个勾；你认为是不好的、不喜欢的，就在上面打个叉。”很多人都会在“愤怒”上打叉。

为什么很多人会认为“愤怒”是一种不好的情绪呢？为什么我们经常压抑自己的情感？这与我们幼儿时接受的教育有关——人们常常会认为生气和愤怒情绪是不好的，是应该避免的。比如小孩要是生气，大人会说：“小毛孩子生什么气？这么小的孩子怎么有那么大的脾气呢？”大人这时候并没有思考孩子为什么生气，而是责怪小孩子发脾气，从而给孩子一个信号——我有生气这种情绪是不对的、不应该的。

但是一个民族如果失去了愤怒的力量就会受人欺辱。中华民族在 19 世纪至 20 世纪初受尽外国列强的欺凌，总结历史经验时有人说中国那时候软弱可欺。其实弱并不一定可欺，那时候的中国主要问题不是弱，而是软。

同样，如果一个人面对丑恶的现象或非常不合理的事情时，不懂得生气，不会愤怒，不能坚定地表达自己的意愿，那么这个人会被人欺辱。假如一个女孩在公共汽车上受到流氓的欺负，若她只会一味退让，不敢用愤怒来保护自己，等于在自己的脸上写着“你欺负我吧，反正我也不敢反抗”。这时候只要冲着欺负她的人大吼一声，表达自己的愤怒，就能够保护自己。

（3）恐惧。

这种情绪是好是坏呢？大人们经常对孩子说：“要勇敢！别害怕！”因此我们小的时候可能会把“勇敢”与“别害怕”联系在一起。勇敢就是不害怕吗？其实不害怕是傻，无所畏惧是全傻。真正的勇敢不是不害怕，而是明明害怕还去做自己应该做的事情。更何况恐惧这种情绪在所有情绪中对我们帮助最大。人类如果不懂得恐惧，早就消亡了。如果人类的祖先不懂得躲避自然灾害或凶猛野兽，人类根本不能繁衍到今天。请感谢恐惧吧！正是因为人有恐惧这种情绪，害怕很多事情，才会把自己受到的伤害减到最少，才会繁衍至今。

在职业生涯开发与管理的培训中，我经常问学员："你为什么来上这四天的课？本来可以在家休息或出去旅游，但你把很多事情都放下了，聚精会神来听这四天的课。为什么呢？"有的人说："因为我爱学习。"没错，但还有更深层的理由，就是由于对自己职业生涯未来发展的不确定性有一种担心，甚至是一种恐惧，正是这种担心和恐惧让我们老老实实地坐下来听四天的课。试想我们如果没有任何担心、恐惧，坐下来听课的精神状态是不是就会松懈很多？因此我们要感谢恐惧这种情绪。

请注意：在一个人感觉紧张的时候，不要对他说："别紧张！"越对他说别紧张，他就越紧张，因为人的潜意识不接受否定逻辑。

现在做一个小试验。

现在按照要求做：不许想老虎，不许想黄颜色的老虎，不许想黄颜色的、脑门上写着"王"字的老虎，不许想黄颜色的、脑门上写着"王"字的、张牙舞爪的老虎。

怎么样？此刻你的脑子里出现的恐怕全都是老虎吧？告诉你不许想老虎，你为什么还想老虎？因为我们的潜意识根本不接受否定的指令。

比如，考试前家长对孩子说："别紧张！别紧张！"他会很紧张，这时家长不如对孩子说："要有信心，考试时仔细一点儿。"或者对孩子说："你紧张是有道理的，要是我也会紧张。但这只是个考试，只需要认真地把它考好。"

（4）焦虑。

新华词典上的解释是“在困惑和不安时神情烦躁，言行激动”。焦虑这种情绪是好是坏呢？我们当然不希望有杞人忧天式的焦虑，因为这是一种无端的、凭空想象的、不切实际的焦虑。仔细想来，每个人都或多或少地为某些事情焦虑过——可能是因为工作、情感，也可能是因为生活。

焦虑这种情绪对我们很有帮助，它可以提醒我们应暂时放下次要的事情，集中精力先去处理最主要、最重要的事情。

所有的这些情绪本身没有好坏之分。一年有春、夏、秋、冬，四季交替，人类的情绪就像是自然交替的四季一样变化，本身没有好坏之分，只有效果不同。我们有的时候对情绪智力有一个误解，认为那些发脾气的人是情绪智力不高的人、脾气坏的人，其实不一定——如果该发脾气的时候发不出来，同样是一种情绪智力低下的表现。别以为“发脾气”一定代表不好。在一个人的职业生涯发展过程中，各种情绪都非常有用，因为情绪波动可能引发个人观念和能力的提高和突破，也可能限制观念和能力的提高。情绪的变化对我们的职业生涯发展有很大的影响。

2. 何谓情绪智力

什么叫作情绪智力呢？

首先，对于自身来说，情绪智力是指了解自己的情绪、接受自己的情绪、控制自己极端情绪的能力。

了解自己的情绪就是要知道自己遇到哪些事会生气，遇到哪些事会高兴，遇到哪些事会悲伤。人们有的时候真正的问题不在于产生了哪一种情绪，而在于不接受自己有这种情绪。接受自己的情绪就是接受自己有这样的情绪感受，但不会因此而做出一些极端的事情，不会说出一些极端的话。悲伤时，我们真正的痛苦不在于有悲伤这种感觉，而是觉得悲伤是不应该的。因此奉劝大家：如果你想哭，就让泪水畅快地流淌。

其次，相对于他人，情绪智力是理解他人的情绪、接受他人的情绪、陪伴他人的情绪、影响他人情绪的能力。

我们要接受和接纳各种不同的情绪，因为情绪本身无所谓好坏。我们可以去考虑和思考为什么一个人有这样的情绪，如何去陪伴一个人的情绪，如何去影响一个人的情绪。

所谓的提高情绪智力就是不做情绪的奴隶——情绪的奴隶是被动接受，受其左右；我们要做情绪的主人，主动了解、接受、利用、享受情绪。

我们在职业生涯发展过程中经常会遇到心情不好的时候。比如，我们因工作出错而受到上级的批评，有的批评是和颜悦色的、非常有艺术的批评，让人听起来特别愿意接受。但是许多管理人员没有受过管理沟通艺术的训练，说话非常直接，甚至有的时候说得有些过分，让人很难接受。这时候，受批评者需要认清自己该怎么做。在接受批评这件事上，情绪智力低的人（后面以 A 代表）和情绪智力高的人（后面以 B 代表）会有不同的反应。

对 A 来说，他受到批评会很生气，很伤心。他的反应可能是："做不好有什么大不了？你让我这么生气，我还不干了！"

对 B 来说，他接受自己有生气和伤心的情绪状态，同时把主要精力放在干好工作上，他会说："这次我没把工作做好，你批评得这么厉害，我很难受。我下次把事情做漂亮了，让你挑不出毛病，批评不着。"

A 看重自己的感受，B 则将批评对自己造成的压力转变为推动自己前进的动力。观念上的差异会使得 A、B 有不同的人生。

3. 正确处理自己与他人的情绪

其实关于情绪智力，我们的祖先早在两千多年以前就有过论述。大军事家孙武在《孙子兵法》中说："主不可以怒而兴师，将不可以愠而致战；合于利而动，不合于利而止。”这句话说的是，一国之君和一军之帅必须具备很高的情绪智力。孙武还把理由讲得很清楚，即“怒可以复喜，愠可以复悦，亡国不可以复存，死者不可以复生”。现在人们常说商场如战场，而职场同样也如战场一般，虽然并没有那种拼杀，但是激烈的竞争真的会让人联想到硝烟弥漫的战场。这时候，怎样保持自己的情绪智力呢？只要记住一点：在情绪波动的时候不做重大决定。

一个人在某一个时刻感觉愤怒、消沉、激动、兴奋、沮丧，这个时候不要做重大决定。情绪波动时，一定要接受自己产生的各种情绪。如果一个人现在很紧张，心脏“怦怦”跳，那么就在心中提醒自己：我现在确实很紧张、确实很害怕，但是我接受我有这种情绪。或者说我现在很愤怒，恨不得砸东西发泄，我打人的心都有，但是我只是接受这种情绪，而不去真的打人、不去真的砸物。

总之，情绪智力是我们职业生涯不断发展的催化剂，在我们处理人际关系时会被情绪智力左右，无论批评还是表扬都要“好话好说”，让情绪表现起到激励的作用。有时两个同事之间对话，一开始只是对工作方法或看法不一致，说着说着就吵起来，最后情绪对立，第二天谁也不理谁，分别向上级告状，最后一定得离开一个。这就是情绪智力不高造成的。

让我们接受各种各样的情绪，做情绪的主人。情绪本身没有好坏，我们应该重视的是在什么场合用什么样的情绪表达才能取得最好的效果。

交流沟通——有效地做事

1. 沟通的基本原理和要素

（1）沟通的基本原理。

沟通是人们分享信息、交换思想和表达情感的过程，是人与人之间的一种相互作用。只要人群存在，这种相互作用就必然会发生。在这个过程中，沟通的人连续地发出信息，而无论其是否明确意识到，所有沟通的内容在沟通者的内心都有过去经验、现在状况和未来推测的因素。所有的沟通者在沟通中都反映出对自己的身份或角色的定位。所以，任何的沟通都同时包含内容及彼此间感情的交流。

在工作环境中，我们的一言一行、一举一动都是一种沟通。一个人的“有为”是沟通，“无为”也是沟通。既然我们不可能不沟通，那唯一的出路就是面对这个事实，学习如何能够得到好的沟通效果。

（2）沟通中的要素。

① 信息的发出者和接收者。

沟通中的任何一方都同时作为信息的发出者和接收者。

沟通方式主要有语言和非语言两大类，沟通的效果往往由非语言部分决定。有研究表明，在沟通中，表情与肢体动作的影响作用占沟通效果的 55%，语音语调的影响作用占沟通效果的 38%，而语言文字所起的影响作用只占沟通效果的 7%，有的时候甚至是无声胜有声。

② 沟通的方法。

沟通的方法指信息经过的路线，从发出者到接收者所使用的手段，主要包括信息的载体及同时涉及的沟通对象。

工作中我们常用的沟通形式有微信、电话、电子邮件、短信、面对面沟通、传真、单独面谈、会议等，可谓丰富多样。随着科学技术的进步，我们能够使用的沟通手段越来越丰富，这种变化对我们人类存在的影响是广泛和深刻的。在职场上，能够正确使用沟通方法是非常重要的职业素质之一。

③ 沟通的环境。

沟通环境既指沟通发生的场合，又指沟通时有哪些人在场。

如果沟通的环境让人心情愉快，温度适宜，没有噪声，肯定能够增强沟通的效果。

如果沟通的场所嘈杂或有异味，或者放眼望去杂乱无章，影响人的心境，这些都会影响沟通的效果。

我们在沟通的时候还要考虑一点，即在沟通的时候有不同的人在场也一定会影响沟通的效果。因为有的人支持沟通的内容，有的人反对，有的人疑问，有的人附和，有的人惊异。所有这些在场的人所发出来的各种各样的信息也一定会使沟通的结果向不同的方向发展。

④ 沟通的干扰因素。

来自沟通者外部的因素，即环境中的干扰因素，如噪音、其他人或事的干扰。

来自沟通者内部的因素，即沟通者内心的干扰因素，如当时的心情、对所沟通的内容或沟通对象的前提假设等。

总而言之，任何沟通都包含上述要素，而上述要素中的任何一个都可能会影响沟通的效果。

2. 沟通的心态

人在差不多两岁左右的时候就学会说话了。可是，我们真的会沟通吗?

什么叫作沟通？沟通的本意是指“在平地上挖沟”，无论从哪个地方放水进去，沟都能通并连成一片，这就是沟通。

沟通需要两个心态：平等和冒险。

（1）沟通要平等。

沟通的第一个心态是平等，如果不平等，就无法形成沟通。比如，企业老总在台上讲很多，根本不管下面的人是不是听得明白、是不是爱听，只是自顾自地使劲讲，这叫“灌水”，不是沟通；如果员工有很多意见，只顾不停地对上级讲，也不管上级反应如何，这是“井喷”，也不是真正的沟通。

（2）沟通会冒险。

沟通的第二个心态是冒险，沟通就是一种冒险。为什么这样说？

沟通的过程包括表达、倾听和反馈。表达是冒险，倾听是冒险，反馈也是冒险。如何解释呢？

① 表达时要冒险。

表达时我们要冒“表达不清”的风险；或者即使表达清楚了，还要冒“别人不接受”的风险。

② 倾听时要冒险。

首先，我们在倾听时要冒“不理解”的风险。

“你说些什么呀？”

“你怎么能这么说话呢？”

其次，我们在倾听时还要冒虽然理解但是“不爱听”的风险。

“行行行，我知道你什么意思了。”

“别说了！”

因为不一定别人说的话你都爱听，也不一定你说的话别人都爱听。

③ 反馈时更要冒险。

反馈时要冒更大的险，可能要放弃自己的观点，接受别人的观点。

职业生涯明言

有效沟通

和自己沟通的关键，在于问自己什么问题；和他人沟通的效果，在于对方的理解和回应。

沟通是冒险，不沟通是更大的冒险。

也许你会说，既然沟通是冒险，我不沟通了行不行？不沟通，冒的险更大！因此我们的出路不在于沟不沟通，而在于如何去掌握沟通的规律，尽量避免沟通过程中有可能产生的误解。

3. 沟通中会产生误解

沟通时，我们大脑中有一些固有的信息，我们又从外界获取到了一些文字或是声音的信息，当外界的信息和我们大脑中的信息结合后会产生一种判断。所以，产生误解的原因有可能来自新的信息，也可能是你脑子里原来的信息起误导作用。

4. 沟通效果递减过程

（1）信息的发出。

在沟通中，沟通效果是一个递减的过程，如图 6-2 所示。

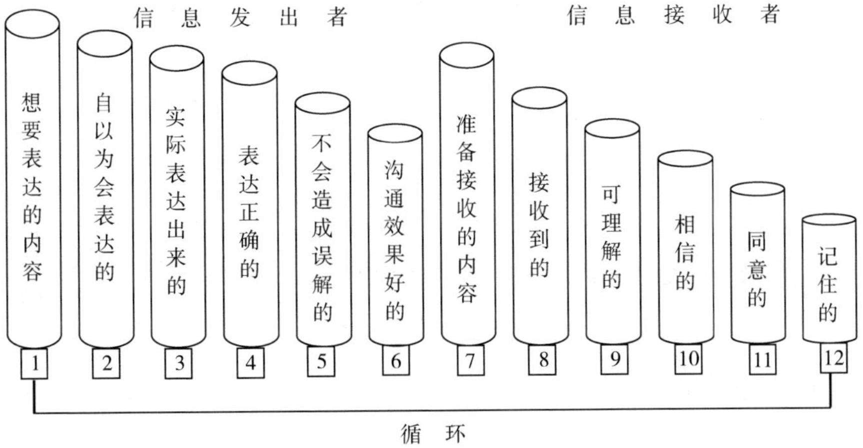

图 6-2　沟通效果递减过程

有时候我们很明白自己想要表达的内容，却表达不出来，就像一句歌词“爱你在心口难开”，为什么“口难开”？因为不知道如何表达自己的心情。沟通的效果从一开始表达时就已经减少了很多，自以为能表达清楚的内容，实际上真正表达出来时，沟通的效果又经历了一次递减。有的话你自己认为表达出来很正确，但由于语言表达不够准确，导致说出的话与原意大相径庭。即便是用同一种语言，由于掌握的熟练程度不同，都会有沟通不畅的风险。

我刚去法国的时候法语还不太好，但是我自认为日常用语应该没有问题。有一次朋友请我到一家餐馆去吃饭，那家餐馆有一道非常著名的菜——火腿，法语中“腿”这个词的发音刚好和“火腿”类似。服务员小姐问我说：“先生您要点点儿什么？”我本来想说“我想要你们的火腿”，而在法语里“你们的”和“您的”拼起来完全一样、发音也完全一样，结果我的回答成了“我想要您的腿”。

那位服务员小姐脸“腾”地红了，又问了一遍：“先生您想要什么？”我认认真真地又说了一遍：“我想要您的腿。”

后来这个服务员看见我那真诚的目光，估计是口误，就原谅了我，否则那会成为案件了。

另外，即便表达正确了也可能造成误解，原因可能是基于不一样的理解方式。即使是表达正确没有造成误解，沟通效果也不一定好。比如一个人向别人传达这样一个信息：我这人很好，我这人特别实在，我实话实说。实话实说就一定好吗？有的时候实话实说不一定好！也许容易伤了别人的心。

我曾经对别人说过这样一句话：“我们公司的一位培训师是我遇到的自我感觉最好的女士，而且这种自我感觉好还不腻歪人。”

别人不理解，问：“不腻歪人是什么意思？”我说：“不腻歪人就是不恶心人。”于是这句话在朋友圈里传开了，直到有一天有个朋友问我："我听说你讲了一句话，说你这辈子就没见过不恶心人的女人？！"我大吃一惊："我说过这样的话吗？我敢说这样的话吗？如果我说这样的话，不是把所有的女性都得罪了吗？"

（2）信息的接收。

信息发出的过程中已经有沟通效果的递减了；而信息接收的过程，沟通效果的递减更是处处可见。

当你准备接收信息时，有些信息你也许根本就没有打算接收，沟通效果会递减；当你准备接收的信息变成你接收到的信息，沟通效果也会递减；当你接收到的信息变成你可以理解的信息，沟通效果又会递减；当你把可以理解的信息变成你相信的信息，沟通效果还会递减；当你把相信的信息变成你同意的信息，沟通效果继续递减；好不容易这些信息你都理解了、都相信了、都同意了，却还有可能忘记一部分。

总之，沟通可能就是效果递减的过程，有时再加上语言不通，沟通效果递减会更明显。

我的一个法国同事到四川去买药品原料，在当地没有找到懂法语的人，我这个法国同事只好用他不太熟练的英语问问题，请翻译把他说的英语翻译成汉语，可这个翻译不会讲普通话，只能译成广东话，当地人又听不懂广东话，所以找第二位翻译，把广东话翻译成普通话。可合作方是四川人，又不太会说普通话，用四川话来回答问题。然后，两位翻译又把四川话转成普通话，再把普通话"翻译"成广东话，广东话再翻译成英语。

最后，我这个法国同事满脸疑惑地问："哎呀！我提出一个问题，转了一圈的回答跟我提的问题一点关系都没有。"结果他谈了一个星期也毫无进展。想想看，即使在两个人语言完全相同的时候还有那么多误解，更何况这句话又经过多种语言层层传递呢？后来，我陪法国同事入川，为他们翻译，顺利签订了购买协议。

（3）沟通中的大忌。

在沟通的过程中，语言本身和沟通效果递减作用都会造成误解，其中最容易产生误解的事情就是我们在沟通的过程中听到了一部分信息就立刻做一个判断，尤其糟糕的是立刻做一个否定判断。当一个人做了判断以后，再让他接受新的信息就很难。这个人要么证明自己已经做出的判断是对的，要么根本就不接受新的信息。我在担任中法合资企业总经理的时候，就犯过这样过早做否定判断的沟通错误。

公司要求清洁员打扫卫生间时，马桶里要放“蓝洁灵”。有一次我去卫生间，用过马桶后一冲，出来的水不是蓝色。出了卫生间，我就把清洁员找来，质问说：“这个马桶里应该放上‘蓝洁灵’，这要求你知道不知道？”她说：“我知道。”

“知道为什么没放？”我当时就已经下了一个结论，就是她没有放。

清洁员说：“程先生，我放过了。”

“你还放过了？我刚刚用过，没有出现蓝色，你怎么还说放过？还想狡辩？你别解释，错了就是错了，解释什么？我告诉你，如果下次再不放‘蓝洁灵’，这份工作就不用你做了！”

那位清洁员眼中涌出了泪水，低下头不说话了。我一看她老实了，心里挺高兴的，就昂首阔步回总经理办公室去了。

后来我才知道我们公司买的那种“蓝洁灵”是长效“蓝洁灵”，放到马桶里需要一段时间才能融化。如果一个人刚用了马桶，需要过一会儿那水才能变蓝。那次我确实冤枉她了。

于是，等全体同事都在的时候，我请这位清洁员同事来，对她说：“我向你承认错误，确实是我批评错了，请你原谅！”

提示：沟通的大忌就是我们拿到一些信息以后没有全面了解情况就下判断，而且不给相关人解释的机会。

（4）沟通≠双方相互理解。

有时候我们觉得一件事情太简单，“跟那个人说一遍他怎么就做不好呢？”其实我们自己觉得简单的事情对于别人来说，第一次接触的时候可能真的不能理解。

邻家有个两岁的小男孩长得很漂亮，人见人爱。孩子的母亲也挺自豪，就对孩子说：“以后谁要问你长得像谁，你就说像你爸，记住了吗？”

孩子点点头。

第二天，邻家的老奶奶见到小男孩，问他：“宝儿啊，长得真俊啊！你长得像谁呀？”小男孩说：“像你爸！”

老奶奶很不高兴，找孩子的母亲告状：“你的孩子怎么那样说话？我问他长得像谁，他说‘像我爸’，他见过我爸吗？”

孩子的母亲当时挺尴尬，叫来孩子对他说：“我是说‘你长得像你爸’。”孩子学舌道：“像你爸！”

到底像谁爸，两岁的孩子并没有把这层逻辑关系搞清楚。所以，大人告诉孩子回答这种问题的时候应该先给孩子讲讲人和人的关系，先让他理解，再说“像你爸”究竟是什么意思。

有的时候管理人员抱怨说：“这员工太笨了！工作这么多年，一点儿事也做不好！”我要对曾发过这样抱怨的管理人员说：你现在所会的事情也曾经历过一个学习的过程，也不是上班的第一天就什么都会做，而是有一个进步的过程。所以有时候员工一开始对一件事没能理解，这很正常，反复练习几遍就会做好的。

5. 提高沟通能力的原则

真正的沟通需要人在沟通中保持开放、觉察和灵敏，需要智慧。所以仅仅是说话不等于沟通。沟通是我们要终生学习的一个能力。提高沟通能力的原则包括四方面内容。

（1）尊重。

尊重就是要尊重别人的界限。

什么是界限？大家可能都知道一个概念叫社会交往距离。在电梯里假如只有两个人，这两个人身体之间的距离是由彼此的熟悉和好感程度决定的。挨得太近，小于与彼此关系匹配的距离会被认为是一种冒犯，必然会引起对方的防御——这说明我们都知道要尊重别人身体所占据的空间。这个空间是一个人的权利，是不容被冒犯的。其实人的精神也是有疆域的，只是这个疆域的界限不像身体的界限那样显而易见，但它实实在在地存在着。

在工作沟通中，尊重界限有两种含义：其一，尊重对方作为“他/她”这个人的界限；其二，尽量在工作角色允许的界限内沟通。

工作评价中只沟通与工作相关的行为和观念。

同事之间、上下级之间可以就工作结果和与工作结果相关的行为、观念进行沟通和辅导，但对其作为其他社会角色的行为表现、思想观念要给予尊重。除非征得允许或对方主动请求，否则不要贸然评价或给予帮助。无论一个人觉得自己是如何好心好意，都有可能好心办坏事，适得其反，因为有可能冒犯了别人的界限。

对工作结果负责，切忌指责动机。

如果某人的工作结果不好，可能要求他对其行为的后果负责，这在工作中是必须的、合理的做法。但在指出错误的时候，要注意批评的界限。要求别人为其行为后果负责，不等于可以认为这个人有什么不良的动机，或对他的人品加以指责。

（2）倾听。

倾听就是要在“听”的当下，暂时移去自己的观念，全心地投入倾听之中，即不要带着任何自己的主观判断去听别人的话语或去观察别人的言行。在沟通中，对别人已经有了一个预设的判断是沟通的大忌，因为实际上此时已经失去了沟通的意义。当一个人听、看、感觉的唯一目的就是验证自己的想法，又怎能真心了解对方？大家都知道“邻人偷斧”的故事吧？可见主观的力量有多么强大。

（3）效果是最重要的。

沟通的效果是衡量沟通结果的唯一标准，而不是你觉得自己讲的内容多么有道理，自己的行为多么有道理，自己的动机是多么良好。

有效的沟通总是发生在能够恰当地处理情绪的时候；总是发生在沟通的双方发现了新的选择或共同之处的时候；总是发生在对方觉得他自己的信念价值观被认同、被尊重的时候，至少是没有被威胁的时候。

（4）使用并优化沟通渠道。

任何一个工作环境都存在着其特有的组织结构及各种有形或无形的关系。现代企业当中，越是专业化程度高的企业，其分工可能越细。工作中的每一个成果都是团队共同工作的结果，彼此间的配合和协调是取得成果的重要保障。所以通畅、完整、全面和到位的信息沟通是非常重要的。一个企业有效管理的表现之一就是能够不断优化沟通渠道，以保证各种信息流有效果、有效率地流动。一个人职业素质高的表现之一就是能够使用正确的沟通渠道。

使用正确的沟通渠道意味着选择恰当的信息载体和沟通对象。

工作中应该用书面沟通时，不要口头沟通；应该面对面沟通时，不要用写邮件或发短信的形式。

应该沟通到的人员被遗漏，会造成工作衔接的中断；应该优先沟通的人被忽略，可能也会造成一些不必要的麻烦。

管理人员负责目标和计划的制订、计划的执行、结果的评估、资源的开发及其有效运用。给下属布置任务，对其工作中的行为给予反馈，对其工作结果进行评估和奖惩都是管理人员每日沟通的重要内容。因此，提高沟通能力是职场人士，特别是管理人员的必修课。

综合案例分析

下面以一个实际案例讲解沟通能力、团队建设和职场情绪智力。

我在担任中法合资企业总经理的时候，遇到一个推出同样功效药品的竞争对手，而且竞争对手扬言要用四个月的时间把我们赶出市场。当时整个团队都很紧张。我们坚持用学术推广的方法卖药，不给回扣，然而竞争对手的重要手段就是利用回扣与我们竞争。

有的同事说："看来这次程先生不一定顶得住了，人家卖药都给医生回扣，恐怕过不了几个月的时间就能将我们赶出市场。如果这时我们还不给回扣，恐怕坚持不了多长时间！"

有的同事确实为公司着想，出主意说："要不咱们先改改策略，顶过这段再说？"

因为对方的实力强大、资金雄厚，他们的推广攻势非常猛烈，大家的心情都非常紧张。

这个时候我刚从法国总部回来，所有人的眼睛都盯在身为总经理的我身上。作为总经理，如果流露出特别紧张、害怕的情绪，一定会影响公司全体员工的情绪。

我虽然心里很紧张，很担心这几年的创业成果付之东流，却故意不提那件事情，继续高高兴兴地做自己的事情。

全体会上，我用匿名投票的方式进行摸底，以“面对这种强大的竞争我们给不给回扣”了解员工的想法，同意给回扣的人就在纸条上写“Y”，不同意则写“N”。

当时公司一共有72个同事，统计结果有68个人写“N”，只有4个人写“Y”。也就是说绝大多数同事还是坚持我们的企业伦理观念。

看到这个统计结果，我很感动。因为公司成员真正理解和支持我们的企业文化，坚持我们的信念；而那几个写“Y”的同事会后说：“Y是我们写的。我们并不是觉得应该给回扣，但是我们想给些回扣，先顶住这一段时间。”

竞争公司的总经理派代表来找我，问道：“程先生，我们的药品已经上市了，我们一盒给两块钱回扣，你们给还是不给？如果你们给两块，我们就给三块；你们给三块，我们就给四块。我们的口号是四个月内把你们赶出市场！”

这时候我突然感觉到商场如战场，当时的场面就像古代打仗下战书。但是，拼回扣，不仅违反我们的职业道德，而且是最下策。在这次竞争中，公司的目标是争取不战而胜。

我对来人说：“我们还是不给回扣。”

“你们不给，我们很快就把你们打垮。”

“如果把我们打垮了，第一，我要给你们总经理写一封信表示祝贺，你们比我们的能力强；第二，我关了公司接着去念博士。”

来人说：“你关了门对得起你的那些同事吗？”

我说：“对得起！他们在公司工作，除了赚一些钱，还学了很多本事，到其他单位也能干得非常好。”

停了一会儿，我接着说道：“你也是学医的，医生开药的时候，一边开药一边想开什么药能拿多少回扣，哪个药回扣拿得多就开哪个，你觉得医生这么做对吗？”

那个人说：“按说也不对，但是现在市场就是这样。”

我后来又给他讲我们的企业文化，讲了患者找医生看病是生命的托付，医生和药厂都必须对患者的生命抱有极大的责任心。那次谈话进行了接近四个小时，气氛越来越融洽。

谈到最后，那个人说：“程先生，你跟我们老板不一样。我很敬佩你们的企业文化，程先生，我能不能到你们公司来工作？”

我说：“不能。两国交兵，不斩来使，也不留来使。我现在聘用你不合适，你也对不起你们老板。”

我还是坚持学术推广的道路，赢得了这场商战的胜利。现在我们创建的中法合资企业销售的药品“思密达”在全国更加畅销，市场零售额超过10亿元，而那个竞争对手的药品早已经销声匿迹。

此次商战的胜利在于：一，坚持了正确的职业伦理；二，用情绪智力控制局势；三，积极做好对内、对外的沟通；四，利用和加强了团队的力量。

三、10条重要职场观念

不喜欢目前的工作怎么办？总觉得没有机会怎么办？困难太多怎么办？挨批评太多怎么办？出错太多怎么办？首先要树立正确的观念！

1. 什么是好工作

在职业生涯周期中，什么是好工作呢？

职业生涯明言

最好的工作

职业生涯早期，锻炼最大是最好的工作；

职业生涯中期，收入最多是最好的工作；

职业生涯后期，实现人生价值是最好的工作。

在职业生涯中期的人需要孝敬父母、养育子女，所以收入越多越好。但是一个人要想在职业生涯中期收入多，一定要在职业生涯早期主动地去锻炼和提高自己的能力，宁可早期收入少，也要让职业生涯快速发展。在职业生涯发展过程中，一个人的努力和收入是有时间差的，并不是这个月努力了，这个月收入就一定会提高。现在的收入是前些年努力的结果，现在的努力程度将决定几年后的收入。而在职业生涯后期，能实现自己最大人生价值的工作才是最好的工作。因为当一个人的经济需求和社会地位有了稳定保障之后，他更需要不断追求、提升自己的人生价值。这时候他会觉得完善性格、健全心灵是最重要的修炼；为民族、为国家、为社会做出贡献是最大的追求。

2. 做好本职工作

职业生涯明言

喜欢正在做的工作

在职业生涯初期，我们最应该做的不是努力寻找自己喜欢的工作，而是努力喜欢自己正在做的工作。

生活中，人们以为找到一个好工作就是找到一个自己喜欢干并且收入高的工作。当然，如果第一份工作就是自己喜欢的并且收入高，那么恭喜你！但事实上，绝大多数人并没有这么好的运气。很多情况下，人们做的工作并不是自己喜欢的。所以在职业生涯初期，每个人要认识到自己做的工作往往不是自己喜欢的，更不是打算从事一生的工作。这是我们大多数人在职业生涯初期的实际情况。

但是我们要分清楚：你喜不喜欢这份工作，这是一件事情；你应不应该做好这份工作，你是否有能力做好这份工作，这是另一件事情。我们有时候把这两件不同的事情混在一起。“这件事情我不喜欢，我就没好好干；我没好好干，上级脸色就难看；他脸色难看我就更不喜欢，更不好好干”，最后不是被辞退就是被迫辞职。有很多人不停地换工作，在寻找自己喜欢的工作，却从来没有喜欢过自己正在干的工作。

职业生涯发展是从做好本职工作开始的！当一个人还没有能力做好一项工作时，他就没有资格说不喜欢。

职业生涯明言

做好本职工作

在职业生涯初期，我们做的往往是自己不喜欢也不想从事一生的工作。

要分清：喜不喜欢这份工作是一回事，应不应该做好这份工作、是否有能力做好这份工作是另一件事。

切记：职业生涯发展是从做好本职工作开始的。

3. 机会到，有征兆

先来看看这段话。

“其实我能力挺强的，特别想干成点儿什么事，就是没赶上好机会。要能有好机会我比谁都不差。职业生涯也一样，我要是在一位懂职业生涯开发与管理的领导那里干，早就不是今天这样子了。可我们领导的水平太差，不懂这些。唉！我就是没赶上好机会！机会怎么不到我这里来呢？”

机会永远不会敲锣打鼓地到门口说：“快来开门啊！我是机会，我来了，快来抓住我吧！”机会往往会伪装成困难或失败来敲门，引起的生理感受是心里不舒服。有人会问：“我怎么没听见敲门的声音啊？”机会没有敲门的声音，只是给你一个信号，这个信号就是让你心里不舒服。

如果今天你心里没什么不舒服的事，你今天可能没有机会；如果今天有一件事让你心里不舒服，你今天就遇到了一个机会；如果今天有好几件事让你心里不舒服，你今天就有好几个机会；如果今天有一件事让你有一点儿不舒服，你今天可能遇到一个小机会；如果今天有一件事让你心里特别不舒服，你今天可能遇到一个大机会。

因此，是不是机会来敲门，问问自己的心：今天有没有感到不舒服？

职业生涯明言

机会的特征

机会永远不会敲锣打鼓地来到我们面前，大声说：我是机会！我来了！快开门！

机会常常会伪装成困难、失败来敲门，引起的生理感受是心里不舒服。

4. 不要推卸责任

做事情就可能出错，出错时可能会想：少工作，少出错；多工作，多出错；不工作，不出错。

你是不是也有过这种逃避心理？但你要知道，不工作是最大的错。其实问题不在于出不出错，而在于出错以后怎样对待。记住这样一句话：出错是很容易的，但做对就需要找规律。

一件事情做不成的原因可能有很多；一件事情要做成、做好，是需要找到规律的。这个规律怎么找？可以通过借鉴前人的经验教训，但是更多的是需要你自己在生活和工作中领悟。有的人很聪明，但是没有智慧。因为智慧是悟出来的。聪明体现在学习上，而智慧体现在解决问题上。

面对出错，有的人把能力用在推卸责任上，有的人则把能力用在改进效果上。

职业生涯明言

推卸责任是放弃成功

当一件事没有干成时，总是能为推卸责任找到借口。借口找得越多，就离客观规律越远。谁将责任推卸得干干净净，谁就与成功绝缘了。

市场经济社会是需要对结果负责的社会，对工作结果负责才能有职业生涯发展。

承担责任是职业素质提升的表现。

如果你想做一个职业素质高的人，一定要学习承担责任。我们面对工作中的失误时会有两种表现：有的人反应快，找借口；有的人反应对，长智慧。

在职业生涯培训中，一位学员的手机响了，老师问他："你的手机为什么响了？"这位学员反应很快："他们打过来的。"过了几分钟，这位学员的手机又响了，老师又问："你的手机怎么又响了？"学员回答："他们又打过来了。我跟他们说我在上课，不要打手机，他们不听，你看又打过来了。"

这就是反应快，找借口，他把手机响这件事的责任推给了别人。

另一个学员的手机响了，老师问："你手机为什么响？"这名学员说："老师，我忘记关了，对不起，我马上关掉。"

这是反应对，长智慧。事情虽小，但能从自己身上找原因，就能够避免同样的错误再次发生。承担责任，找对方法，改善结果，带着这种精神投入工作，不就是一种智慧吗？

5. 正确思考问题

我们会发现在工作中，人与人之间的能力有很大的差别，但能力显现巨大差别的背后可能是观念上的根本不同。每个人的信念和价值观决定他的行为，行为的重复进行会改变能力。

职业生涯明言

观念与能力

能力上重大区别的背后，常常是观念上根本不同。

如果你发现了问题，但觉得这些责任都是领导的事、别人的事，可能会大发牢骚，却从不想怎样去解决那些问题。

让我们来看甲乙两种观念在思考问题上的巨大差异。甲乙两人思考问题上的态度差异如表 6-1 所示。

表 6-1　甲乙两人思考问题上的态度差异

	甲 / 乙	态度
发现问题时	甲	我发现了问题，怎么解决不是我的事，我管得着吗？这是上级的事
	乙	我发现了问题，应该锻炼着去分析问题产生的原因。我不但要分析问题产生的原因，还应该提出解决问题的方法。这对自己来说是一个新的挑战、一个难得的机会
提出建议时	甲	如果我提出建议，上级就应该好好接受，就应该表扬我，给我发奖金，他要是不接受，我就再也不提了
	乙	领导不接受我的建议，一定是领导看问题的角度跟我不一样，他看得更高、看得更全，他不接受我的建议正好是我向上级请教学习的好机会
实施方案时	甲	问题我也分析了，解决方案我也提了，我已经尽力了。干好干坏就是你们的事了，这不是我的责任
	乙	我不但让人接受我的方案，还应该帮助别人或亲自去实施。实施的目的是取得效果，只要效果不够好，我就修改方法，最终要取得预期的效果

从这三组对待问题的不同态度可以发现：甲一直以一种消极的态度对待工作。面对问题时从不尝试去解决，没有积极挖掘自己的潜力；在解决问题时，把个人利益放在第一位；遇到挫折时选择逃避、推卸责任，指责他人的过失。在整个过程中甲只看到外界的阻力、外界的原因，却唯独没有在自己身上找原因。对持这样观念与心态的人来说，其最终结果必然是职业生涯上的停滞不前。

再看乙的表现，始终以一种积极的良好心态工作。面对问题时会想：让我想办法解决它。将解决方案上报遭到拒绝后，会想：我策划得不够周全。让我考虑如何改进。当提案再次被拒绝时，他会想：这真是难得的机会，可以让我锻炼自己承受挫折的能力。我一定会策划出可行的方案！然后开始不断地调整方案，实施方案，一直达到预期效果。

当你遇到问题、困难时，你是怎样想的呢？如果想法如甲，你会失去宝贵的进步机会；如果想法如乙，恭喜你，你的职业生涯必会有质跃的发展。

前进路上的困难是绊脚石还是垫脚石，取决于放脚的位置，放脚的位置取决于你的心态和能力。

6. 学会接受批评

所谓“出错”就是结果不好。注意：结果跟预先想的“不同”，不一定是结果不好，很多发明创造就是由于实验的结果与预先想象的“不一致”“不相同”，才有了新的发现，有了发明创造。所谓的“错误”是说结果不好，可能自己认识到出错，这叫自我反省；也可能是被别人指出来，这时需要接受批评。接受批评通常不是一件舒心的事情，一个人需要经过很长的时间、很多的修炼才能达到“闻过则喜”的境界。但是只要自己愿意，每个人都有可能达到这种境界。

无论是自己认识到出错而自我反省，还是接受别人的批评，我们都可以把出错当作很好的锻炼机会，把别人的批评当作珍宝来接受。在职业生涯初期的时候，一个人会经常出错，别人对你的批评也最直接、最无所顾忌。担任一定职务以后，别人指出你的错误时，就会顾忌到年龄、面子、相关利益关系，你可能需要先有所付出别人才能真心提出意见。如果你当了老总，想征求下属意见就更难。当一个人有了权力，掌握了别人的工资、奖金及发展机会时，还对别人说：“你给我提提意见吧！”下属会非常谨慎，不容易说出心里话。所以当你在职业生涯初期时，很多人都会免费帮助你，这个时候如果你拒绝接受，那么你很难进步。

职业生涯明言

批评指正有价

位处基层时，得到批评指正是免费的；
位在中层时，得到批评指正是付费的；
位居高层时，得到批评指正是昂贵的。

7. 微笑拥抱错误

为何要微笑拥抱错误？因为错误可以帮助我们提高自己的能力。

（1）人生成功从找自己的错误开始。

人们平常说：失败是成功之母。其实失败并不能直接成为成功之母；只有在失败后总结经验、教训，取得下次实践的效果，失败才能是成功之母。因此在职业生涯经历中，你在出错、有些事情做不成、遇到失败后，认真总结经验、教训，享受失败带来的价值，才能创造奇迹。

想让自己的职业生涯成功吗？首先需要明确一点：人生成功从哪里开始？

有四句职业生涯明言，请注意它的逻辑关系，如果你愿意接受这样的观念，你将在今后的职业生涯中以更快的速度进步。

职业生涯明言

人生成功从何处开始

人生成功从职业生涯发展开始；

职涯发展从做好本职工作开始；

做好工作从对结果负责任开始；

对结果负责从找自己的错开始。

人生成功从职业生涯发展开始。

人生生涯包括不同的侧面：健康生涯、学习生涯、职业生涯、情感生涯、兴趣爱好生涯、性格生涯等，其中职业生涯是我们整个生涯中最重要的组成部分。职业生涯成功与否决定了人的需求，特别是高级需求能否得到满足。因此说，人生成功从职业生涯发展开始。

职业生涯发展从做好本职工作开始。

如果你的本职工作还没有做好，因为不喜欢就换工作，那就是在“跳槽”，职业生涯并没有本质性的发展。做好本职工作再寻求发展是“跳高”。跳高，是真正把自己当运动员看，去拼搏、去进取！

做好本职工作从对结果负责任开始。

当你去做一件工作时，请认真思考或跟上级仔细沟通，确定预期的结果，然后努力去达成。只要结果不够好，没有被上级或客户接受，就说明工作方法和流程中有错误，我们要改进提高。

对事情结果负责从找自己的错误开始。

虽然工作不是一个人做的，错误不是一个人造成的，你的错误仅仅是结果不好的因素之一，但是你使劲找别人的错并不能锻炼和提高自己的工作能力。你想进步吗？从找自己的错误开始！

人生成功从找自己的错误开始。

将前四条浓缩，就得到这样一句话：人生成功从找自己的错误开始。工作中有困难，事情暂时没有做成，我们把它叫作挫折，也可以叫作机会。当我们将经验教训变成财富的时候，我们就一次又一次地把职业生涯道路上的“绊脚石”变成了“垫脚石”，在职业生涯中所有的经历都是宝藏，其价值需要我们去挖掘。

（2）总结错误助我成长。

当结果事实上并不好的时候，我们能否在主观上认识到它的不好，面对它的不好，变“不好”为“好”？

在错误中吸取经验教训从而获得提高需要一个过程，一般分为这样几个步骤。

发现错误 → 认识错误 → 改正错误 → 总结教训 → 分享经验

一般来说，每个人在日常生活、工作的小事中经常会发生错误。可是面对错误的处理方法，不是每个人都能够做正确。面对错误的常见错误态度，如表 6-2 所示。

表 6-2 面对错误的常见错误态度

面对错误	常见错误态度
需要认识错误时	我知道自己有错，知道不就完了吗？干吗非得认错
需要改正错误时	我知道错了，但改不了，也不想改
需要总结错误时	我都改了，下次做好不就完了吗
需要分享教训时	太难为情了，不能让别人再看笑话
需要表达感谢时	我错了，已经够丢人了，再向别人表示感谢，又丢一次脸

我们应该敢于接受批评、敢于自我批评，在错误中吸取教训、提高自己。在错误中提升自己能力的过程，如表 6-3 所示。

表 6-3 在错误中提升自己能力的过程

进步过程	
过程一：面对	从不认为结果不好，到认识到结果不好；从不承认结果不好，到承认结果不好
过程二：认错	从不认为自己有错，到认识到自己有错
过程三：承认	从没有勇气公开承认错误，到有勇气公开承认错误
过程四：改正	从不想改，到愿意改；从没有能力改正错误，到有能力改正错误
过程五：总结	从没有意识总结经验教训，到有意识总结经验教训；从没有能力总结经验教训，到有能力总结经验教训
过程六：分享	从没有意识与人分享经验教训，到有愿望与人分享经验教训；从没有能力与人分享经验教训，到有能力与人分享经验教训
过程七：感谢	从没有意识向帮助自己的人表示感谢，到主动向帮助自己的人表示感谢

以销售工作为例，当发生疏漏（如丢失商品、少收钱）需要承担责任时，有的人说："人那么多、那么乱，这不是我的错，谁干事儿还不能有点儿错误？既然是公司的商品，应该公司承担损失。"而有的人则说："既然我负责销售，就应该由我承担这个错误，由我来弥补这个损失，我拿自己的钱补上。"

主动地承担工作中的损失，这是职业素质高的表现。但怎样能够将工作做得比这次更好呢？总结经验教训！

在发现丢失商品、金额短缺之后，我们在销售过程中怎样能让钱、物相符？怎样能减少货物在销售过程中的损失？这些都需要总结经验教训。

总结经验教训之后，除了自己记住，下次改进工作，还应该与别人交流这次工作中有什么失误，通过总结得出什么经验，提醒他人下次再做同样工作的时候避免类似的失误，这就是与人分享。

发生错误不可怕，可怕的是忽视错误、逃避错误、不承认错误。如果能及时改变这些错误的做法，你的职业生涯之路一定可以越走越好。

8. 职业生涯路上无空白

在职业生涯的道路上只要不放弃目标，每一次挫折、每一次失败都是有价值的。可以说无论过去是怎样一个经历，对于你都是有价值的。

有的人参加职业生涯培训后会觉得："哎呀！我过去白活了，过去的时间都浪费了。"

我曾经以为自己没有上高中，当了三年工人才考上大学，那三年算是浪费了。实际上，职业生涯的道路上没有空白点。如果不是我那三年当工人期间靠自学两次参加高考，就培养不出很强的自学能力。其实在年轻的时候，学的是哪个专业并不是最重要的，最重要的是能不能培养出学习能力。我现在由于工作需要如果需要学哪方面知识，丝毫没有畏难情绪，马上就可以开始学习。因为在考大学、考研究生期间都经历了艰苦的自学，已经培养出了自学能力。

职业生涯明言

职业生涯路上无空白

在职业生涯发展的道路上，没有空白点。

每一种环境、每一项工作都是锻炼；

每一个困难、每一次失败都是机会。

如果你认真地回忆以前走过的道路，都能从过去的经历中总结经验、吸取教训；如果没有找到经验教训，只说明我们还没有把过去经历中的经验教训发掘出来，千万不能说“过去白活了”，应该改成“我今后能活得更好”，因为我们可以从以前的生活、工作经历中获得价值。

9. 绊脚石变垫脚石

面对困难的时候，你会怎样选择？是直面困难，还是选择逃避？无论你的选择是什么，都源于你做选择时的观念。

职业生涯明言

解决困难

只有暂时没有找到解决方法的困难，没有解决不了的困难。

永远不要说没办法。因为一说没办法，大脑意识就会全关闭，不再想办法。应该说不是没办法，只是过去的办法不好用，让我们来想新办法——有了这样的观念，你就会主动去想新办法。

人人都会遇到逆境，但是很多人被“绊脚石”绊倒以后就再也爬不起来了，更不会化不利为有利，只有那些善于将“绊脚石”变成“垫脚石”的人才能越过人生的一道道障碍，获得成功的机会。

职业生涯明言

绊脚石与垫脚石

前进路上的困难是绊脚石还是垫脚石，取决于放脚的位置，放脚的位置取决于心态和能力。

10. 能力要用对地方

很多人说："我总是没有机会。"其实他是用一生来证明他这一辈子没有能力抓住机会。再次强调：在职业生涯发展上很多事情没有做成，不是我们没有能力，而是将能力用错了地方；很多事情顺利完成，也并非是我们能力高超，而是由于我们将能力用对了地方。

对于成年人而言，没有谁真的完全没有能力和毅力。

那么我们在工作中经常把能力用错在哪里？用在找借口、推卸责任上。

现在很多人都觉得自己有能力，但是没有赶上好机会。觉得自己有能力当然是一件好事，但是要明白：抓住机会、创造机会其实也是一种能力。没有能力的人往往错过机会，有能力的人才能抓住机会，更有能力的人为自己创造机会，最有能力的人为他人创造机会。通常能够为别人创造机会的人，能让自己获得更大机会。能力与机会的关系如图 6-3 所示。

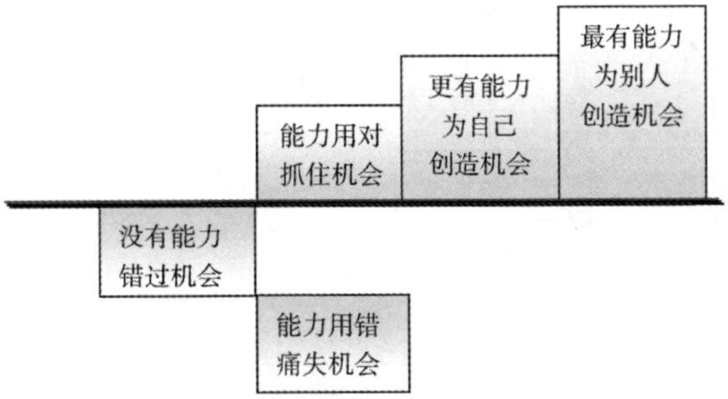

图 6-3　能力与机会的关系

我出国前参加过多次面试，但招聘方的最高职位是副总经理。我当时就想当一把手，没有公司提供总经理的职位，怎么办？

后来，我从法国回国创业，先成立联络处，再按照企业的编制建立相关部门，有市场部、信息服务部、总务部、计算机管理部、财务部、人事部、秘书部等，给很多人提供担任部门经理、地区经理的机会，从而激发了员工职业生涯发展的热情。经过团队的共同努力，销售业绩连年翻番，法国总部终于同意在中国投资，建立现代化制药企业。当我给很多人提供担任部门经理、地区经理的机会后，自己也得到了担任总经理的机会。

所以，给别人创造机会往往能给自己带来更大的机会。

提高自己的能力要经历六个层次：发现问题、分析问题产生的原因、提出解决问题的方案、说服相关人员接受方案、亲自或协助别人实施方案、调整方案以达到预期的效果（**最高层次**）。如图 6-4 所示。

六个能力逐层提高，其中从第三层到第四层是比较难的一个坎，因为前三件事可以自己完成，到第四个层次就涉及沟通，而沟通需要两个心态：平等和冒险。

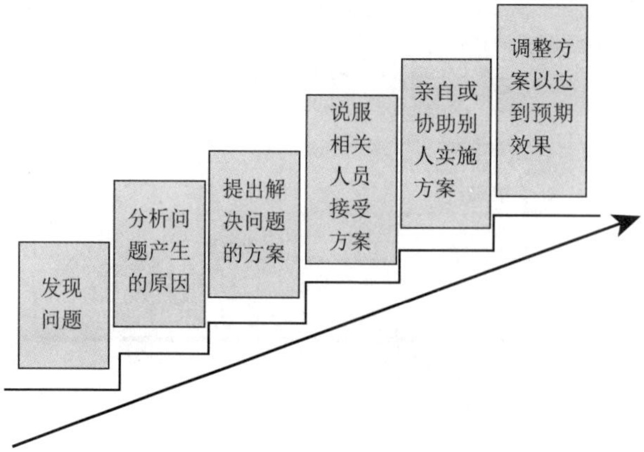

图 6-4　提高能力六层次

四、20 种有效工作方法

我在 30 多年的职业生涯实践中，总结出 20 条职场快速进步方法，建议每一个职业人结合自己所在企业与岗位的特点去运用。前 14 条主要针对下级的工作，后 6 条主要针对上级的工作。

1. 准备工作学经验

准备工作学经验是指当我们准备着手一个工作的时候，最好向已经做过这些工作的同事或上级询问经验教训，或者找一些参考资料。这样比自己摸索节省时间、精力、财力和物力，少走弯路。也就是说，在前人成功或失败的基础之上吸取经验教训，能把工作做得更好。

2. 接受工作问要求

接受工作问要求是指在你接触一项任务的时候，要主动问清自己的工作要做到哪种程度，工作干好的标准是什么，涉及的人、财、物等相关资源的权限是什么。

某办公室文员接到一个工作——校对经理所写的一篇文章。她改得很努力，连续三天早来晚走，结果将这篇文章交给经理的时候却受到批评。因为她没有经过经理同意，根据个人判断，就将文章中的一些内容删减掉了。她的动机是希望将文章修改得更好，但是否删减文章里的内容却不应该由她决定。原因在于这篇文章的作者是经理而非这名文员，经理请她校对，她可以提修改建议，但改不改内容，应该由写文章的人决定，这叫职责界限。

当你接受一个工作时，要问清楚工作的具体要求是什么？当要求明确时，如果没有做到，是没有完成任务；而一旦做的工作超过了界线，就属于越权。

3. 请示工作讲方案

“老总，这事还做吗？要做我等您的指令，不做我就先回家了。”请示工作的时候是不是常常听到这样的问话？但是作为一个优秀的职业人，这种请示工作的方法却是不够积极和有效的。

那么，在请示工作的时候应该说什么呢？应该说方案。下级可以说：“关于这个工作我有三个建议，您看行不行？建议一是……建议二是……建议三是……”

工作中下级向上级提出方案，有时会遇到一种情况，即下级辛辛苦苦花了几天几夜的时间制订出来的方案，期待能得到上级的赞扬和支持，但上级很可能只说了一句话：“这个方案不成熟，不能接受。”这时候，作为下级心里会感到有一些委屈，有一些气馁。有的人会因此生气地想：“你爱接受不接受，下次我不提了！”这样做就会失去机会。因为上级看问题的高度、广度、深度和自己是有区别的，因此上级一定有他不同意的理由。

这时候下级应该转变思考方式。因为当上级没有接受方案的时候，正是下级向上级学习的好机会。这时候下级应该主动询问上级：“您看我提出的方案哪方面还比较欠缺，不够成熟，需要我再修改？”这样一次次修改，直到上级接受自己的方案为止，这才是正确的做法。更重要的是，在这个与上级沟通和修改的过程中，我们学到了上级的经验，内职业生涯得到了提升。

4. 实施工作求效果

职场中有些人每天都在做事，过程中也付出了辛苦与努力，但如果不能够把关注点始终放在最终的工作效果上，就会容易被出现的困难与问题分散注意力，这可能会导致每天都在做事，疲于奔命地去应付困难与问题，但并没有对最终的工作结果和效果负起责任来。

工作效果可能涉及数量与质量、时间成本与财务成本、局部效果与全局效果、眼前效果与长期效果、工作效果与人才培养等内容。不管我们的工作计划制订得多严密，只要实施就会发现考虑不周全的环节，可能会出现很多我们意料不到的问题和困难。所以我们应该在实施中注重信息反馈，及时调整方案，勇于克服困难，直到达成预期的效果。

5. 请求帮助须商量

职场上要想得到他人的帮助，就要表达出自己的想法。你要非常诚恳地表达：在这件事情上，我力不从心，能不能得到你的帮助？

职场上，其他人并没有义务帮助我们，千万不要把别人帮助我们当作理所应当的事情，这种心态和想法可能会导致我们错失发展的机会。在需要帮助时我们要与他人商量，提出我们的请求，这份工作、这件事是否能够得到帮助？是否在他人的时间与精力范围之内？若没有得到他人的帮助，那也不是他人亏欠自己；若得到了帮助，则是一份福分。

6. 得到帮助去感谢

得到帮助去感谢，是职场上最基本的礼节！

在职场中，有两个“心”必不可少——“责任心”与“感恩心”。职场上，无论谁帮助你，都需要感谢对方的帮助。你会发现当你感谢的次数越多，得到的机会也就越多，获得周围人的认可与尊重也就越多。

7. 获得利益要分享

工作上获得利益时，要想到在这份工作上帮助过你的人和与你配合共同完成工作任务的人。例如受到领导口头表扬，可以对帮助过你的人说：“这件事情要是没有你的帮助与配合，我一个人肯定完不成，我得到了领导的表扬，十分感谢你。”若领取到奖金，可以拿出一部分，与工作的同事一起共同分享胜利的果实。

8. 改变工作要沟通

工作过程可能不会一直按照预计的想法和做法展开，当改变预先设定的工作流程、进度时，一定要及时与相关的上级、下级、合作伙伴沟通。沟通的环节不仅仅是相互了解的过程，更重要的是能够让与此工作相关的人及时了解工作情况、工作进度、改变后的工作方式，便于其他岗位的人员配合支持自己的工作，也便于集思广益，找出更有效的工作方式去达成最终的工作效果。

9. 总结工作改流程

对于一项工作，有几个工作模块？先后顺序是什么？工作流程是什么？第一步、第二步、第三步的注意事项是什么？把工作模块联系在一起的步骤就是工作流程。

任何一项工作都可以在工作流程上进行改善，缩短时间，节约成本，创造效益，以取得更好的效果。

例如我在为新百丽鞋业公司做职业生涯管理培训时，建议公司在大商场的店铺将售货员对顾客的服务工作流程总结成售前、售中、售后三个工作模块，如表 6-4 所示。

表 6-4 新百丽鞋业公司店铺服务工作流程

服务流程	时间段	服务内容
售前服务	从看到顾客向店铺张望开始，到顾客走进店铺	关注顾客，笑脸迎接，主动问好，主动介绍产品
售中服务	顾客开始挑选鞋，询问价格	向顾客介绍该鞋的款式、材质特点，如何与服装搭配，什么季节穿最合适，哪些场合适合穿。收款的时候要快捷。按照顾客的要求包装好
售后服务	从顾客交钱之后开始，到顾客远离店铺	向顾客介绍鞋子保养的常识，问顾客是否需要本店铺的电话号码，主动介绍自己的工号或姓名以便顾客需要的时候查询，最后把顾客送出店外，鞠躬、目送顾客走远

10. 交接工作讲道德

一个人的职业道德在交接工作的时候最容易体现。你可能由于升职而离开一个岗位，有可能由于个人原因而辞职，也有可能由于跟上级、同事的关系没有处理好而不得不离开本职工作，还有可能因受误解而被企业辞退。

在离开岗位的时候你可能心情愉快，也可能心情非常沮丧，甚至充满怨恨。然而，不管什么情况发生，你是否能以一个职业人的道德观念严格要求自己，做好交接工作？比如向接班的同事交接好客户名单，归还各种工作用品，非常清晰地做财务清算等。

曾经有位学员，在一家很著名的企业里工作，下课后他跟我说："程教授，我早些听你的课就好了，哪怕提前一个月听你这个课都行啊，今天真的来不及了。"

我问他："你为什么说来不及了呢？"

他说："我那份工作，我真的不喜欢，我也没好好干，领导脸色很难看，最后他们决定让我主动提出辞职。我要不辞职，他们就会辞退我。我已经交了辞职申请。明天我就到公司去办理交接手续。其实我要是早点听你的课，把本职工作做好，也不至于落得这么一个灰溜溜的下场。"

我说："你需要提高一个能力，这个能力在我讲的管理人员或普通工作人员的职业能力中都没提到，现在我告诉你，叫作辞职能力。"

他问我："什么叫辞职能力？"

我说："你明天去办交接手续，早一点去，打扫一下办公室的卫生，把所有该交接的工作清单列好，见到每一位同事热情地、真诚地打招呼，让你这个辞职没有那么多的遗憾，尽可能地给人留下一个比较好的印象。"除此之外，我还向他介绍了其他的一些方法。

两个多月后，我又遇到了那个学员，问他："你现在在哪儿工作呢？"

他不好意思地笑笑说："嘿嘿，还在那儿工作呢。"

"哎，你不是说那个周一去办辞职吗？你怎么还在那儿工作呢？"

他说："没辞成。"

"怎么没辞成呢？领导都说你不辞职他们就得辞退你，怎么能没辞成呢？"我问："发生了什么事？"

他说："我那天早晨特意早去了半个多小时。我认真地收拾了我的桌子，把别人的桌子也擦得干干净净，还打来了开水，谁进屋都主动笑脸相迎，说句'早上好'！"

"他们开始吓了一跳，马上也问我好。以前我看谁都别扭，看谁都是斜着眼睛。那天我问他们好，他们开始还不适应，后来他们发现我对谁都这么好，他们也问我好，他们对我也很好。我突然发现，其实大家都是挺爱笑的。”

我问他：“那后来呢？”

他说：“我认真地去交接工作，认真地说哪个工具应该还给谁，这个计算机我已经清空，计算机哪个键不太好用，我都跟大家交代清楚。我填一些表，做了一天的各个部门的交接工作，打算去告别。后来我们部门经理跟我说，‘明天咱们部门还有点事情，虽然你辞职了，能不能再来帮帮忙啊？’我一想，反正也是要走，能帮个忙就帮个忙吧。我去帮忙的时候，突然发现这件事情认真做起来还蛮有意思的。于是，那天我特别认真地做完了，我们经理说第二天还有另一件事，能不能再来帮帮忙，我一想，多帮一天忙就帮一天吧。于是第二天我又去帮忙……这一帮就帮了一个星期。我们部门经理说，还有一件事需要我帮忙一个星期，其实那会儿我也真的不想走了。我又干了一星期。经理问，‘你能不能不走了？’我说，‘本来我也没想走。’于是就留下来了。”

交接工作讲道德是一个很重要的观念，职业生涯几十年，我们向社会推荐的最优品牌就是我们自己，在交接工作的过程中，也是在树立一个人的职业品牌。

11. 回顾工作谈感受

当我们刚接受一个新的工作任务时，可能由于没有经验而感到紧张。我们应该做的是接受这种紧张的感受，同时全力以赴地将工作做好。没有必要与上级或同事说：“我没有干过，我太紧张了。”在工作没有做好之前，谈这种感受是没有意义的。

做工作总结的时候可以说："今年年初工作压力很大，我当时心里很紧张、很害怕，但是我还是迎难而上，完成了上级交给的工作。"上级会认为这个员工在没有相关经验时都能努力工作，将工作做好；现在有了经验，提升了能力，下次会将工作做得更好。

企业里的事，结果好才算好，在结果好的基础上找感觉好。很多人把这个顺序搞颠倒了，在工作中要先感觉好，感觉好就努力干，感觉不好就要求换。上级和顾客对我们的期待是良好的工作结果，而不是我们个人的感受。当工作取得良好结果之后，工作中的酸甜苦辣、喜怒哀乐才有可能成为美好的回忆。

12. 造成损失勇承担

每个人在职场中都可能犯错误，由于我们自己的工作失误，给企业、客户造成损失，一定要承认错误、承担损失。不仅仅要弥补经济上的损失，同时在面对错误时，要主动承担和面对自己的责任，找到自己的不足。改正错误之后，总结经验教训，转变为集体的财富。而你会因为对工作和自己的行为负责任而获得赏识与重用。

13. 完成工作要汇报

完成工作要主动汇报，向上级和工作相关方汇报你的工作结果。职场上，每一个人都处在一个系统中，并不是单个个体。工作进程会影响上级和工作相关方对其他部门工作的安排。为便于更好地协调沟通与整体团队的契合，完成工作要汇报，并且要主动汇报，永远不要等待上级来询问你工作的进展情况。

14. 汇报工作说结果

下级汇报工作的时候啰啰唆唆："哎呀！老总啊！你昨天让我去见

那个客户，我八点半就去了，我去的时候他还没到。后来他来了，可是他说他很忙，要开会，让我等一会儿，结果没想到等到一点多，我中午饭都没吃，肚子‘咕咕’叫。”啰唆了半天还是没有汇报结果。汇报工作时首先要说结果。企业是靠着一个个良性结果运转的，老板最关心的就是工作结果。

在电影《列宁在1918》中有一个非常经典的场面，列宁的忠诚卫士瓦西里运粮食回来之后，列宁问他：“粮食运来了吗？”他向列宁汇报说：“运来了，一共90车皮。”因为他知道革命领袖现在最焦急等待的就是这个结果。

所以，汇报工作的时候要简练、说结果。

15. 布置工作定标准

布置工作定标准是指上级给下级布置一项工作的时候一定要有明确的标准。

某企业开了一个职业生涯研讨会，会后经理对助理说：“小王，请你把今天开会的内容写一个简短的纪要，尽快交到我这里来。”其实这句话充满了变数，两个小时以后，小王把一份300字的会议纪要拿给经理看，经理一看就火了，说：“我让你写纪要，怎么写得这么少？还没有我记的东西多！这么点东西还用得着你写？”

小王感觉莫名其妙，对经理说：“您不是让我写一份简短的纪要吗？”

经理说：“我是说简短，但是你也不能写得这么短！简直是敷衍了事。”

“您不是让我尽快交吗？”

“尽快也不在乎这点时间啊！你思考了吗？回去重写！”

小王连续加班，第五天交了一份15000多字的报告。经理翻翻报告又火了，说：“显示你有学问是不是？写个简短的纪要，你写这么多，叫你尽快交，五天才交来，你磨什么洋工？”

小王一脸的委屈。

其实这个结果是上级造成的。上级布置工作时应该这么说：“小王，关于今天的会议情况，请你写一个3000字左右的纪要，明天中午12点交到我的办公室。”

布置工作说标准，别让下级无所适从。有的时候，上级和下级闹矛盾，真的是上级布置工作没确定标准造成的。

16. 关心下级问过程

下级汇报完工作结果以后，上级要关心他在工作中的成长，关心他工作的经过。这时候上级可以对下级说：“跟我说说过程中遇到了什么困难，最终是怎么解决的？”也可以问：“你通过这项工作最大的收获是什么？”这样做就是在用人工作的同时又在用工作培育人。

17. 发现错误要指正

指出与指正的区别是什么？指出是仅仅指出错误在哪里，而指正是指出后帮助改正。

指出错误相对容易，而要让出错方意识到错误，并且能够引导对方想出方法改正错误则有些难；完善自我，是作为一个管理者与资深员工应该教会下属和同事做的。

发现错误不仅仅要指出，更重要的是帮助对方改正错误。

18. 批评帮助摆事实

上级要注意一点：批评下级的时候一定不要使用泛词。

比如“你对工作不负责”“你对工作不热心”“你对领导不尊重”“你对顾客不礼貌” “你对同事不热情”等。因为所有使用泛词的批评都不会有实际的效果，反而会引起下级在情绪上的对立。

有效的做法是：批评下级的时候一定要针对事实。例如，销售经理对一个销售人员说：“刚才你接待顾客的时候，这句话说得不合适。你应该说……”或者说：“小王，你今天盘点库存的时候少数了两件。”“这个月的销售额比上个月下降了百分之三十，而顾客投诉增加了四个。”

19. 看到成绩要表扬

看到团队成员做出成绩，不要吝惜表扬，一定要适时、适度地给予做出成绩的人表扬与肯定。鼓励、表扬与激励能够肯定他人的工作，同时有利于工作顺畅进行，给团队成员信心。

20. 欣赏鼓励夸人品

上级在欣赏鼓励下级的时候，可以顺便表扬下级的人品。

比如，经理对售货员说：“小李，今天顾客试了六双鞋子，最后却没有买，你还能笑脸相送。这不仅说明你工作认真，还说明你具备热情、助人为乐的好品质。”

当上级表扬下级的时候夸奖人品，能帮助下级以积极的身份定位，让他坚信“我本来就是能做好工作的人”。下级受上级的鼓励之后，接待顾客一定更加热情。

职业生涯明言

职场快速进步有方法

准备工作学经验，接受工作问要求；
请示工作讲方案，实施工作求效果；
请求帮助须商量，得到帮助去感谢；
获得利益要分享，改变工作要沟通；
总结工作改流程，交接工作讲道德；
回顾工作谈感受，造成损失勇承担；
完成工作要汇报，汇报工作说结果；
布置工作定标准，关心下级问过程；
发现错误要指正，批评帮助摆事实；
看到成绩要表扬，欣赏鼓励夸人品。

五、发展空间由你决定

职场发展，以迂为直，以患为利，有时退一步反而可以大步向前。

在没有接受职业生涯培训之前，很多人会误以为所谓的职业生涯发展就是自己的职务不断上升，自己挣的钱越来越多。很多企业会提出这样的问题：员工职业生涯都发展了，我们没有那么多的职务怎么办？有的员工自己也会想：难道我再发展就能当上总经理吗？

实际上，职业生涯的发展具有多样性，有职务变动发展，也有非职务变动发展。

职业生涯发展形式的多样性，如图 6-5 所示。

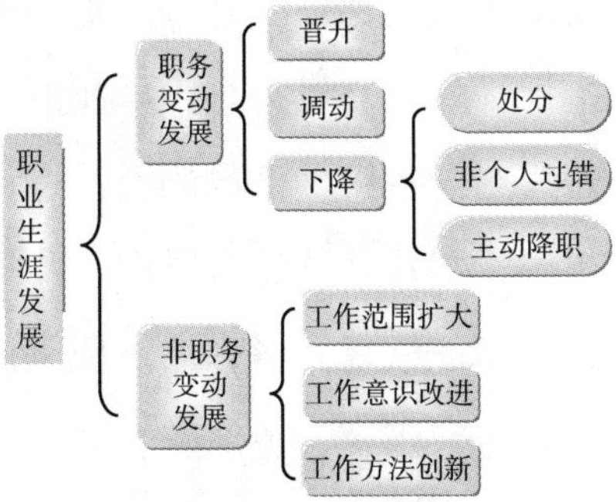

图 6-5　职业生涯发展形式的多样性

职务变动发展

1. 三种职务变动的情况

在职业生涯经历中，晋升、平级调动和职务下降都是一种发展。

（1）晋升。

如果一个人在职业生涯经历中晋升了，当然是一种发展。

（2）平级调动。

如果一个人的职务没有上升，只是平级调动，从原来部门调到另一个部门，虽然在职务上并没有纵向的上升，但是拓宽了自己的职业生涯空间，这也是一种发展。

（3）职务下降。

对于职务下降，一种情况是因为个人犯错误后、被降职或被撤职；另一种情况并非由于自己的过错，而是由于公司被并购或部门被取消导致这个职务没有了，只好去担任更低一层的职务；还有一种情况是主动降职。其实职务下降也可以是一种发展。

2. 职务下降也是发展

怎样理解职务下降也是一种发展？这里面有三种情况。

（1）犯错误、受处分、被降（撤）职。

其实，员工最害怕的不是犯错后受处分。对员工来说，最害怕的事情是犯了错误，受了批评、处分，没有东山再起的机会。我任职中法合资企业总经理期间，曾经对一些管理人员的错误进行了严肃的处理，包括撤职。有位管理人员说："我承认这些错误，我接受撤职的处理。但请问，如果我干好了，能不能恢复职务，恢复原来的工资？""能！你干好了，不但能够恢复职务、工资，还能够晋升、增加工资。"这样，这名员工就会愿意接受对他的批评和帮助。

换个角度想，一个孩子学走路时摔了跟头，没有哪个家长会一脚踹过去，斥责道："你这个笨蛋，连走路都不会。"家长会鼓励孩子爬起来，再练，再走。孩子是在一次次摔跟头的过程中学会走路、学会跑步的，员工的职业生涯发展也是一样。

刚参加工作的年轻人在职业生涯道路上一定会犯错误，有时会是严重的错误，必须求得别人的谅解。但如果别人不原谅你，你也一定要原谅自己，千万不要过于纠结。

有的成功学培训师会告诉学员，在早晨出门前对着镜子喊十遍："我是最棒的！我是最好的！"而事实上他很可能不是最棒的，也不是最好的。结果晚上回到家时，情绪更加低落。我们是怎样告诉学员的呢？出门的时候对着镜子里的自己说："我有资格犯错误，我有资格失败。经过这些错误失败，我会成熟起来，我会干得更好。"

在职业生涯的道路上，尤其是在职业生涯初期，我们有资格犯错误。

每个人都有资格犯错误——普通员工有资格犯错误，管理人员同样有资格犯错误。上级对待犯错误的员工，一定要给他东山再起的机会。如果员工通过领导的帮助认识了错误，改正了错误，能够做好工作，官复原职，还有机会升到更高的级别，那么暂时的职务下降难道不也是一种发展吗？

（2）非个人因素导致职务下降。

遇到那些不是由于个人错误而产生的职务下降，你要面对现实、接受现实，接受新上级的管理，学习他的优点，以坦然的心态面对职务的上下调整，心理素质的提高也是职业生涯的重要发展。

（3）主动要求降职。

有人会问："有这么傻的人吗？会主动要求降职吗？"在这里要说明这种举动不是傻，主动要求降职是一种智慧。

泰康人寿保险公司的于文博先生在已经做到非常高级别的职务、收入非常多的情况下，做出了一个常人不能理解的决定：撤销自己的职务，放弃所有优厚的待遇，从一线销售人员重新做起。

面对众人的不解，于文博先生解释道："我这几年确实发展得不错，那是赶上了保险行业迅速扩展的大好时机，又遇到了一个非常开明的领导，帮助我这个年轻人很快地进步成长，担任了很高的职务。但是，我知道保险行业的竞争越来越激烈，我真的具备在激烈的市场竞争中的实力、观念和经验吗？如果具备这些条件，我从头一定会很快再做起来；如果不具备这些条件，我早晚会被淘汰。"他主动放弃那些职务、待遇，从头做起，一年多以后，于文博先生又成为公司的高层管理人员。

非职务变动发展

内职业生涯充分发展的人，不太在意职务的上下波动，而更注重非职务变动发展。非职务变动发展一般来说有三种内涵。

1. 工作范围扩大

如果上级找到你，请你做一件不归你们部门管的事情，说明你的上级看中你，他觉得你有能力把这件事情做好——这是多么难得的机会！不要对上级说："这些事不归我们部门管，既不给增加人，又不给增加经费，我们干不了，您找别人吧。"你先别考虑报酬问题，主动接受这样的机会，甚至主动跟总经理说："要是有些事情其他部门做不了，您不方便安排的话，就交给我们部门，让我们试一试，我们会努力去做好的。"你应该主动扩大自己的工作范围。设想，如果你总是为领导排忧解难，主动去承担那些重担，甚至包括不是你们部门应该做的事情，下次提拔副总的时候，你从经验、能力、人际关系上都更具有竞争实力。

2. 工作意识改进

工作意识有改进，工作才能有进步。工作意识的改进主要体现为工作的主动性。也就是说，你能不能从被动完成上级交给的任务变成主动完成？你能不能从只完成上级交代的任务变成主动辅佐上级工作？你能不能在熟悉工作以后提出一些建议？

工作意识改进还包括对顾客的服务意识。比如一个销售经理带领他的团队开会，会上讨论两个题目，第一个题目是“如何应付有苛刻要求的顾客”，第二个题目是“如何应对那些故意捣乱的顾客”。如果开会的时候大家都是出于这么一种与顾客对立的意识，讨论出来的结果可能会是一把把“匕首”，准备第二天扔向那些顾客。

如果改变工作意识，真正认为顾客是我们的服务对象，顾客的认同是我们获得报酬、继续发展的保证，销售经理会领着大家讨论另外两个题目，第一个题目是“如何服务好那些有特殊需求的顾客”，第二个题目是“如何提高自己的能力，面对最有力的挑战”。如此一来讨论的结果就是一项项更好服务顾客的措施。从第二天起改进对顾客的服务方法和服务内容。

3. 工作方法创新

有工作意识的改进，工作方法才能创新。

明理企业管理咨询公司为新百丽鞋业公司做培训时，培训师问：“如果客户很喜欢你们的鞋，可是又觉得价格贵，你们会怎么说？”

有的员工说：“一分钱一分货，我们的鞋子质量好，当然就不算贵。”

培训师问：“这么说了之后，效果好吗？”

员工回答：“效果不太好。”

培训师建议：“假如有一个小伙子带着他的未婚妻来买鞋，女孩挑了一双很好看的鞋子，可是觉得有点贵，你会怎么说？”

员工说："通常我们会说'很便宜了'。"

然而，这么说可能会怎么样？可能那个女孩把鞋一放，说："走，咱们去买贵的。"

如果售货员将意识和方法改变一下，说："这双鞋子确实不便宜，只有真心爱女朋友的小伙子才会买！"姑娘就会含情脉脉地看着小伙子，小伙子挺胸抬头说："我交钱去！"他的未婚妻会心花怒放。因为这双鞋已经有了附加价值，代表一颗真爱的心。

培训师又假设一个情景：一位女士来买鞋，挑了一双鞋，同样感觉有一些贵。售货员说："不贵不贵，一分钱一分货。"那位女士可能会说："不贵？你怎么没穿？"

好的销售人员先要接受客户的情绪，再做引导。这时候售货员可以说："这双鞋确实不便宜，但非常搭配您的高雅气质。"这位女士听了之后怎么会不买呢？销售不一定要使用降价的手段。

发展空间由你决定

一个人对工作结果的认定水平，代表着这个人职业生涯发展的空间。有的人说："我的职业生涯发展不下去，因为老板没有给我一个发展空间。"实际上，一个人的职业生涯发展空间在很大程度上是由自己对工作结果的认定水平所决定的。

以做会议纪要为例，不同的工作结果认定水平，导致工作结果迥然不同。总体来说，写会议纪要的工作结果认定水平分为五级，逐级提高。如表 6–5 所示。

表 6-5 会议纪要工作结果认定水平

工作结果认定水平	角色	工作内容
一级认定水平	打字员	只要把会中发言者说的话打下来，将声音信息变成文字信息即完成任务
二级认定水平	秘书	给老板提供一份文字正确、排版漂亮的文件
三级认定水平	管理者	给上级提供一份可以作为管理案例的文件，将老板的管理理念、管理方法都标识得清清楚楚，该文件将来可能成为管理文件，成为公司企业文化和管理制度、流程的组成部分
四级认定水平	培训师	将这份会议纪要作为今后对员工（尤其是新员工）的培训教材，经过老板的同意将文件中的一部分内容做成培训用的幻灯片，用于培训工作
五级认定水平	管理研究人员	将会议纪要写成一篇研究文章，从发现问题到分析问题产生的原因，找到解决问题的方法，与相关人进行沟通，并在实施过程中调整方法以达到效果。该文章将来有机会在相关刊物上发表

因此，不同工作结果认定水平标志着此人可以发展到哪种职业水平。

有一个在前台收发传真的青年员工，她并没有认为自己的工作只是收发传真。她认真阅读每一次经手的商业信函并研究其中内容，包括客户名称、如何报价、样品率是多少、经过多少次协商、商谈结果等内容。对她来说这样做可以积累一笔非常重要的客户资源信息。随着时间和经验的积累，她可以提出自己的观点，帮助企业理顺销售渠道。

有一次，当销售经理为一单生意愁眉不展的时候，她主动提出了自己的建议，帮助销售经理解决了难题，正是由于这次出色表现，她在不久之后为自己赢得了销售主管的职位。

本章小节

1. 理解职业伦理的内涵
2. 了解、接受和控制自己的情绪，在情绪波动时不做重大决定
3. 了解沟通的要素，掌握提高沟通能力的原则
4. 掌握最有用的职场观念
5. 学会应用最有效的工作方法
6. 了解职务下降和非职务变动也是发展
7. 理解工作、认定结果与发展空间

学习心得：

结 语

市场经济对职业生涯的影响

EPILOGUE

7

当前面临时代大变局，市场经济的大潮波涛汹涌，风云变幻……

节奏快了，机会多了，竞争更激烈了，变数也更大了！

有人还怀念着旱涝保收的昨天，对瞬息万变的今天充满着恐惧与担忧；

弄潮儿们却已驾着自己的生命舟船，开启了浪遏飞舟、驰骋江海的人生远航。

你呢？

为了找到职业锚，真正成为人生之舟的船长，

准备好驾船远航了吗？

一、市场经济社会的特点

市场经济使每个人都有可能成为自己人力资本的主宰。

在市场经济社会中，一个人主宰自己命运，尤其是主宰自己职业生涯命运的可能性加强了。在市场经济社会，一个人一生可能会从事四到八个职业。我们一定要认识到：市场经济社会没有终生职业，“一招鲜吃遍天”，靠着一项技能就可以从参加工作第一天一直工作到退休，三四十年不变的时代已经一去不复返了。

在没有终生职业的社会里，一个人是否有能力让自己终生有职业？在职业生涯中，有的人不成功，有的人成功了却痛苦着。一个人是否能让自己成功并快乐呢？是否能使自己的职业转化成事业呢？

这些都是我们在市场经济社会中需要深入思考并进行探讨的问题。对这些问题探讨的深与浅、成熟与否，会影响到自己、家人和子女。如果你是企业的老板、经理，对这个问题的思考还会影响到你的员工。

市场经济社会促进民主化和法制化的建设，个人在市场经济社会中的个性化越来越突出，当然个性化突出不能超过法治的范畴。而一个人个性化的表现，在很大程度上又取决于此人的职业化素质，甚至可以说职业化素质帮助我们促进个性化的张扬或是限制个性化的发挥。

那么，在市场经济下职业生涯的特点是什么呢？总结起来有三点。

快——社会环境发展快，职业环境发展快。

我国进入市场经济社会后，经济活动高速发展、商业活动频繁活跃，人们在生活中的各种新需求层出不穷并不断深化和细化。一些旧职业快速消失，一些新职业快速出现。

变——职业内涵在变，职场竞争在变。

在计划经济年代，一种职业的内涵几十年都不变，从业人数比例由国家控制。随着市场经济的不断发展，职业环境发生了巨大的甚至根本性的改变——同一个职业，可能已经具备了全新的职业内涵，从业者必须具备全新的知识和技能。人才自由流动使得职业竞争空前激烈。

多——选择机会多，发展机会多。

市场经济为我们提供了更广阔的职业舞台、更宽泛的职业机会，使我们有机会拥有更自主、更成功和更快乐的人生；但同时，也使我们面临着更艰巨、更复杂和更有风险的选择，还可能让我们遭遇更深切的痛苦。个人可以尝试多种职业，最终选择自己最喜欢的职业，做自己职业生涯的主人。

二、职业生涯观念的革命

中国人的职业生涯观念正在发生深刻而广泛的变革。一般来说，人们刚参加工作时感兴趣的可能是某件事。因为你刚参加工作，对整个企业不太了解，对你的老板不太了解，但是对这个工作、这件事情比较感兴趣。在你工作一段时间以后，可能会觉得这个老板不错。后来这个企业发展很好，你的老板可能调到更高的职位上工作，你更换了新的上级，这时候你可能觉得这个企业仍然不错，不在乎谁当老板。以前很多企业在培训中会教育他的员工要忠于领导、忠于企业。现在这个观念正在发生着变革，从忠于老板、忠于企业演变到忠于一个职业。

你的职业是什么？你做好这个职业应该具备的职业道德是什么？应该具备的知识和能力是什么？每个人都会重视产品的品牌，现在要从重视产品品牌到重视自己在职场中的个人品牌。当然，在找到职业锚以后，我们忠于的不仅仅是职业，而是我们要投入的事业。因此从对事情感兴趣，到忠于老板、忠于企业，再到忠于职业和忠于事业，这是我们职业生涯观念的重大变革。

对于那些初做管理工作的人，我们建议要脚踏实地、虚心学习。职业经理人是朝阳职业。经过 40 多年的改革开放，我国已经形成一个成熟的企业家阶层，但是仍然不能说已经形成成熟的职业经理人阶层。为了祖国的富强，我们需要越来越多职业经理人——这是我们国家急需的人才。当然，优秀的职业经理人不是天生的，是在管理实践中逐渐提高并炼成的。

对大学毕业生，我的忠告是大学毕业证书等于社会大学的入学证。产品都有一定的有效期，虽然大学毕业证书没有印出有效期，但是实际上，印在课本上的理论和方法有很多都是几年前、几十年前、几百年前的，大学生学了过去的一些知识和方法，真的足够应对变化万千的新社会吗？大学毕业生怎样让自己的大学毕业证书保值呢？唯一的方法是以小学生的心态从头学起。大学毕业仅仅等于社会大学新学期的开始。

对于叹息过去职业生涯不够成功的人，我建议：不管你过去有什么样的经历，不要后悔，不要埋怨，我们要做的是从过去的成功中总结经验，从过去的失败中吸取教训。从最得意之处找到不足，从最痛苦之处挖到“金矿”。

职业生涯明言

职涯太极

从成功中总结经验；
从失败中吸取教训；
从得意处寻找不足；
从痛苦处发现机遇。

我在离开自己一手创建的中法合资企业并开始进行新一轮职业生涯探索的时候，与导师陈炳富先生有过这样一段对话。

“社明，我问你，你以前有什么不足？”

我说了一些自己的不足。

陈先生说：“这样吧，你从你过去干得最漂亮的事当中找不足。”

“我干过最漂亮的事是值得我骄傲自豪的事情，怎么让我在那件事上找不足？”

“对了，你只有从最成功、最得意的地方找到不足，才能有新的、更大的进步。”

我非常感谢恩师充满智慧的提醒。

职业生涯明言

抓住每一次

每一次困惑都提示要学习新知识；

每一次无奈都督促提高沟通能力；

每一次心悸都期待提高心理素质；

每一次迷茫都促进重新明确方向；

每一次失误都可能提供进步机会；

每一次冲突都提醒调整价值观念；

每一次情绪波动都是机会在敲门。

我们要学习新知识、树立新观念，力求把自己的工作越做越漂亮。因为求知是自我实现的前提，求美是自我实现的过程。自我实现让人兴奋激动，天人合一使人愉快和谐。

什么是自我实现？就是美梦成真。什么是天人合一？就是按客观规律做事。

许多人说："如果我能重新生活一遍，就不会犯什么错误。"但问题是，人类至今还没有发明后悔药，与其今天后悔昨天，不如让明天不后悔今天。有的人留恋昨天，抱怨今天，等待明天，正确的做法是：感激昨天、珍惜今天、创造明天。别说"过去白活了"，应对自己说：我过去努力了，现在应该做些什么事情，能让今后生活得更好、工作得更好。

关于职业生涯开发与管理这门学科的理论框架，我们可以用一个"美"字来形象描述。如图结语 -1 所示。

图结语 -1　职业生涯开发与管理理论框架

职业生涯开发与管理有两个基本条件：一个是企业以人为本进行企业战略发展规划，另一个是员工个人有职业生涯发展的强烈愿望，在此基础之上理解和遵循职业生涯开发与管理的基本要素，即宗旨、基本原则、主要措施；然后进行职业生涯开发与管理；最后通过大量的职业生涯实践，达到个人发展和企业发展的同时促进社会发展。

这个"美"字代表了通过职业生涯开发与管理，可以创造一个美好的企业、美好的社会，创造我们美好的人生、美好的生活。

人类曾经经历过四次关于"追求"的革命。斯巴达克斯、陈胜、吴广，他们的起义主要是追求生存的权利——在奴隶制度下，他们被当作会说话的"牲口"，连最起码的生存权利都没有，他们的起义是为了生存；美国独立宣言、法国大革命、马丁·路德·金，他们追求的是人身自由；戴尔·卡耐基、拿破仑·希尔……这些成功学的创始人，他们发表了一次次鼓舞人心的演讲，出版了一部部激励人心的著作，在鼓励着我们去追求成功。我们现在不仅要追求成功，还要追求快乐，追求人的全面发展，追求快乐的成功。每一个人都有着多方面的潜能，都有资格、有能力去追求成功和快乐。

职业生涯道路是坎坷、险象环生的，同时也是充满机遇、绚丽多彩的。希望你在职业生涯的道路上不断探索，学习新知识，树立新观念；不断努力，争取把工作干漂亮、干好，一次又一次取得新的进步和成长。职业生涯求知、求美，质跃发展！

最后，以几句职业生涯明言结束本书。

职业生涯明言

理想的境界

自我实现让人振奋、激动；
天人合一使人宁静、和谐；
时时可以死，因为问心无愧，放下；
日日求新生，因为总有梦想，规划；
天天有快乐，因为活在当下，悦纳。

附　录

APPENDIX

一、程社明博士职业生涯简历

程社明博士在《职业生涯开发与管理》研究、培训、咨询领域的 32 个“第一”

1992 年　在企业探索创立《职业生涯开发与管理》实践体系

1997 年　编写职业生涯专业博士论文第一人，填补我国该领域研究空白

1997 年　发表《职业生涯开发与管理》文章第一人（《中外管理》杂志）

1998 年　在企业进行《职业生涯开发与管理》系统培训第一人（博福益普生制药公司）

1998 年　在大学进行《职业生涯开发与管理》讲座第一人（沈阳药科大学）

1999 年　出版专著《职业生涯开发与管理》第一人（改革出版社）

1999 年　去中国台湾讲《职业生涯开发与管理》第一人（中山大学、中原大学、中央大学、原智大学）

2000 年　在大学为 MBA 开《职业生涯开发与管理》学分课程第一人（南开大学商学院）

2000 年　首个职业生涯专业研究生导师（南开大学商学院 MBA 中心）

2001 年　开办《职业生涯开发与管理》公开课第一人（天津）

2001 年　建立《职业生涯开发与管理》专业咨询培训机构第一人（明理企业管理咨询）

2001 年　在总裁班开讲《职业生涯开发与管理》第一人（清华大学职业经理训练中心）

2003 年　出版《职业生涯开发与管理》培训光盘第一人（京东方影音出版社）

2004 年　在中央电视台担任首个职业生涯专家嘉宾（《东方时空》《交流》《今晚》）

2005 年　为企业做职业生涯管理咨询项目第一人

2005 年　办职业生涯发展心理辅导师训练课第一人（大庆石化）

2005 年　在电视台播《职业生涯》讲座（24 集）第一人（中国教育电视山东台《名家论坛》）

2005 年　出版《职业生涯》有声读物第一人（CD）

2006 年　为企业培养职业生涯培训师第一人（兰州石化）

2006 年　为大学培养职业生涯专业课程讲师第一人

2007 年　在电台播出《职业生涯》连续讲座第一人（天津滨海广播电台）

2007 年　把职业生涯课程讲到幼儿教师系统第一人（中国早教论坛）

2008 年　发表《企业战略管理、绩效管理、职业生涯管理整合》第一人（《中国人力资源开发》杂志）

2008 年　去东南亚讲《职业生涯开发与管理》课程第一人（马来西亚、新加坡）

2008 年　获国家级培训品牌认证——中国培训业十大创新品牌暨职业生涯规划领导品牌第一人

2008 年　为四川地震受灾民众讲人生规划与职业生涯发展公益活动第一人

2009 年　把职业生涯课程讲到监狱系统（浙江乔司监狱）第一人

2011 年　在国家级贫困县做人生规划与职业生涯发展公益演讲（云南省寻甸县）第一人

2012 年　把职业生涯课程讲到道教学院第一人（武当山道教学院）

2014 年　把职业生涯管理课程讲到美国著名学府第一人（哈佛大学、加州大学）

2015 年　把职业生涯管理课程讲到英国著名学府第一人（牛津大学、剑桥大学）

2016 年　在网络上讲解人生规划与职业生涯管理系统课程第一人

只要开始，永远不晚；只要进步，总有空间

他 18 岁起，从一个不足初中文化水平的普通工人，到 38 岁时成为具有药学学士、工商管理硕士、法学硕士、管理学博士学位的中外合资企业董事、总经理；他撰写的《职业生涯开发与管理》博士论文填补了我国在这一领域的理论空白；他因为创建中法合资企业取得卓越成就，曾两次受到法国前总统希拉克的接见；为了最大地实现自己的社会价值，在事业的辉煌期他放弃了高职厚薪，甘做一位“职业生涯开发与管理的传道士”，让更多的员工受益，让更多的企业受益，让国家受益。在他的人生历程中经历了生产灭鼠药、自学考大学、开发市场、再求学、出国闯天下、回国创业、实践中再学习、学习中新实践的种种艰苦历练……让我们一起倾听程社明的成长故事。

成长轨迹

1976—1978 年　天津化工技校学习钳工专业

1978—1981 年　制药工人、化学实验室操作工

1981—1986 年　沈阳药学院学习药学及企业管理

1986—1988 年　在中日合资企业中国大冢制药有限公司担任推销员

1988—1991 年　考入南开大学中法合办 MBA 班并赴法国实习

1991—1999 年　受法国医药公司委托开发中国市场，创建中法合资公司

2000 年至今研究、传播“职业生涯开发与管理”理论和方法，指导企业及个人制订职业生涯开发管理计划。

自从 1997 年完成《职业生涯开发与管理》的博士论文，程社明博士便与“职业生涯”这个课题结下了不解之缘——从 2000 年开始讲授职业生涯方面的公开课，听众既有南开大学、清华大学、北京大学、复旦大学、浙江大学等高校的师生，又有中国培训论坛、学习型中国论坛的学员，当然更多的受益者来自大大小小的企业。每次都会有学员提出各式各样的问题，其中问得最多的就是——现在开始进行职业生涯规划晚不晚？我的职业发展还有没有成长空间？结合自己的成长历程及学术研究，程社明博士每次的回答都斩钉截铁：只要开始，永远不晚；只要进步，总有空间。

这几年，他不断从过去的成功中总结经验，从过去的失败中吸取教训，从最得意之处找到不足，从最痛苦之处挖到“金矿”，使自己的“职业生涯开发与管理”研究不断完善和成熟。数本专著、几十篇学术论文、一千多场公开课、几百次企业内训、数十万名学员对他来说仅仅是个开始，学员的困惑、无奈、心悸、迷茫时刻都在警示着他，只有不断努力才能让更多的员工受益，让更多的企业受益；只有不断进步才能让自己生命的灵光在事业中闪现，在社会上发挥出最大的价值。

二、程社明博士答学员问

职业生涯发展的形式是多种多样的，内容是丰富多彩的。当你知道了如何写职业生涯规划，当你了解了职业生涯发展的一些观念、理论、措施，下面就是要亲自去实践。在实践的过程中，可能还会有许多的问题，在本章中，我将对一些具有特殊性、代表性的问题予以回答！

问题一　如何看待大学生的“考证热”？

答：我对大学生的“考证热”是比较赞赏的，为什么呢？这说明大学生已经开始认清文凭与职业证书的区别：文凭更多的是学习知识的证明，我学了哪些知识且考试合格；而职业证书是对职业能力的要求。在拥有文凭的同时，还要去考各种不同的证书，说明大学生对能力的外在表现的认识有了提高。对大学生这种做法我们应该给予理解、支持、帮助。

问题二　关于职业锚的困惑

问：我到底想干什么？我到底能干什么？我到底为什么要干？前两个问题我能想明白，第三个问题我想不明白！

答：为什么要干这件事？如果你是为了挣钱，当遇到比现在挣的钱更多的工作，那么你就会放弃现有工作，所以这还不是你的职业锚。你为什么要干这件事情？直到你感觉到、体会到自己的人生使命就是为了要做这个事情。古人五十而知之，我们现代人四十而知之，知道人生的使命是什么——我在人世走一遭，就是要做这件事的。

问题三　关于职业生涯中“自我实现”阶段的困惑

问：职业生涯中达到自我实现的阶段需要物质支持吗？我觉得职业生涯自我实现的阶段是需要物质支持的，要有一定的经济实力或技术实力，达到那种情况才能够实现自己的人生价值。

答：你说得非常有道理，一个人要想做自己最喜欢的工作，一定要有一定的经济基础。以我为例，曾有个企业集团董事长听完我的课，他说：“我请你当我们公司的人力资源总监，年薪一百万元。”我对他笑了笑，聊了半个小时后，他鞠了个躬说：“对不起，我刚才说的话不合适，我请你当我们公司的总裁，年薪三百万元。”我说：“我真的不感兴趣。”最后加到了五百万元我也没有去。原因很简单：我找到了自己的职业锚。如果我做一个公司的总裁，可能是在重复做几年前、十几年前做过的事情。但我之所以能谢绝其好意，根本原因是我已经具备了一定的经济基础，不愁吃、不愁穿。如果我没有这样的经济基础，别说给我五百万元，给我五十万元我也去。因此，在你四十多岁的时候挣够你想达到的经济基础是非常必要的。但是，在二十多岁的时候，你一定要把精力放在提升自己的内职业生涯上。

问题四　应该根据能力制订目标，还是根据目标提高能力？

问：做职业生涯目标规划时，是根据自己的能力制订目标呢，还是根据制订的目标提高能力呢？

答：这个问题提得还有点哲学水平。这两种做法各有优点，也各有一定的风险。当你根据能力制订目标的时候，一般来说不需要花费太大的力气，因为你已经具备这个能力，已经明确你的目标，你就去做，不需要你付出太多的艰辛。但同时，你的潜力并不一定能得到进一步的挖掘和发挥，因为这是你已经具备的能力，你只要把这个工作目标确定了，努力去做就可以实现；而根据目标提高能力，这么做可能会存在一些风险，因为你需要去挖掘你的潜能，需要学习新知识、需要树立新观念，需要在职业生涯实践中提高新的能力。这样做可能会比较辛苦、比较累，但是更能挖掘你的潜能。

因此，怎么做取决于你当时的情况——如果你身体状况不太好，家里的事占用你比较多的精力，没有时间马上学习很多的新知识，可以根据自己的能力来制订目标，这样更实际一些；如果你现在有比较充足的时间和精力，有比较好的发展空间，建议最好还是根据目标提高自己的能力，这样你的职业生涯才能有突破。

问题五　掌握了内、外职业生涯，成功的概率是多少？

问：如果我掌握了内职业生涯和外职业生涯，就一定会成功吗？如果不一定成功，那我能有百分之多少的成功率呢？

答：我很高兴你注意到外职业生涯和内职业生涯。但是在这里，想给你提个建议，你问问自己是不是职业生涯一定要成功？你的成功标准是什么？

如果你一定要成功，利用内职业生涯和外职业生涯的这种方法，是你成功的一个重要的手段。其实有些人的职业生涯很成功，但他并没有明确这个概念。如果有其他的方法可以助你成功，你也可以用那些方法。别把你的成功托付给别人，也别把你的成功托付给某一种方法。职业生涯成功有规律性的东西可以被我们当作工具来用，问题在于你是不是一定要成功？你的决心到底有多大？一切取决于你的心态，取决于你不断提高的能力。不要再让别人帮你做决定，这件事情取决于你自己。

问题六　潜能开发从什么时候开始做起？

问：听完开发潜能这节课以后，我认为自己在许多方面都有潜力，却不知该开发哪一方面潜力？比如技术、技能、管理方面、语言方面、保卫方面等，似乎感觉自己行行通却行行不精，该怎么办？

答：首先我向这位学员表示祝贺，你觉得自己在很多方面都有潜力和潜能，这是非常好的事情。接下来怎么做呢？建议首先从自己的本职工作做起。针对每天做的事情，写出工作职责、工作内容、工作流程、工作方法，写出对这个工作的检验标准，争取把自己的本职工作变成一个培训教材；然后跟你的上级建议说："为了做好这个本职工作，我建议它的内容是……标准是……方法是……流程是……检验标准是……如果有新员工，能不能按这种方法对他们进行培训？"这样，一方面做好本职工作，一方面可能争取到一个在自我管理、管理职务方面提升的机会。而且你如果得到了做培训的机会，再进一步发挥，完全可以挖掘你在语言等方面的潜能。还是那句话，认清一个方向和目标，从自己的本职工作做起。

问题七　老板对我有看法，怎么办？

问：我是一家民营企业的市场销售经理，老板是一对夫妻，手下带领几十人。在老板眼里我是员工这边的人，在员工眼里我是老板那边的人。前一段时间我因为用人和老板有一些争执，不过到最后我还是妥协了。尽管妥协了，但老板还是因为这个问题对我有一些看法和不满。请问应该怎样协调？

答：这是职业经理人经常会遇到的一个问题。有一次，我在上人力资源总监班的课程时，有一位人事经理提的问题和这个问题差不多，他问："我作为人事经理，当员工的利益和老板的利益产生冲突的时候，我是站在老板的立场上牺牲员工的利益，还是站在员工的立场上牺牲老板的利益呢？”

有的时候二选一的问题，容易使人陷入陷阱。对于促销来说，这是一种有效的方法。早上卖馄饨的小贩可以问他的顾客：“您是加一个鸡蛋，还是加两个鸡蛋？”有的人就说：“加一个吧。”也有的人说：“加两个。”如果问顾客：“您加不加鸡蛋？”有的人加，有的人就不加。如果问：“要一个好，还是要两个好？”这样二选一的促销，肯定能卖掉一个，做促销的都可以用这种方法。

但是作为一个职业经理人，不要把自己放在一个二选一的境地，并不是说你一定得站在员工的立场上去得罪老板，或者一定要站在老板的立场上去得罪员工。怎么办？跳出来，放宽自己的眼界。能不能找出一种方法能同时照顾到老板和员工的利益？不是没办法，是你以前把自己的思想给限制住了——我要么得罪这个，要么得罪那个。所以我对这样的职业经理人提的建议是：站在一个更高的角度，看看怎么做既有利于老板，又有利于员工。用一个更大的利益框架照顾到双方的利益，这是职业经理人应该做的事情。

提示：如果你认定“我要么为了员工得罪老板，要么为了老板得罪员工”，那你就把自己框住了。

想想利益结合原则，使个人利益、企业利益、社会利益相结合，放宽自己的眼界。不是没办法，是我们过去以为没办法，没有朝这个方向努力。如果朝这个方向努力，一定有办法。同时至少要想出三个办法。为什么？想出三个办法，就会有更多的办法涌现出来，正所谓“一生二，二生三，三生万物”。

问题八　上级压制，不开心，怎么办？

学员问：“我的上级总是压制我进步成长，在他手下工作，我非常不开心，我应该怎么办？我跳槽的想法非常迫切。”

程博士问："你是否注意观察过你的上级，他身上有没有一些优点？"

学员答："总会有一些优点。"

程博士问："他的那些优点你是不是都学到了？是否还有一些值得你学习的优点？"

学员答："要仔细想想也能有。"

程博士回答如下。

"第一，列出他的优点，真心地感谢他，隔一段时间谢谢他，而且告诉他："我最近一段时间在你身上学到一……二……三……四……五……谢谢你。"也可以给他买一个小礼物，几本书也可以。

"第二，对于你列出来的他的一些缺点，当作将来你做管理人员的时候应该避免的错误，也要感谢他。但是不用说为什么谢他，你可以跟他简单地说："我最近在你身上又学到了一些东西，向你表示感谢。"至于那些缺点是什么，没有必要说。这样去做，过两个月，你再来跟我谈谈感受。

"用两个月的时间，你可以从这个上级身上学到很多优点；同时上级的缺点对你也是一种经验教训——等到你做管理人员的时候，可以少走一些弯路。"

职业生涯明言

上级的优点与缺点

年轻人千万不要把主要精力放在帮助上级改正缺点错误上——用同样的时间和精力，从上级身上学到的优点能多于帮上级改正的缺点。

总而言之，我们改变观念、改变态度后会发现，我们身边的所有人都有值得学习的东西，而不要把眼睛盯在别人的缺点错误上。对于别人的缺点错误，你或许能帮他改，或许不能帮他改；或许他承认有错误，或许他根本不承认有错误；或许他承认错误愿意改，或许他承认错误又告诉你“我妈都帮我改不了，你能帮我改吗？我这辈子就不改了”。这时你怎么办？把关注的焦点放在学别人的优点上，即使看到他的缺点，也把焦点放在“如果我做管理人员，我不犯同样的错误”。

问题九　怎么向领导提意见更有效？

当领导没有接受建议时，你这么说，向他表示感谢：“您不接受我的建议，肯定是我考虑问题的高度不够，全面性不够，也许我比较年轻，缺乏经验，其实我主要想得到一个向您学习的机会，您看看我的建议有什么缺陷。即使您不接受，我觉得也是对我的帮助。”对你而言，领导可以帮助你提高看问题的全面性和高度。当领导接受建议时，千万别说：“还得听我的吧！”而是说：“谢谢您接受我的建议！”或者说：“您的决定太英明了！”领导也是人，他同样需要激励。

问题十　如何看待学习力的竞争？

问：现在已经进入了知识竞争的社会，那么未来的竞争是一种学习力的竞争，未来发展的竞争也是一种学习力的竞争，你对这方面有什么看法？

答：学习力是快速掌握自己所需知识的能力。

1. 参考标准答案，找自己的问题

在考大学的时候做高中的题，当做完一道题，跟“数理化自学丛书”后面的答案对照，当我的答案跟书的标准答案不一样的时候，我就特别有劲头，为什么？只有做错题，才能发现、找到问题的所在。

2. 教别人做

自己会做的工作，尽量教会别人做。既给别人创造机会，又能提升自己辅导他人的能力。

3. 找到避免同样错误的方法

永远不要因为孩子做错题、作业本上有叉而批评孩子。你说："快仔细看看，说不定是老师看错了。"孩子会很爱听，因此会认真地看，看完后说："真的是我错了。"这时让他将做错的地方抄下来，写上错在哪儿，然后想一想是怎么错的，下次如何避免，这样从小培养孩子的学习力。

在林林总总的管理科学理论和方法中，职业生涯开发与管理是一门非常年轻的学科，还有很多不成熟的地方。因此，我在回答学员问题的时候，实际上对自己也是一种激励、一种鞭策；我在培训、咨询方面工作能力的提高，也依赖于学员们提出越来越有质量、越来越有水平的问题。所以我很高兴回答大家的问题！

三、职业生涯三份基础文件模板

职业生涯简历

姓　　名：	微　　信：
性　　别：	移动电话：
出生日期：	电子邮件：
出 生 地：	住　　址：
血　　型：	住址邮编：
身　　高：	单位名称：
体　　重：	职　　务：
健康状况：	单位电话：
婚姻情况：	单位地址：
子女情况：	单位邮编：

教育背景（采用倒叙方式）

学习时期	城市	学校	专业	获得学位或证书

培训情况（采用倒叙方式）

培训时间　　城市　　培训项目　　主办单位　　主讲人

自学知识（采用倒叙方式）

时间　　专业

工作和实习经历（采用倒叙方式）

时间　　城市　　单位　　部门　　职务　　职责

主要工作经验和技能

主要工作业绩

重要的职业教训

工作理念

业余爱好

时间坐标

签字：　　　　　　　　日期：

自我认定

职业生涯现状分析

1. 姓名：

2. 部门和职务：

3. 职务职责（规定职责和自选职责）：

4. 职务能力要求（专业能力、管理能力）：

5. 已具备能力：

6. 现欠缺能力（必须细分）：

7. 改进方法及实现时间（一定要具备可操作性）：

职业生涯规划

1. 题目——时间坐标

2. 职业方向和总体目标

3. 社会环境、职业环境分析结论

4. 企业分析结论

5. 角色及其建议

6. 目标分解、选择、组合及实现时间

7. 成功的标准

8. 自身条件及潜力测评结果

9. 差距分析

10. 缩小差距的方法及实施方案

职业生涯目标分解图及相关任务

姓名：　　　　　　　　　年龄跨度：

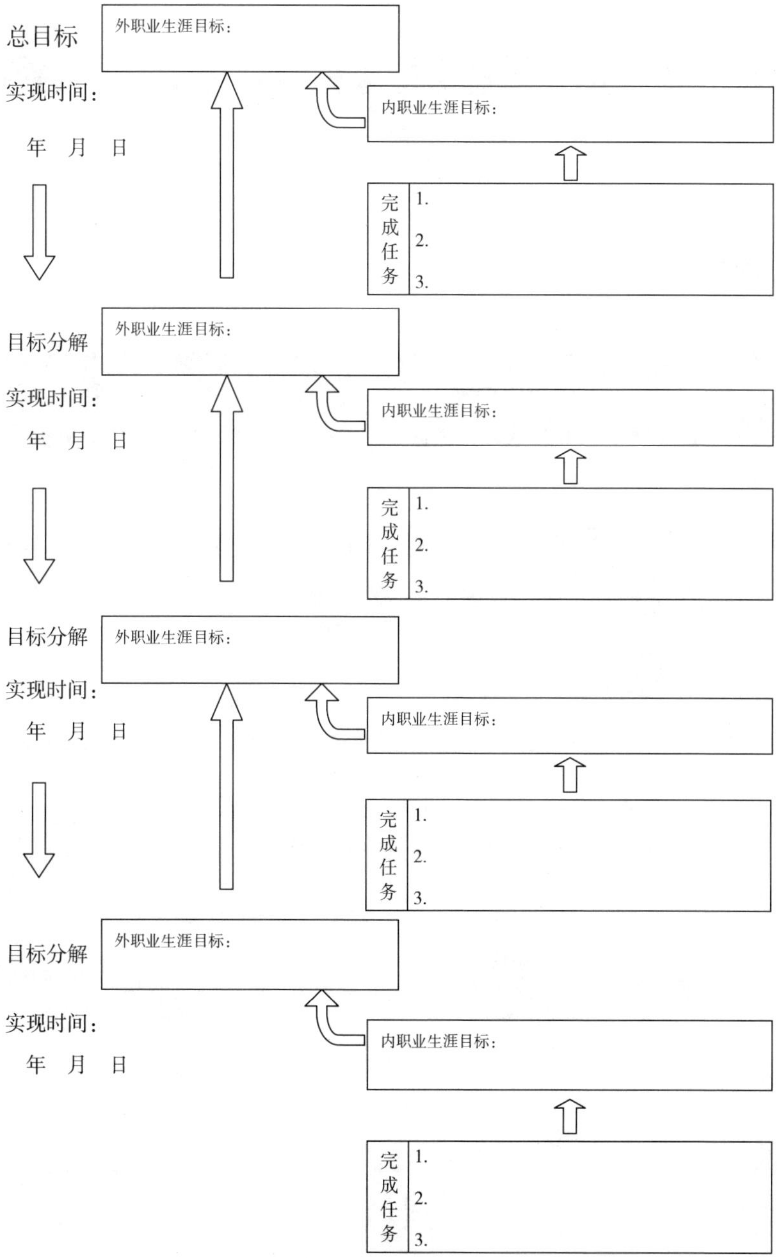

四、媒体采访程社明博士目录及职业生涯文章目录

精品文章目录

序号	精品文章目录	文章发表于
1	《倾听内心呼声 把握职场机遇》	《飞越》　2008 年 12 月号
2	《把脉职业生涯——专访中国职业生涯规划第一步：程社明》	《飞越》　2009 年 1 月号
3	《“跳高”而非“跳槽”》	《飞越》　2009 年 2 月号
4	《四月成都：职业生涯培训再掀风暴》	《飞越》　2009 年 4 月号
5	《未来，以爱之名》	《飞越》　2009 年 5 月号
6	《从学生到职业人》	《心灵成长》　总第 7 期
7	《了解你的生命——什么是心灵成长》	《心灵成长》　总第 8 期
8	《职场价值感与职场成功意志力》	《心灵成长》　总第 9 期
9	《在职场中如何平衡金钱与心灵的关系》	《心灵成长》　总第 10 期
10	《职业之树的内在生命力》	《心灵成长》　总第 11 期
11	《做好人生的主角——职业生涯开发与管理博士程社明答读者问》	《心灵成长》　总第 12 期

续表

序号	精品文章目录	文章发表于
12	《用催眠解决你的职业问题》	《心灵成长》　总第 13 期
13	《女性的平衡》	《心灵成长》　总第 14 期
14	《我在灾区做心理辅导》	《心灵成长》　总第 15 期
15	《从职业到事业》	《心灵成长》　总第 16 期
16	《心灵的二次创业》	《心灵成长》　总第 17 期
17	《新码头·旧码头》	《心灵成长》　总第 31 期
18	《企业的经营理念和人才战略》	《中外管理》　1996 年第 1 期
19	《塑造优秀企业文化的思路》	《中外管理》　1997 年第 1 期
20	《企业兴衰与职业生涯管理》	《中外管理》　1997 年第 2 期
21	《企业生存发展保证体系的探讨》	《中外管理》　1997 年第 7 期
22	《职业生涯的开发与管理》	《中外管理》　1998 年第 5 期
23	《怎样制订职业生涯规划》	《中外管理》　1999 年第 6 期
24	《何坊：中国职业经理人的修炼代表》	《中外管理》　2003 年 12 期
25	《经理人离职也要“职业”》	《中外管理》　2004 年第 4 期
26	《职业经理人如何进行亲子教育》	《中外管理》　2005 年第 3 期
27	《职业枯竭——成功者的瓶颈》	《中外管理》　2005 年第 4 期
28	《技术专才，转型何必“被动”？》	《中外管理》　2005 年第 10 期
29	《职业经理人请走出培训误区》	《中外管理》　2006 年第 3 期
30	《把工作和生活放在同一个天平上》	《中外管理》　2006 年第 10 期
31	《打造团队的核心：信任与授权》	《中外管理》　报告精选 4
32	《如何化解团队冲突》	《中外管理》
33	《企业主管如何进行亲子教育》	《中外管理》

续表

序号	精品文章目录	文章发表于
34	《抓住每一个机会——跨专业选择就业领域的职业规划》	《中国大学生就业》 2004 年第 7 期绿刊
35	《大学生职场第一步——从灰领做起》	《中国大学生就业》 2004 年第 8 期红刊
36	《职业生涯的成功秘诀——处理好内外职业生涯的关系》	《中国大学生就业》 2005 年第 23 期
37	《个人品牌——职场成功的关键词》	《中国大学生就业》 2008 年第 5 期
38	《从乞讨到总经理——在巴黎的四次求职》	《中国大学生就业》 2008 年第 9 期
39	《走出职场寒冰期——职场快速进步有方法》	《中国大学生就业》 2008 年第 11 期
40	《职场中学会做人做事》	《中国大学生就业》 2008 年第 17 期
41	《具有再生能力的工作才是好工作》	《职业设计》 2004.09B
42	《策划你的职业生涯》	《职业设计》 2004.10B
43	《四种工作状态，你进入哪种状态了？》	《职业设计》 2004.12B
44	《寻找你的最佳职业定位》	《职业设计》 2005.2B
45	《情绪智力与职业生涯发展》	《职业设计》 2005.3B
46	《让员工与企业同进步》	《中国人力资源开发》 2001 年第 5 期
47	《人力资源经理的必修课——人力资本理论》	《中国人力资源开发》 2002 年第 7 期
48	《企业战略管理、绩效管理、职业生涯管理的整合》	《中国人力资源开发》 2008 年第 1 期
49	《成功源自清晰的目标与规划》	《销售与市场》 2005 年第 6 期总 222 期

续表

序号	精品文章目录	文章发表于
50	《只要开始 永远不晚》	《销售与市场》 2006年4月刊
51	《跳行如跳山，算好你再跳》	《销售与市场》 2006年5月刊
52	《学习是一生的责任》	《销售与市场》 2007年第3期培训专刊
53	《如何找到自己的职业锚》	《青年心理》 2009年9月刊 总第92期
54	《程社明——职业生涯开发与管理的传道士》	《学习型中国》 2011年10月刊
55	《程社明的平凡事儿》	《影响力人物》 2010年4月刊 总第40期
56	《如何处理好职业现状与职业发展的关系》	《中国人才》 2010年4月刊 总第355期
57	《精彩三级跳的职业人生》	《职业》 2007年第8期
58	《圈地运动——定制你的职场路线》	《时尚健康》 2006年6月号
59	《职场跳高不跳远》	《时尚健康》 2007年第1期
60	《选好方向做对事》	《职场》 2006年第9期
61	《突破职业生涯发展的瓶颈——职业枯竭应对方法》	《中国电力企业管理》 2006年第8期
62	《“一滴”成就洛克菲勒》	《人力资本》 2005年9月刊
63	《浅谈职业生涯开发中的自我管理意识》	《培训通讯》 广东移动通信有限责任公司培训专刊 2005 NO.2
64	《职业伦理的职场价值》	《职业设计》 2005年第4期B
65	《策略与胆略哪个更重要》	《深圳经理人》 2005年第3期
66	《科学规划人生，造就企业精英》	《中外企业文化》 2002.12
67	《企业干部职业生涯开发与管理探索》	《中国时报》 1997年5月19日
68	《推销工作的“活的灵魂”》	《市场竞争案例》 1990年6月刊

媒体采访

序号	媒体采访目录	文章发表于（采访媒体）
1	百万身价背后的成功“秘方”	《北京青年报》 2001年10月29日
2	对自己锻炼最大的工作就是好工作	《中国青年报》 2001年11月6日
3	人生论坛——职业生涯需要经营	《今日信息报》 2001年12月27日
4	青年大世界	天津卫视 2003年
5	程社明博士和他的“计划人生”	《闽北日报》 2003年8月6日
6	只要开始，永远不晚；只要进步，总有空间——公司职业生涯开发与管理培训活动侧记	《巨化股份报》 2003年8月28日
7	第九只魔戒的力量	《巨化股份报》 2003年9月18日 总第128期第四版
8	公司掀起第二轮职业生涯开发与管理培训高潮	《巨化股份报》 2003年9月28日
9	程社明博士在中华英才网与好工作嘉宾聊天室访谈实录	中华英才网 2004年
10	职业生涯规划——掌握自己的命运	2004年5月22日
11	“我知道自己想要什么”	智联招聘 2004年7月5日
12	夜访百家	天津电台 2004年8月
13	改行	中央电视台10套《交流》 2004年9月
14	鼎培采访程社明博士	《培训通讯》 广东移动通信有限责任公司培训专刊 2005 NO.2
15	程社明博士“北京大学民营企业总裁班”答学员问	2005年4月6日
16	谋定而后动	《金融时报》 2005年6月10日
17	外企凤凰降落民企梧桐	《管理@人》 2005年9月刊 总第8期

续表

序号	媒体采访目录	文章发表于（采访媒体）
18	前程	湖北电视台　2006 年 4 月
19	如何与上级沟通	中央电视台 2 套《今晚》　2006 年 8 月
20	你被边缘化了吗?	《经济观察报》　2006 年 12 月
21	职场跳高不跳远	《时尚健康》　2007 年第 1 期　总第 127 期
22	你是企业里的边缘化员工吗?	名师博客　2007 年 1 月 4 日
23	跳槽前先完成职涯规划作业	《城市快报》　2007 年 2 月 28 日
24	职业生涯规划师——21 世纪的人才“美容师”	《每日新报》　2008 年 11 月 9 日
25	职业化素质	福建经济生活频道　2008 年 11 月 16 日
26	我的 2008	滨海广播春节节目　2009 年 1 月 25 日
27	程社明博士解答职场诸多常见问题	滨海广播电台　2009 年 2 月 19 日
28	城市论语之职场明言	滨海广播电台　2009 年 2 月 19 日
29	创业者的故事	天津电台《创业者说》栏目　2009 月 3 月 10 日
30	在当前就业形式严峻的情况下，对于大学生和职场新人（年轻人），职业生涯规划的作用和重要意义	济南人民广播电台（12:18—12:58）2009 年 3 月 17 日
31	职业生涯	济南人民广播电台《我能赢》栏目 2009 月 3 月 31 日
32	职业生涯规划	太原电视台对话栏目采访（15:10—15:40）　2009 年 4 月 2 日
33	35 岁阶段人员的创业	济南人民广播电台（陈滨）（12:15—13:00）　2009 年 4 月 14 日

续表

序号	媒体采访目录	文章发表于（采访媒体）
34	程老师的成长，如何开创职业生涯开发与管理这门课程	君风传媒　2009月7月1日
35	职场第一步	社力老师济南电台《我能赢》栏目 2009年9月1日 12:00—13:00
36	幼教的职业生涯开发与职场心理减压	搜狐网络 chinaren 专栏访谈 2009年9月27日 10:10—10:45
37	职业生涯规划	程老师成都接受人力资源报社的采访　2009年10月14日 14:30—15:20
38	职业生涯规划与管理，走出“人本时代”的职业困惑——访北京家和咨询有限公司董事长程社明	《人民政协报教育在线》　2009年11月4日　总第178期
39	关于大学生创业	《今晚报》教育周刊　2009年11月4日
40	职场新人如何得到重视	《今晚报》电话采访　2011年2月15日 15:12—15:29
41	不能忽略孩子的情商	搜狐频道亲子访谈　2009年11月24日冯燕老师 13:45—15:00
42	职业生涯管理——老板与人才共赢的法宝	济南电台采访（一）　2011年3月15日
43	职业生涯管理——老板与人才共赢的法宝	济南电台采访（二）　2011年3月22日
44	引领职业生涯发展方向——专访北京家和咨询有限公司董事长程社明博士	《世纪人物》　2011年9月　总第31期
45	《程社明：规划职业生涯，成就人生梦想》	《今日中国》　2014年第4期
46	程社明博士在《青年时讯》对大学生考证热问题的解答	《青年时讯》

五、职业生涯励志歌曲

你的船你的海

邹玉鹏 词
邹玉鹏 曲

1=♭E 4/4

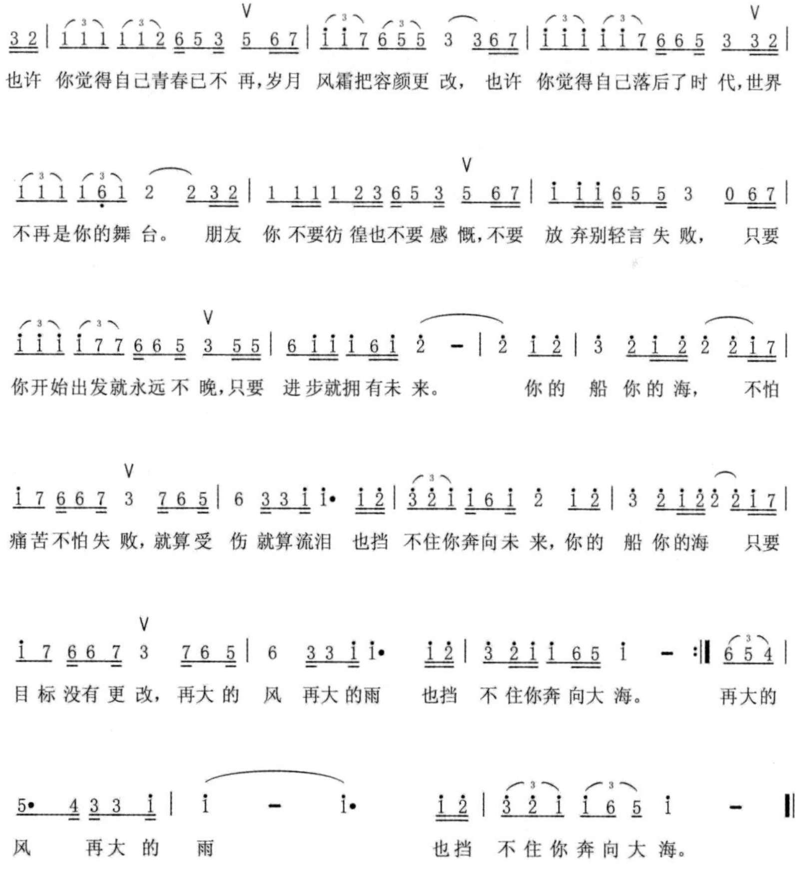

四海来相会

1= C $\frac{4}{4}$

程社明
邹玉鹏 词
邹玉鹏 曲

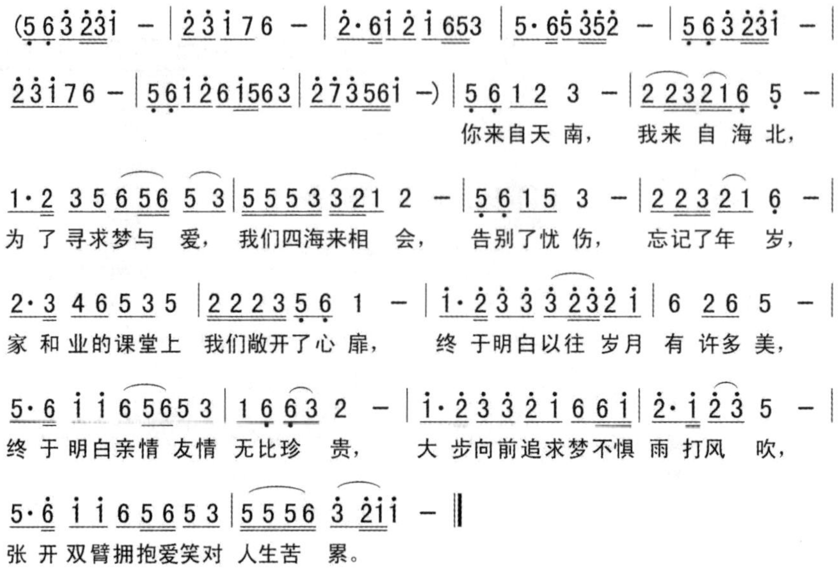

六、企业管理金三角——战略管理、绩效管理、职业生涯管理的整合

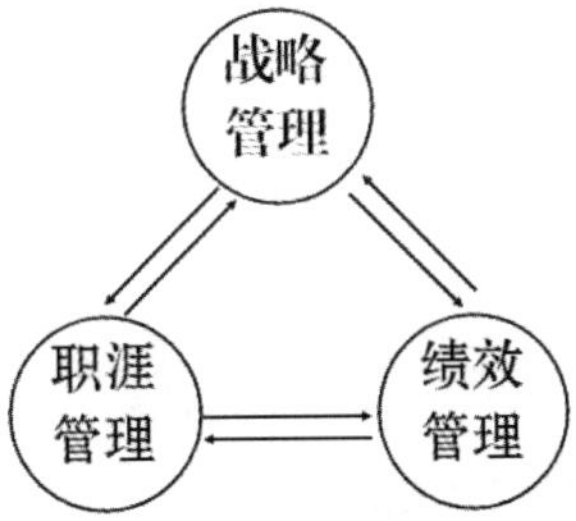

企业管理工作的三个关键内容

没有成功的战略管理，企业就会失去正确的前进方向。

战略管理的重点在决策，绩效管理的重点在执行。

绩效管理如果不和企业战略管理相结合，就失去了服务对象；

绩效管理如果不和职业生涯发展相结合，就变成了枷锁负担。

职业生涯管理是制定和实施企业战略规划的基本保证。

战略规划的落实和组织成员职业生涯的发展，都要落实到绩效上。

企业战略管理、绩效管理与职业生涯管理的整合

文　程社明

（发表于2008年1月《中国人力资源开发》杂志）

企业战略管理、绩效管理和职业生涯管理是企业发展最基本的三个方面，三者之间相互依存、相互支撑，缺一不可。在企业发展中，三者整合得越好，企业的生命力就越强。

1. 战略管理决定企业的生存和发展

企业战略管理是对企业方向性、长期性、全局性的管理，这些事项决定着企业的生死存亡和发展。没有成功的战略管理，企业就会失去正确的发展方向。

实施企业战略管理，就是在进行SWOT分析的基础上，首先确定企业的发展领域，是朝行业上游发展，还是朝下游发展？是在原范围内发展，还是跨领域经营？其次要确定发展策略，是扩张还是收缩，或是维持？最后要确定价格策略，是锁定高端客户高端定价，还是面向大众低端定价，或是以独特产品或服务差异定价？

现代企业战略管理特别强调确定企业发展的商业模式。商业模式包括：企业价值观模式、研发模式、生产模式、经营模式、赢利模式、客服模式、企业内部职业管理模式等。

企业战略管理是企业高层工作的核心内容。企业战略决策有十个特性：方向性、长期性、全局性、纲领性、稳定性、发展性、对抗性、风险性、主动性和操作性。

新年伊始，企业老总需要问自己四个问题：企业制定、发布战略发展规划了吗？这个规划是否符合战略规划的十个特性？有没有绩效管理体系落实这些战略规划？企业成员的职业素质是否可以实现这些规划？

2. 绩效管理的内容包括想法、说法、做法和结果

许多企业高层经理把绩效管理视为对中层、基层人员工作结果的管理。实际上，他们进入了绩效管理的认识误区。

您是否同意以下观念：绩效管理是对企业管理过程中涉及的想法（价值观）、说法（表述内容和表达方式）、做法（行为内容和行为方式）及由此产生的结果（数据、实物、氛围感觉等）进行管理，即绩效管理是一个预测、引导、示范、训练、实施、评价、控制、分析和展示的过程。

企业绩效是谁的绩效？岗位绩效是员工的绩效，部门绩效是经理的绩效，企业绩效就是老总的绩效。所以，绩效管理对象应该是企业里的所有人，绩效管理的主要内容是老板的想法，即老板的思维绩效；管理人员的说法，即管理人员的语言绩效；基层人员的做法，即操作者的行为绩效，以及由此产生的各种产品、服务和相关数据的结果。

企业老总的想法，即价值观和追求目标，影响着企业老总和高层管理人员的说法；企业管理人员的说法，影响着基层人员的做法即行为方式；基层人员的做法，决定着企业运作的结果。我们来看两个案例。

案例 1

1984 年，张瑞敏接手海尔的时候，海尔是个亏损 147 万元的小厂。借改革开放的大潮，张瑞敏到德国洽谈合作项目。看着德国超市琳琅

满目的商品，张瑞敏问德国人这里有没有中国的产品，德国人说：在有的小商店会卖些中国的烟花爆竹。说者无意，听者痛心！快到21世纪了，难道中国人就只能靠老祖先的发明挣些可怜的外汇吗？张瑞敏下定决心创建一个优秀的企业，让高质量的产品遍布全世界（**企业老总的价值观和追求目标**）。1985年，面对质量不合格的产品，张瑞敏说服干部、职工，轮起铁锤，砸烂76台冰箱，从此海尔树立了做家电行业强势品牌目标，开始了狠抓质量的品质管理（**管理人员的说法、员工的做法**）。20多年来，海尔持续稳定发展，已成为在海内外享有高度美誉的大型国际化企业集团。产品从1984年的单一冰箱发展到拥有白色家电、黑色家电、米色家电在内的96大门类共15100多个规格的产品群，出口到世界100多个国家和地区。2006年，海尔集团实现全球营业额1075亿元（**企业的产品和整体经营结果**）。

这个案例使我们了解到，海尔由一家国内亏损企业发展为一个世界知名企业集团，取决于张瑞敏的思维绩效。

案例2

广州某公司总经理的理念是：只要能够赚钱就可以不择手段，可以不顾消费者的健康和利益。因此，他们利用顾客喜爱红心冒油蛋黄的心理，决定用化工原料苏丹红生产红心鸭蛋。管理人员的说法就是组织购买化工原料苏丹红，而操作人员的做法就是给鸭子喂食苏丹红，然后将这些“化工产品”销往各地，最终受到了法律制裁，被法院判处有期徒刑15年并处230万元罚款。

这个案例说明，如果企业老总的思维绩效出了问题，管理人员的语言绩效和基层人员的行为绩效就会出问题，企业的总体绩效就会非常差，甚至危害社会。

企业老总的思维绩效正确，企业才能有员工利益、企业利益、社会利益相结合的正确决策；管理人员有正确的语言绩效，才能准确传达、解释企业的决策和工作计划，有效调动员工的工作积极性；全体工作人员有正确的行为绩效，才能制造优质产品、提供优质服务，实现企业效益。

对思维绩效的管理有超前性，对语言绩效的管理有现实性，对行为绩效的管理有即时性，对结果数据的管理有滞后性。如果绩效管理只是针对结果数据，就像被一头病牛拖着连滚带爬。只有将思维绩效、语言绩效、行为绩效、结果数据都抓好，才能像指挥一艘战舰一样驶向正确的战斗区域，夺取战役胜利。

3. 战略管理和绩效管理离不开职业生涯管理

绩效管理的目的是让战略发展规划落到实处。绩效管理如果不和企业战略管理相结合，就失去了服务对象。战略管理的重点在于正确决策，绩效管理的重点在于高效执行。那么，企业人员在哪种情况下才心甘情愿地接受绩效管理呢?

组织成员职业素质的提升，是制定和实施企业战略规划的保证。职业生涯开发与管理的目的是通过人力资源动态配置实现企业资本增值，其长远作用在于提升企业成员职业素质，促进人的全面发展。

如果没有进行职业生涯开发与管理，没有职业素质的提升，企业中可能根本没有人能够制定出正确的战略发展规划，或者即使请咨询公司帮助制定了战略发展规划，企业也没有足够的人才实现这些规划。

绩效管理必然涉及目标分解、监督、调控、考核、评价、奖惩。为了让相关人员积极参与、主动配合，企业必须让他们感受到绩效管理对自己职业生涯发展的有效帮助。否则，绩效管理就会被认为是负担、枷锁。

只有当企业成员体会到绩效管理不仅利于老板和企业提高营业额、增加效益，还有利于自己增加收入、职业生涯发展，大家才会积极配合、认真执行。只有组织成员的职业观念、知识、技能等达到相应水平时，才能创造优秀业绩。组织成员职业素质的提升，是制定和实施企业战略规划、落实绩效目标的基本保证。

（1）职业生涯开发与管理的基本工作。

职业生涯管理的前提是职业管理。许多企业高层管理者非常重视职位管理，却完全忽视职业管理，以至于被问到企业里有多少个职位时能脱口而出，而被问到企业有多少职业时却一片茫然。做好职业管理要回答以下几个问题：企业发展需要哪些职业？每种职业需要哪级人才？每级人才需要多少人？每个人能干多长时间？如何培养后续职业人才？

职业生涯开发与管理要做好六项基本工作，即“测”“定”“学”“干”“评”“发”。

“测”就是通过软件测评、实境模拟测评等手段进行职业生涯潜能测评，目的是发现潜能。“定”就是制定职业生涯规划，即定位、定向、定目标、定方法、定时间、定成功标准，目的是激发潜能。“学”就是树立职业生涯终生学习的观念，通过不断向书本学习、向他人学习、向实践学习，树立正确的职业观念，提高情绪智力，提高沟通能力，学会与团队相处、与客户相处、与竞争对手相处，目的是强化潜能。“干”就是职业生涯实践，在一定的组织环境中抓住机会或创造机会，把失误和教训变成财富，目的是发挥潜能。“评”就是职业生涯评价，通过个人评价、家庭评价、企业评价、社会评价，全过程、全方位地评价一个人的阶段性职业生涯成果或终生职业生涯成果，目的是检查潜能。“发”就是职业生涯发展，通过内职业生涯发展和外职业生涯发展两个方面，来体现职业生涯的绚丽多彩和丰硕成果，目的是实现潜能。

职业生涯开发与管理的结果是帮助个人实现人生成功、企业基业长青、社会和谐发展。

（2）职业生涯管理的核心是内职业生涯发展。

一个人的职业生涯就是从事职业的过程，人生成功主要是通过职业生涯成功体现的。取得职业生涯成功的一个重要规律就是用内职业生涯发展带动外职业生涯发展。内职业生涯指从事一种职业时的知识、观念、经验、能力、心理素质、身体健康、内心感受等因素的组合及其变化过程。外职业生涯指从事一种职业时的工作时间、工作地点、工作单位、工作内容、工作职务与职称、工资待遇等因素的组合及其变化过程。内职业生涯改变了，外职业生涯不一定立即变；外职业生涯改变了，内职业生涯必须马上改变。

外职业生涯通常由别人决定、给予、认可，也容易被别人否定、收回或剥夺。内职业生涯主要靠自己的不断探索而获得，不随外职业生涯的获得而自动具备，也不会由于外职业生涯的失去而自动丧失。内职业生涯的转变靠积累、渐变；外职业生涯的转变靠机缘、突变。内职业生涯的发展是外职业生涯发展的前提；内职业生涯发展带动外职业生涯发展，外职业生涯发展促进内职业生涯发展；内职业生涯的发展以外职业生涯的发展或成果展示；内职业生涯的匮乏以外职业生涯的停滞或失败呈现。

当外职业生涯比内职业生涯适当超前时有动力，超前较多时有压力，超前太多时有毁灭力；内职业生涯比外职业生涯适当超前时很舒心，超前较多时很烦心，超前太多时要变心。

（3）职业生涯规划是职业管理最有效的工具。

市场经济社会是没有终生职业的社会，如何在没有终生职业的社会里终生有职业？如何真正成为自己人生之舟的船长？职业生涯规划是最有效的工具！撰写并落实职业生涯规划就是做自己人生的编剧、导演和主角。没有职业生涯规划，就只能做别人人生的剧务、场记和配角，有时甚至只是个道具。

在企业中谁最应该做职业生涯规划？不是新来的大学毕业生，不是基层的员工，不是中层的管理人员，而是企业的董事长、总经理、人力资源总监等高级管理人员。企业老总的个人职业生涯目标决定着企业发展目标。企业高级管理人员的个人职业生涯目标影响着企业发展目标是否能实现。希望所有职场人士都能学会制定、实施职业生涯规划，中国企业培育出世界一流的职业人才，职场人更加会工作、生活、创造物质文明和精神文明。中国就会出现更多的优秀企业家、职业经理、科学家、艺术家、教育家、运动员，我们的国家将会更加强大和繁荣。进行职业生涯观念革命，推动职业素质提升，是21世纪中华民族的伟大事业！

（此文在2008年4月12日荣获

《企业战略管理、绩效管理与职业生涯管理的整合》成果优秀奖）

七、程社明博士在世界著名学府演讲

职业生涯管理——中华文明的（智慧）宝典

程社明博士

美国哈佛大学演讲　2014 年 6 月 14 日

举办：哈佛大学美中经济交流委员会中国梦演讲团

中华文明源远流长数千年，为人类社会进步做出了伟大贡献！

四大文明绚丽多彩，唯有中华文明延续辉煌，浩浩荡荡。

中华民族历史上，出现了一批批志士仁人，如星河灿烂。

他们心怀天下，惠及苍生，在各自的职业领域成就非凡！

伏羲画卦，文王推演，太极思维，哲学之源；

老庄天道，孔孟伦理，中华文明，根基稳健；

仓颉创字，蔡伦造纸，毕昇印刷，华夏文化得以记载流传；

孙武谋略，鬼谷纵横，东方智慧指引，朝代更迭社会发展；

玄奘西行，鉴真东渡，郑和南下，与世界相融，八方结缘；

屈原李白，杜甫白居易，苏轼罗贯中，让文学下庙堂，烹饪百姓精神大餐；

扁鹊华佗李时珍，张衡沈括祖冲之，强健自己，认识自然，走进合一的人与天！

尽管“职业生涯管理”未曾在历史典籍中出现，但深入探究，杰出人物的成长、成才，却有规律可鉴。

他们胸怀大志：先天下之忧而忧，后天下之乐而乐；

他们人贫志坚：安得广厦千万间，大庇天下寒士俱欢颜；

他们懂得生命价值：不畏生死，留取丹心，重于泰山！

他们真诚拜师，勤奋好学：凿壁偷光、悬梁刺股、程门立雪的精神代代流传。

他们豪言壮语，亲身实践：精忠报国，鞠躬尽瘁，青山埋忠骨，何必全尸还。

儒学创始人孔夫子，三千弟子、七十二贤，学说传承，日臻完善。

纵横家鼻祖鬼谷子，学生五百，精英频现，出将入相，社会巨变。

武有军事家孙膑、庞涓，战争不仅靠智慧谋略，还考验国家利益能否超越个人恩怨；

文有政治家、外交家苏秦、张仪，纵横捭阖，通权达变。

我们欣赏毛遂自荐，勇挑重担；也敬佩徐福东渡，海岛探险。

开创职业生涯规划先河的典型代表，就是孔子孟子、鬼谷王禅。

师徒相长，身教言传，特殊的人才培养模式，延续了两千多年，形成了中华民族用亚血缘关系维系的智慧传承线。

星移斗转，中华人民共和国初建，政府重视教育，期盼人才涌现。

计划经济时代，职业生涯由国家安排，工作虽稳定，专业难改变，个人的生涯发展，烙下服从组织需要、听从上级安排的时代印鉴。

走进市场经济时代，我们迎来职业生涯管理的崭新纪元！

个人职业生涯发展、人生价值实现，必须与社会的进步、国家的富强结合，自主、创新，实现个人、组织、社会三赢，成为职业生涯管理的主流理念。

1997 年，南开大学研究生完成《职业生涯开发与管理》博士论文，从此，中国在这个学术领域不再是白卷；

1999 年，中国第一部“职业生涯开发与管理”专著出版；

2000 年，南开大学 MBA 中心首开职业生涯管理学分课程，几十位研究生，接力探讨，规划人生，亲身实践；

2001 年，职业生涯管理课程进入清华大学职业经理训练中心；

2002 年，职业生涯管理课程进入北京大学高级总裁班、人力资源总监班；

2005 年，职业生涯管理电视讲座在全国一百家电视台播出，上百万人观看；

2012 年，中国大学基本都开设了职业生涯规划课程，武当山道教学院也开讲：道长的职业生涯发展；

2013 年，职业生涯管理讲座出现在中国各大门户网站，职业生涯管理相关书籍如雨后春笋，相继出版；

中国工商银行数据中心，每年招收数百名新员，他们在职业生涯管理的培训中，度过职场第一天。

如今，这样培训新员工的企业不再罕见。

2008 年汶川地震，职业生涯规划辅导，帮助灾区群众走出痛苦，走向美好明天。

2009 年起，浙江省乔司监狱开设职业生涯规划课程，帮助服刑人员树立正确的人生观、职业观，指导他们规划人生发展。

服刑人员吸取惨痛教训，学习宝贵经验，潜心掌握职业技能，参加职业资格考试，给出良好答卷。

刑满释放人员出狱之前，就和企业签署聘用协议，出狱后自食其力，为父母尽孝，为孩子挣钱，再苦再累，心甘情愿；

2012年，总监狱长撰写的《服刑人员职业生涯规划概论》出版，监狱的功能不再是单纯地关押罪犯，更是浪子新生的摇篮！

一些非常专业的全国会议、国际会议，职业生涯管理也成了演讲重点。

例如心理咨询师、幼儿教师、整形美容咨询师和企业培训师的职业生涯发展。

“提升职业素质，通过职业生涯规划建设人才梯队”，2008和2010年，两次获得“中国企业管理咨询优秀成果”美赞。

一个人出生之时，就具备了人的容貌、人的器官，医院开具证明，家长起名呼唤，公安登记户口，从此人生扬帆起航。

经过身体发育，心理成长，从自然人向社会人转变。

在家里，他懂事、快乐，给亲人带来温暖；

在社区，他礼貌、助人，对邻居扬起笑脸；

在职场，他敬业爱岗，创造物质、精神财富；

对国家，他遵纪守法、忠诚无私、乐于奉献。

优秀职业人是具备优秀职业素质的人，必须有正确的观念，还要有专业的知识、娴熟的技能、健康的心理、身体强健。

通过提升职业素质，让更和谐的关系出现在人与人之间。

人与人最普遍的关系，是从事不同职业形成社会分工关联。

每一个人的出生，都可能给他人带来生活更加美好的期盼；

每一个人的成长，都有可能成为家庭、组织和社会的中坚；

每一个人的成功，都有机会得到社会、公众的肯定和称赞；

每一个人的一生，都可能留下惠泽他人的物质财富、精神盛宴。

当今中国社会，期盼优秀职业经理人阶层的出现。

与人类社会众多职业相比，职业经理还只是“少年”。

这个职业在美、德、英、法等发达国家只有一百多年；还没有一个国家形成社会化的职业经理人制度，由国家制定职业经理人资质评价标准，尚未实现。

中国面临难得历史机遇：建立职业经理人制度，后来居上，做出新的贡献！

2012 年 6 月 30 日，中国职业经理人协会发表成立宣言：推动建立社会化职业经理人制度，推进建设高水平职业经理人队伍。

光荣的使命，重任在肩！

职业生涯是从事职业的经历，两个特征非常明显：充满机遇、易遇风险。

区分外职业生涯和内职业生涯，是太极思维的体现。

外职业生涯强调工作单位、工作内容、职务与职称、薪酬福利、工作时间和地点；内职业生涯关注知识和观念、心理和身体、能力与经验。

外职业生涯的特征是别人决定、给予和认可，也容易被否定、收回或剥夺。内职业生涯的特征是靠自己的不断探索才能获得，不随外职业生涯的获得自动具备，也不因外职业生涯的失去而改变。

内职业生涯成长是提升职业素质、提高职业化水平，外职业生涯成功是担任更重要职务、获得更多财富。

只有二者兼顾，才是良性的职业生涯发展。

通过理论研究和实践，我发现了职业生涯发展的两条规律，希望帮助你在职场上少跌跟头、少走歪路。

（1）重视内职业生涯成长，要超过重视外职业生涯成功；

（2）内职业生涯成长与外职业生涯成功交替实现。

职业生涯发展道路上，最重要的不是现在的位置，而是将前进方向明确分辨。

当你处在成功的峰巅，搞错方向，多走一步就是万丈深渊；

当你处在失败的谷底，找对方向，每走一步都有无限希望！

船上的锚，负责船的固定；职业锚，等于职场的定位罗盘。

职业生涯发展过程中，找到职业锚，工作不再盲目更换。

当我们走出校门参加工作，开始驾驶人生之舟在社会海洋中航行，有时方向明确、目标不变，有时漂泊不定、目标频换。

只要坚持，会有一天，你登上甲板，发现一处风景秀丽的港湾，你决定在此停船下锚，从此不再担心人仰船翻。

何时你能深刻回答以下三个问题，说明职业锚呈现。

我到底想干什么？我到底能干什么？我到底为什么干？

三个问题看似简单，不可随便调侃，要用脑、用心、用生命作答，事实胜于雄辩！

找到职业锚之前，你只不过是一个普通水手，有时迷茫，有时晕船；

找到职业锚之后，你才真正成为人生之舟的船长，从此，职业向事业转变！

我们相信，越来越多的人学习职业生涯管理，

深入思考，大胆实践，自己受益，向大众宣传。

职业生涯管理，必将加入企业管理战略，年年讲，月月谈；

职业生涯管理，必将成为学校教育、家庭教育的重要一环；

职业生涯管理，必将助力，以人为本，和谐发展。

这就是我们充满信心的预言！

我曾留学法兰西，是20世纪90年代初回国的创业人员，引进了多种中国需要的药品和先进的治疗理念，帮助患者排忧解难，实践中继续学习，获得博士学位，参与3家合资企业的创建。

20世纪90年代末，我再次留洋，来到美利坚。

出国学习开阔眼界，回到家乡建设祖国！这一信念从未改变！

此时此刻，我们作为中国梦演讲团成员，和祖国的孩子、海外求学

的游子意相通、心相连，喊一声“祖国万岁”！血浓于水的亲情流动在我们心田！

让我们携起手来，共同创建祖国的明天，中华民族一定会再次引领世界一！千！年！

程社明博士英国牛津大学演讲

2015年5月13日

今天来参加中国梦演讲艺术团演讲活动的有年轻的留学生，有留学生的家长，有留学生的老师，也有来自祖国的访问学者。我想大家都有一个共同的愿望，就是希望留学生将来职业生涯获得成功。

在25年前的1990年，有一个中国留学生来到欧洲，来到法国，在获得了尼斯大学管理学院工商管理证书后，只身来到巴黎找工作。他写了100多封求职信，几乎所有的回复都是拒绝。这位留学生有两个多月没有挣到一分钱，从一天吃3顿改成一天吃两顿，一天吃1顿，两天吃1顿，三天吃1顿；经常在傍晚菜市场收摊的时候，到菜市场捡人家不要的菜叶子，到市场上去买法国人喂狗的食物来充饥。

1997年，有一个归国的留学生创建了3家中法德合资企业，担任董事、总经理，年薪达到百万元人民币，两次受到法国前总统希拉克的接见。他在创业期间完成管理学博士学位的学习，撰写了中国第一篇《职业生涯开发与管理》博士论文，建立了企业职业生涯管理体系。

这两个人是同一个人，就是我本人。

今天想跟留学生和留学生的老师、家长讲一讲我们留学生如何做到更好地让职业生涯成功，即走向成功的“一二三四法”——树立一个观念，遵循两条规律，实施三个步骤，应用四个方法。

第一，树立的一个观念——从“要”到“给”。

小孩子在家里的心态是“要”，找父母要，要吃、要喝、要穿、要玩儿、要钱花；学生在学校里也是“要”，找老师、找学校要，要知识、要分数、要文凭。但是当一个人走入职场，面对老板、面对企业、面对客户，他必须要改变观念，不能再“要”了，必须从“要”到“给”。

我当时在法国求职，为什么写了100多封求职信还是没有找到工作？因为我面试的时候就是想找老板“要”。我一有面试的机会，就急着问老板：“老板您要聘我，一个月给我多少钱？”有一个老板是这么回答我的：“程先生，你问我给你多少钱？那得看你能给我挣来多少钱！你挣得多，我就给得多；你挣得少，我就给得少；你要是挣不来钱，我凭什么给你钱？”我心想：你个万恶的资本家，我挣不来钱才找你的。只要你聘我，就得给我钱，凭什么不给我钱？当时我是带着“要”的心态去求职，结果到处碰壁。后来事实教育了我：我根本没有资格“要”！

直到有一天，我被迫改了观念，我不再跟老板说“你得给我多少钱”。老板问：“程先生，你想要多少钱？”我说：“我没有资格跟您要钱，您只要给我一个实习的机会，我就万分感谢，您对我有什么要求就说吧！您提要求我就好好做。您根据我的能力、工作结果决定给我多少钱。”我的观念改变了，在工作中每次见到老板，我给的是工作业绩、工作计划，老板给我的是涨工资、发奖金。所以，1991 年我在法国差点去沿街乞讨，1997 年我的年薪达到百万元，这个结果不是“要”出来的，而是“给”出来的。

第二，遵循两条职业生涯发展规律。

第一条规律叫作重视内职业生涯成长超过重视外职业生涯成功。

内职业生涯成长就是不断地提升你的职业素质，要树立正确的职场观念，更新工作上的专业知识，提升娴熟的操作技能，还要提升你的心理素质。外职业生涯成功是你担任更高的职务，挣更多的钱，有更多的经济收入。在职场上我们当然希望挣更多的钱、担任更重要的职务，但是我们必须要重视内职业生涯的成长，多长本事才有机会多挣钱。

第二条规律叫作内职业生涯和外职业生涯交替发展。

当你内职业生涯超前、职业素质相对工作要求较高的时候，你要寻找、开创外职业生涯发展的空间。当你外职业生涯超前的时候，当你职务、收入提高了，就要快速提升内职业生涯。

第三，实施三个步骤。

第一个步骤叫作明确方向，在职业生涯发展中，要明白将来要朝哪个职业方向发展。如果细分的话，社会上的职业可以分为四五千种。留学生的职业选择，从大的方面来说可以分为三类：技术类、业务类、管理类。技术类要求从业者能够用专业的知识、技能解决实际问题，跟产品、设备、软件、流程、设计打交道，所以要求智商高。业务类的从业者是跟客户、竞争对手和合作机构打交道，所以要求情商高。管理类的从业者要既懂技术又懂业务，所以要求情商和智商都要高。你是走技术之路、走业务之路还是走管理之路，要明确职业方向。

第二个步骤叫作制订具体目标。具体的目标是指在规定的时间内，你要做成一件什么样的事情，是有时间限制的。

第三个步骤叫作大胆行动，职业生涯成功是干出来的，不是想出来的，光是闷头琢磨，没有开始行动，职业生涯是不可能成功的，一定要大胆行动。但是行动不是蛮干，不是盲目的行动，而是要用有效的方法。

第四，应用四条有效的方法。

我向大家介绍我曾经用过的 4 个非常有效的方法。

第一个方法：请示工作讲方案。

永远不要跟你的老板说：这件事儿还干吗？不干我就回家了。一定要跟老板说：我认为这件事件应该干，应该这么干，步骤是 1……2……3……我在法国工作时，发现了一个非常好的药品，治疗腹泻的，尤其小孩用了非常好，叫 smecta，中文译作思密达（*蒙脱石散*）。我给集团国际公司总经理写了一份报告——“思密达中国市场开发方案”，提了具体的工作建议。老板经过对我的考察、培训，又修改完善了方案，派我回中国开发市场。我用了 6 年的时间，从 0 做到了销售额 1 亿元，创建了合资企业，第八年销售额做到了 1.5 亿元，去年这个企业在中国的销售额超过 10 亿元，成为该制药集团在全世界第一大子公司。这是我当年从请示工作讲方案开始的，而不是被动地接受上级的工作要求。

第二个方法：接受工作问要求。

如果你的上级跟你布置了工作，你一定要问清楚上级的要求：一，时间，什么时间完成工作；二，数量，这个工作要完成多少数量；三，质量，问质量要求是什么；四，成本，干好这件事允许花多少钱；五，呈现形式，老板要的工作结果是什么？是实物？一份报告？一张相片？还是一段影相？把这个呈现形式问清楚，争取比老板的要求做得更好一点。

第三个方法：实施工作求效果。

当你真正做一件事儿的时候，你一定要分清：做了是一回事，把它做成有效益的结果是另一回事儿。企业老板掏钱，一定不是只让你做一做、体验一下，而是让你做出效果，必须给客户创造价值，给企业增加效益。所以做工作一定要创造效益，实施工作求效果。

第四个方法：汇报工作说结果。

向上级汇报工作的注意事项时多用数量词说结果，少用形容词谈感受。有的人汇报时跟老板说："您给我这个任务的时候我心理压力很大，真正实施起来比原来想像得困难很多，真是快受不了了。"说这些都没有用。"您给我的任务我已经完成了，或者完成了百分之多少，现在数据是多少，还差哪些，我什么时候完成。"这叫汇报工作说结果。

我把我刚才所说的这些再跟大家总结一下，如果您用这些方法的话，如果您的学生、孩子用这种方法的话，将来在职场上可以少走许多弯路。

第一是树立一个观念，叫作从"要"到"给"。因为从事一种职业不能只是为了满足自己的需求，而必须满足客户的需求，满足企业的需求。一个人能力强，他不是"要"的能力强，而是"给"的能力强。

第二是遵循两条规律。第一条规律叫作"重视内职业生涯成长超过重视外职业生涯成功"；第二条规律叫作"内职业生涯、外职业生涯交替发展"。

第三是实施三个步骤。第一个步骤叫作明确方向，明确朝哪个职业方向发展。我当初明确的是我将来要做一个管理者，我要创建合资企业当总经理，要朝管理方向发展，我必须懂技术、懂业务，要求自己情商和智商都要高。第二个步骤叫制订具体目标，我给自己定的目标是第一年的销售额要达到100万元，然后每年以增加300万元、1000万元的速度增长，当达到1亿元销售额的时候，说服法国总部在中国投资建厂。一定要有具体的目标。第三个步骤是大胆行动，所有的计划，所有的规划，都是要靠行动来实现的。

第四是应用四条有效的方法。第一个叫请示工作说方案，第二个是接受工作问要求，第三个是实施工作求效果，第四个是汇报工作说结果。我的建议是，在职场上，汇报工作时多用数量词说结果，少用形容词谈感受。在情场上是倒过来的，少用数量词说结果，多用形容词谈感受。

其实中国梦演讲团这一路走来真的是非常不容易，尤其是我本人更不容易。因为我们前些日子在罗马参观的时候，我的护照、英国签证、现金、银行卡，统统都被偷了，按照常规我是来不了英国的。11号我们其他所有团员都通过法英海关乘坐欧州之星来伦敦的时候，唯独我一个人留在了巴黎，办签证也来不急了。但是我想：我们这个演讲早就安排了，还有好多朋友等待着，我的分享一定会对留学生和他们的家长、老师有帮助，所以第二天我在团员们的祈祷祝福下，鼓足勇气又去了巴黎北站。我先跟法国警察用法语进行沟通，我说我对中法经济是有贡献的，我把法国药品卖到全中国，你们总统希拉克两次接见了我，现在你们应该帮助我。我的演讲成功了！那些法国警察争先恐后地想帮助我，要帮我去跟英国警察交涉，法国海关警察负责人对他的同事们说："你们都干自己的工作，我去帮程先生说。"不过他跟我说："我只能帮你解释一下，但是英国警察放不放你过，我没把握，我们无权干涉。"我说："没关系，你帮我介绍过去就可以。"我见到英国警察，我用英语跟英国警察沟通，我说我要到牛津、剑桥给中国留学生演讲，鼓励他们好好学习，以后为中英经济发展做贡献，我对英国也是要做贡献的，你们应该作为一个特殊情况来帮我过关，结果他们请示了英国警察局的负责人，在我那个补办的旅行证上盖了章，我连正式的护照都没有，也没有签证，却成功过关了！

我非常感谢我们中国梦演讲团的所有成员，给了我祝福和鼓励。我非常感谢在场的朋友们，你们放弃了自己的工作时间、学习时间、休息时间来到这里听我们的演讲，支持我们，谢谢！

祝愿你们出国学习开阔眼界，将来回到家乡建设祖国！

确定职业锚助您职业生涯成功

程社明博士英国剑桥大学演讲
2015 年 5 月 14 日

当我们离开学校、参加工作，就相当于驾驶着自己的人生之舟，开始在社会的海洋中航行或是漂泊。

请问航行和漂泊有区别吗？航行怎么样？有方向、有目标。漂泊呢？没有方向、没有目标。

请问一下各位亲爱的朋友，觉得这几年自己是在航行的请举手。

好！觉得是在漂泊的请举手，也有人举手。可是有人两次都没有举手，这是为什么呢？有的人会说：“你说我有方向吧，不太明确；有目标呢，也不太固定。这个情况是属于航行呢？还是漂泊呢？”这种情况就属于航漂！一会儿航行，一会儿漂泊。觉得自己是航漂的请举手。也有人举手。可是我发现还有两个人三次都没有举手，为什么？有一次课上，我问一位三次都没举手的学员：“你为什么三次都没有举手呢？”他说：“程博士，我觉得我正在沉船。”当然了，我不希望你沉船。

不管你是航行、漂泊还是航漂，你的人生之舟不可能总是在海上动荡，你需要找到一个港湾。有一天，你的船来到一片海域，登上甲板，你环顾四周，看到一个依山傍水的港湾，风景秀丽，你决定在此停船下锚。当那个锚顺着锚链从那个锚孔“哗啦啦”降下来，一直触到海底，锚紧紧地抓住海底后，这艘船不再随波逐流。

在职场上，不管你是职场跳槽，还是职场跳高，也不可能总是换来换去，你需要找到一个最佳贡献区。寻找职业锚的过程，就是寻找人生使命的过程。人活在世界上，是一定要完成一些事情的，你如果能找到职业锚，就能找到你一定要完成的那件事情。请问各位亲爱的朋友：你觉得你到现在为止，是否已非常清楚地找到你来到这个世界上一定要完成的一件事情呢？我请大家一起来完成一个动作，感受一下。请伸出你的右手，放在你的胸口，闭上眼睛，做个深呼吸。我问你问题，如果你确定，你就使劲点头；如果你不确定，你就摇摇头。闭上眼睛，做个深呼吸。你来这个世界上一定要完成的那件事情——你的人生使命，你已经找到了吗？有的人点头，有的人也很诚实地摇头。有一次我在讲这课时，我看到一个20多岁的年轻人使劲点头。我想他才20多岁就找到人生使命了，真是不简单。我就过去，很激动地问他：“你找到你的人生使命了？你知道你一定要做成的那件事儿了吗？”他说：“找到了！找到了！”我说：“太好了，你说说看是什么事。”他说：“程博士，我一定要生个儿子呀！我们家已经是三代单传了。”我只好说：“祝你早得贵子。”

一个人来到这个世界上，如果就是为了繁衍后代，那一只小猫、一只小狗也能做到。我们一定可以做更重要的事情。

找到职业锚，它的标志是你能够深刻而有逻辑地回答以下三个问题。请大家注意听这三个问题，看似简单，实际上很不简单：第一个，我到底想干什么？第二个，我到底能干什么？第三个，我到底为什么干？

一个刚毕业的学生，你问他这三个问题，他也许会比较轻易地回答。你问他：“你到底想干什么？”他说：“我想干的事多了。”你问他：“你到底能干什么？”他说：“我名牌大学毕业，我是高才生，你说什么不能干？”你要问他：“你到底为什么干？”他说：“为了挣钱呀！我都毕业了，我不能还找我妈要钱了。”他就上嘴唇碰下嘴唇，很轻易地回答了这三个问题。但是，有十几年、二十几年职业生涯丰富经历，特别是有坎坷经历的人，会觉得这三个问题不是用嘴就能够回答的，必须用脑子回答，用心回答，甚至用生命来回答！

25 年以前，我曾经到法国留学，在经历了非常艰苦的求学、求职磨炼之后，被法国一家大型制药集团聘用，我回国之后把该集团的几个药品推广到全中国，而且在创业期间完成了管理学博士学位的学习。在 39 岁的时候，我已经是一个具有管理学博士学位、创建了三家中法德合资企业的董事、总经理，年薪 100 万元，还是南开大学的兼职教授。外人看我，浑身都是耀眼的光环。可是在那一年，我经历了两个致命的打击。

我原来以为一个人学业成功、职业成功，家庭自然而然就跟着成功，事实教育我，不是那样的！那一年我的家庭破裂了。我认为只要我职业生涯成功，我有钱了，将来一定要好好孝敬父母，事实告诉我，不是这样的！

我的母亲在 1999 年年初被查出来患有淋巴癌，从确诊到去世，仅仅4个多月的时间。在医院里，我夜以继日守着母亲，眼睁睁地看着母亲的呼吸由强到弱，心电图由正常到紊乱，再到一条直线。当医生把雪白的床单盖在母亲身上的时候，我根本不能相信这个事实。我根本没有意识母亲已经离开了我们。我回到家，打开房门，还像平常一样，大声地喊一声："妈妈，我回来了。"妈妈怎么不答应我呢？妈妈在哪个屋呢？我各个房间都转了一遍，怎么没有呢？突然有个声音在告诉我：别喊了，别找了，妈妈已经不在了。从那天开始，我陷入了深深的自责当中，我恨自己为什么在1995年给自己买了新房，而到1998年才给爸爸妈妈买新房子，那个新房子爸爸妈妈才住了两个月，妈妈却在医院住了四个月。我恨自己为什么没有多陪妈妈出国旅游，为什么一生中跟母亲只有一次彻夜长谈。我在梦中好几次梦见妈妈回来，我拉着妈妈的手说："妈妈，你去哪儿了，这么长时间没回家？"妈妈说："我出远门儿了，回来看看你。"我说："这次回来你就不走了吧？"妈妈说："我回来看看你，我还是要走，等你醒了我还要走。"我就对自己说："千万别醒，千万别醒！醒了妈妈就不在了！"可是恶梦还是要醒来，妈妈真的不在了！我深深的内疚和自责。在那些光环的背后，我好像失去了人生的意义和价值，曾经三次想要轻生，我跟两个弟弟说："你们在这边照顾爸爸吧，我要到那边去照顾妈妈了，妈妈一个人在那边太孤单了。"

幸亏我的朋友们帮助了我，我得到德国心理学大师海灵格的催眠治疗，得到了中国香港心理学大师李中莹的催眠治疗，他们帮助我放弃了轻生的念头，让我重新思考人生的价值和意义。我母亲最后一次跟我说的话是："社明，我很想把一生的临床资料、我几十年做医生的工作体会都总结出来，出书发表，造福后人；我很想把一生的信件、照片整理出来留给你们。可惜来不及了，你要抓紧时间做你该做的事情。"我想，妈妈走了，是带着对亲人的无比眷恋离开了这个世界，但是她还有好多事情没有做。我能不能带着妈妈的大爱来做一些事情？我能不能做一些比把法国药品卖到中国更有意义的事情呢？

我从一个不足初中文化水平的普通工人，经过三年自学、两次高考，最后完成了一个博士、两个硕士、三门外语、四个专业的学习，成为大学里的教授、研究生导师，成为年薪百万元的合资企业的董事、总经理，如果我把这些经验总结出来、推广出去，是不是可以帮到更多的人呢？在我40岁那年，我确定了我的职业锚，那就是把《职业生涯开发与管理》作为一门科学、作为一项理论、作为一套方法，总结出来、推广出去，帮助更多人进步成长。

找到职业锚有什么好处？

你以为你驾驶着自己的人生之舟，就真正是你人生之舟的船长吗？不一定！

船长和水手有什么区别？在船上，如果只有一个人知道这个船应该驶向何方、目的地在哪里，这个人是谁呢？这个人就是船长。虽然是你自己的人生之舟，但是你不知道这艘船应该驶向何方，也不知道目的地在哪里，即便是你自己的船，你在这个船上充其量也只是一个水手。

找到职业锚要深刻地回答那三个问题，什么时候你觉得这三个问题像一棒重锤一样敲在你的心上，你才是真正开始认真思考这三个问题。我请大家一起跟我重复一遍这三个问题：第一个是，我到底想干什么？第二个是，我到底能干什么？第三个是，我到底为什么干？

当你找到职业锚的时候，将不会为金钱名利、权利地位所诱惑，坚定地去做那项事业。

事业与职业有什么区别？有的人说：我要去干一番事业，我辞职，我找事业去。也许你想干的那项事业，就是你每天从事的那份职业，区别是：你是否能够找到职业锚！找到职业锚之日，就是你的职业生涯转换为事业之时！

我叩头结拜的恩师，中国演讲界泰斗李燕杰教授，他在40多岁的时候，决定要把演讲当作他后半生的事业来做，这就是他的事业心！李燕杰教授在 70 多岁的时候得了前列腺癌，得到诊断通知的时候，他淡然一笑："我也得了癌症。"他该干什么干什么，并积极配合医生治疗。恩师李燕杰 80 岁的时候，他有一次跟我说："社明，我打算成立世界华人演讲大同盟。"我心里头"咯噔"一下，心想：您都 80 多岁了，您要做这件事，能干成吗？但是我的恩师，他是坚定的，他不是说一个梦想，他是要实施一个计划。今天我们中国梦演讲团的成员们能够来到剑桥大学演讲，就是恩师李燕杰事业实施的结果。他 84 岁的时候进行身体复查，检查的结果是他的癌细胞消失了，他的癌症好了，他成为北京的老年抗癌明星！所以找到职业锚，原来还有一个功能，你万一不幸得了重病，还可以起到帮助治疗的作用。

最后我想跟大家分享三句话，解释找到职业锚有什么好处。第一句话：时时可以死，因为问心无愧，放下。人总要有一死，我们什么时候能够做到时时可以死？因为问心无愧，问心无愧才能够放下。第二句话：日日求新生，因为总有梦想，规划。虽然时时可以死，但是既然没死就日日求新生。怎样让梦想成为现实？要做人生规划，特别是要做职业生涯规划。第三句话：天天有快乐，因为活在当下，悦纳。悦纳就是从每天发生的事情中找到价值。

这三句话，我最后跟大家重复一遍，也和大家共勉。

时时可以死，因为问心无愧，放下；

日日求新生，因为总有梦想，规划；

天天有快乐，因为活在当下，悦纳！

谢谢大家！

读者感悟

我买这本书已有很长一段时间了，翻阅它不下百次，还向我的好友推荐了很多回，在我的鼓动下，他也买了一本，认真阅读。我们写读书心得，谈体会，并按照书中的思维方式分解了我们各自的职业优势与特长。虽然当时我们在不同的公司做着同样的职位，但通过这本书，我们俩找出了我们职业道路上不同的方向与目标。都说大学生毕业时求职的方向模糊，其实人到中年的职场人又有几个真的能清楚地认识自己的职业特长呢？这本书是一本关于职业生涯设计的理论书籍，但程博士没有枯燥地讲解理论，也没有大量地翻译同类的外文书籍资料，而是诚恳地用他本人的职业道路来总结职业生涯发展的规律。我相信每一个读者都会有一番切身的感动！

读这本书的那段时光，以及那位朋友与我共讨人生的经历让我终生难忘。而今，我按照这本书的指导，按照自己的规划，进入了职业生涯最好的一段历程中来，我真高兴！于是下定决心再次推荐这本书，推荐给能看到我这段评论的职业经理人们。倘若有缘，希望你我的职业人生同样精彩！

你的人生归属哪里？对自己在哪个位置清楚吗？走到了人生的哪一步？快阅读这本书，它可以给你的方向以更好的启迪！

读了老师的书以后我受益匪浅，之前对于职业生涯都没有考虑过，但是读过以后自己思考了很多，很不错的一本书，可以帮助在校的同学们树立正确的人生目标。

大家一定要好好读啊！我从一个只上完初一的农村孩子，到现在可以为别人讲授职业生涯课了，成为大城市公司里的白领，才用了三年时间，靠的就是职业生涯规划，职业生涯开发与管理的知识、观念，就是这本书帮助了我！

程博士是国内职业生涯规划的先驱。该书理论体系比较独特，要想深入体会的话，需要一定的职业生涯规划基础知识并且反复读并实践。建议对职业生涯规划有兴趣的人惠存一本。

写得很好，书中分析的问题和我现在遇到的很多问题是一样的。非常实用。我希望走好我职业生涯的每一步。

这本书读来通俗易懂、十分适合大学生掌握职业生涯规划的方式和方法。理论联系实际，值得推荐阅读的相当好的一本书。送给朋友一本，都很喜欢，今天又帮朋友买了两本，对毕业生有很大的帮助。朴实的笔迹和真实的经历，更好地帮助我们对人生进行规划。

我认真阅读了书上的所有内容，这本书确实比其他市场上的励志书籍在内容等各方面略胜一筹，我和同事都读了，觉得这本书确实是编得不错，有很多好的学习、借鉴、启迪之处，可以让我们了解不少的东西。

有幸在朋友那里读到这本书，受益匪浅，所以自己也买一本收藏，是职业生涯方面值得一读的好书，买这本书，是源于听了程社明老师的课，程老师是国内讲职涯方面比较权威的人士。这本书现在作为我们公司的员工培训书籍，我翻阅它不下百次了。很不错，值得刚毕业的学生，或者对自己的职业方向不清晰的职场人士一读。

对我个人及所从事的工作有很大的帮助，连续读了两遍，并且编成PPT课件，分享给我的同事。

这本书我找了很久才找到，读后觉得真的是受益匪浅，很不错的一本书，希望工作的朋友空暇时可以读一读……

程博士的这本书非常好，对我的启发很大，了解了内职业生涯和外职业生涯，我不再执着地看待我的职业生涯，并好好计划我的未来，争取让有限的时间和精力发挥最大的作用。

《你的船　你的海：职业生涯规划》，书真的不错。

职业生涯犹如一片海洋，想度过这个阶段，就必须要有自己的方式及方法。你的船如何行驶，你的海如何飞跃，这些都成了关键点，做销售也是这样，仔细规划自己的人生，分解到较为具体的某个阶段，这样才能照着这些阶段目标前进。分解销售动作，保证每天都是正确的，那么一个月、一年的结果都不会差。

边读边按书中建议写职业生涯简历和职业生涯现状分析，让我厘清了我的现状，认识到了自己的不足。现在书还没读完。因为我看到了自己的不足之处，还需要继续慢慢地读，而且以后迷茫时会再翻出来从头看。等工作顺利还会再翻出来看，再往下一个高度前进。

THANKS

致　谢

感谢近年来对本书编辑、推广、传播过程中对我帮助重大的企业家及朋友、职家弟子、同事、家人。

企业家及朋友

翟　杰　任福清　朱新月　韩秀月　谢海松　周　剑　盛亦清

杨成国　张晓军　方震威　王泗峰　于宝庆　付　珍　李富香

佘华东　刘宇飞　王德利　于　勇　张立峰　张佳轩

职家弟子

王鸿泽　严丽萍　刘　芳　牟　萍　尹书刚　李天允　章荻菲

郑吉威　刘　泓　潘　青　苗书宾　景　超　程　江　鲁晨慧

鲁　津　张晓农　谢辅仁　蒋　琴　季晓光　高志杰　陈晓燕

孙安达　钱国友　熊福林　孟　蛟　白云婷　关　琦　姜晓卉

赵小梅　田　亮　朱可翠　单英莉　董　磊　蔡云鹏　底利会

刘凤良　曹剑文　张苧冉　苏靖淋

公司同事

杨　俊　崔冬霞　姚　明　吴林晓　程胜华　崔　虎　牛凤艳

孙露丝　张　琪　师　震　臧燕欣

我的家人

程社光　程社力　程　遥

程社明博士及团队为您服务

01 公开课、训练营系列 ◆ CLASS

- ★ 职业生涯规划师训练
- ★ 青少年生涯规划师训练
- ★ 青少年生涯规划训练营（一阶段：小学生　初中生）
- ★ 青少年生涯规划训练营（二阶段：初中生　高中生）
- ★ 大学生生涯规划训练营

- ★ 职业生涯规划训练营
- ★ 人才梯队建设训练营
- ★ 述职体系管理训练营
- ★ 职场人际关系训练营
- ★ 职场情绪管理训练营
- ★ 职业人亲子关系训练营
- ★ 生涯发展心理辅导师训练营（观念理论班）
- ★ 生涯发展心理辅导师训练营（方法操作班）

- ★ 职业生涯发展高峰论坛
- ★ 职业人亲子关系高峰论坛

02 企业内训、咨询系列 ◆ CLASS

★ 打造职业化、高绩效人才梯队
★ 职业生涯开发与管理企业应用
★ 部门间岗位间无缝隙合作管理
★ 职场压力、情绪管理体系建设

03 个性化咨询辅导系列 ◆ CLASS

★ 心理咨询辅导
★ 生涯发展咨询
★ 亲子关系咨询
★ 职业转型咨询
★ 原生家庭创伤辅导
★ 家庭成长陪伴辅导